中國史學基本典籍叢刊

宋史全文

五

汪聖鐸 點校

中華書局

宋史全文卷十九上

宋高宗七

甲寅紹興四年春正月辛亥朔，上在臨安。甲寅，進呈臨安府勘武翼郎馮師道言語狂悖事。上曰：「師道本畫工，嘗令繪佛像爲民祈福，已賜緡錢。聞輒覬覦錫帶、遷秩，此事在承平時猶不可，況於今日豈有濫賞，官職、賚予當勸有功，朕未嘗敢以輕授，師道以此怨望爾。」蓋上重惜名器，不以假人。自百工伎藝之流，一資不可妄得。故因論師道罪狀，諭無濫賞之意。兹有以見御天下以至公也。

臣留正等曰：輕用名器，不分流品，此前日召亂之由也。太上皇帝以爵待有德有功者，雖貴近越法求請，未嘗予之，況畫工乎。此所謂大公至正之道，宜謹守之。

乙卯，樞密都承旨章誼爲大金通問使，給事中孫近副之。虜所議事〔一〕，朝廷皆不從，乃遣誼等請還兩宫及河南地。詔：「淮、浙鹽鈔錢每袋增貼納錢三千，通舊爲二十一千，諸州所收貼納錢並計綱赴行在。」尋命廣鹽所增亦如之。戊午，詔：「宣州奏檀偕殺人疑慮獄案，令刑部重別擬斷，申尚書省。」輔臣進呈，朱勝非言：「疑獄不當奏而輒奏者，法不論罪。」上曰：「今若加罪，則後來州郡實有疑慮者，亦不復奏陳矣。」辛酉，初，知樞密院事張浚既至荆南，上書引咎乞罷政。詔不許。是日，殿中侍御史常同請對，論：「浚以大臣之貴，當閫外之權，付與之事幾半天下，事功不就，受代而歸，今乃聞命踰年，故爲留滯，不虔君命，莫甚於斯。」壬戌，詔浚疾速赴行在。自是言者稍稍論浚矣。戊辰，執政奏事，因及北方事宜。上曰：「人心，國之本也。雖有土地，若失人心，亦不可立國。」自張浚召還後，川陝宣撫處置副使王似、盧法原人望素輕，頗不爲都統制吳玠所重〔二〕。上聞之，己巳，賜三人璽書，略曰：「羊祜雖居大府，必任王濬以專征伐之圖。李愬雖立殊勳，必禮裴度以正尊卑之分。傳聞虜境尚列兵屯，宜益務於和衷，用力除於外患。」時玠爲檢校少保，位遇浸隆，故有是詔。癸酉，輔臣進呈張浚奏：「四川自七月以來，霖雨地震，蓋名山大川，久闕降香，乞製祝文付下。」上曰：「霖雨地震之災，豈非重兵久在蜀，調發供饋，椎膚剥體，民怨所致。當修德撫民以應之，又何禱乎。」丁丑，召江西制置大使趙鼎赴行在，將以代席益也。鼎守洪都踰再歲，戢吏愛民，盜賊屏息，一方賴之。戊寅夜，臨安火。己卯，同簽書樞密院事韓肖胄以舊職知温州。肖胄與朱勝非議事不合，力求去，疏三上，乃有是命。後三日，改提舉洞霄宫。右迪功郎吳伸上疏，訟張浚無罪，大略爲：「浚忠有餘而智不足，且復辟之功大，失地之罪小，使浚罪去，不知誰可繼其忠乎。望陛下痛察之，無使朋黨得以快其私，無使敵國得以乘其間，實宗廟社稷之福。」

二月辛巳朔，詔南班宗室自今並赴臺參。故事，宗室遷官，或赴或否。至是，用御史常同言，著爲令。壬午，詔贓罪至死者方籍其貲。癸未，參知政事席益提舉江州太平觀。先是，諫官劉大中既奏其罪，殿中侍御史常同復以爲言，上曰：「諫官、御史所言臣僚過惡，未必皆實，然易曰：『大君有命，開國承家，小人勿用。』既審知其小人，自當退之也。」乙酉，簽書樞密院事徐俯兼權參知政事。軍賊檀成犯長陽縣，荆南鎮撫使解潛遣統制官胡勉捕斬之。戊子，監察御史明槖宣諭嶺南還，入見，槖出使一年三閱月，所按吏二十有七人，薦士二十人。凡五使，所案吏總七十有九人，薦士五十有七人。而劉大中所劾多大吏，槖、大中、朱異所舉多聞人。又薛徽言銳於有爲，而槖、大中數言公私利病，惟胡蒙奉承大臣風旨，此其大略也。乙未，詔同都督江淮荆浙諸軍事孟庾赴行在。戊戌，詔廣西提舉買馬官移司邕州。己亥，初命三衙管軍及將帥觀察使以上舉忠勇智略可自代者一人，如文臣之制。辛丑，金左都監宗弼自寶雞入寇，犯仙人關。先是，虜既得和尚原〔三〕，利州路制置使吳玠度虜必深入，乃預治壘於關側，號殺金平，嚴兵以待。玠弟秦鳳副都總管璘在階州，移書言殺金平之地去原上遠，前陣散漫，宜益治第二隘，示必死戰，則可取勝。至是，宗弼果與撒離曷〔四〕、劉夔率十萬騎入寇，進攻鐵山，鑿崖開道，犯仙人關。既至，虜據高嶺爲壁，循嶺東下，直攻我軍。玠自以萬人當其前，璘率輕兵由七方關倍道而至。轉戰凡七日，統制官郭震爲宗弼所襲破其寨，王師屢敗，玠斬震以徇，虜復攻之。壬寅，常同爲御史不數月，劾罷監司之不才者二十有三人，中外聳然。乙巳，監察御史明槖言：「昨李棫遣人入大理國，買馬於邊防，有所未便。小必失陷害物，大則引惹邊釁。臣講究買馬之術有七：深入蠻國誘之，不惜其直，一也。厚有繒綵鹽貨之本，二也。待以恩禮，三也。要約分明，四也。禁止官吏侵欺，五也。信賞必罰以督之，六也。馬悉歸朝而後付於將帥，七也。望下提刑司，根究諸司鹽利剩錢應副買馬，仍下提舉司詳前七説施行。」從之。鄉貢進士李郁爲右迪功郎。郁以布衣入見，所呈皆當世務。上批：「郁學通世務，議論可采。」故有是命。丙午，知樞密院事張浚至行在，殿中侍御史常同、侍御史辛炳皆有論列，不報。浚既見，遂赴樞密院治事。

三月辛亥朔，川陝宣撫司都統制吴玠敗虜於仙人關〔五〕。初，宗弼與玠連戰未決，虜遣生兵萬餘擊玠營之左，玠分兵擊卻之。賊怒，擁衆乘城。玠遣統制官楊政以刀鎗手深入，統制官吳璘以刀畫地，謂諸將曰：「死則死此，敢退者斬。」虜分爲二陣，宗弼陣於東，將軍韓常陣於西，我軍苦戰久，遂退屯第二隘。政亦言於玠曰：「此地爲蜀阨塞，死不可失，當守以强弩，彼不敢捨此而犯關。」玠從之。虜進攻第二隘，人披兩鎧，鐵刃相連，魚貫而上。璘督士死戰，矢下如雨，虜死者復踐而登。撒離曷翌日命諸軍併力攻營之西北樓，玠遣政與統領官田晟出鋭兵持長刀大斧擊其左右。夜布火四山，大震鼓隨之。壬子夜，壘中大出兵，遣右軍同統領王喜及王武等諸將，分紫白旗入虜營，虜驚潰，將軍韓常爲官軍射損左目，虜不能支，遂引兵宵遁。右軍統制張彦劫虜橫山寨，斬千餘級。玠遣統制官王俊設伏河池，扼其歸路，又敗之。是舉也，虜決意入蜀，自撒離曷已下，皆盡室以來。既不得志，遂還鳳翔，授甲士田爲久留計，自是不復輕動矣。丁巳，右司諫劉大中守秘書少監。上諭朱勝非曰：「大中頃使江西，頗多興獄，今猶未已。若令爲諫官，恐郡縣觀望。朕於用刑，欽恤明慎，常懼有司行法於意外。今還大中爲少監，蓋朕之深慮也。」戊午，江南西路制置大使趙鼎參知政事。時鼎已召而未至也，上命鼎薦人才，鼎即以王居正、吕祉、董弅、林季仲、陳棐、朱震、范同、吕本中上之，乃詔三省公共隨器任使。撫州布衣甯子思獻白銀木刻成千手大悲像，極精工，朱勝非進呈，上曰：「朕平日未嘗佞佛，然亦不敢加訾，顧飾象設以祈福，乃流俗之事，非朕心也。」勝非又言：「撫州有玉尊刻成龍文，疑禁中舊物，未敢進。」上曰：「此尤無謂，異時茶馬司常竊市馬之直以易玩好，是舉山澤之利而投之無用之地矣，其勿受。自今有來獻者皆卻之。」夜雨雹。壬戌，孟庾自鎮江至行在。時督府諸將既已分戍，遂並其府廢之，而以其餘兵隸都統制張俊〔六〕。乙丑，知樞密院事張浚罷爲資政殿大學士、提舉臨安府洞霄宮。時辛炳、常同論浚不已，上未聽，二人因録所上四章申浚，浚懼，即移疾待罪，且以呂頤浩在相位時書進呈，上乃釋然。炳又言：「前此人臣未有如浚之跋扈僭擬、專恣誤國、欺君慢上者。」同亦論奏如炳言，故浚遂罷。丁卯，張浚落職奉祠，後三日，詔浚福州居住。

龜鑑曰：建炎初，潼關告警，羽檄交馳，浚以密院而任川陝宣撫之職，請任西事，分司秦州。左通荆襄之財，右出秦隴之馬。興元一奏，勇於自任，擢劉子羽於參謀，而弛禁通商，輸財濟饑，熙如也。用趙開於總領，而民不加賦軍用自足，裕如也。而分畫諸將，如吴玠，如王彦，如劉錡，如關師古等，莫不屬其指授之下。自是而捷於寶雞，捷於箭筈，捷於和尚原，捷於殺金平，劍閣棧道賴以保全。此雖吴武安玠以下諸將戰鬭之功，而分畫措置，莫非我魏公力也。而議者乃以秘閣崇儒、尚方鑄印中傷之。雖聖明天子有「人言其過，朕皆不聽」之喻〔七〕，而還朝以後，言者滋甚，浚不容不落職出居外郡矣。

浚即日如福州，從者皆去，肩輿才兩人。浚雖得罪，猶上疏論虜僞暫和〔八〕，心必未已，當益爲備具，大略言：「此虜情狀，專以和議誤我，亦云久矣。彼勢促則言和，勢盛則復肆，前後一轍。姑請以近事明之。紹興二年秋，黏罕有親寇蜀之意〔九〕，先遣王倫還朝，且致勤懇，蓋懼朝廷大兵乘彼虛隙，又其爲劉豫之計，至委曲周悉也。自後九月，余睹作難，前謀遂寢。至十二月，余睹之難稍息〔一〇〕，則復大集蕃漢之衆，徑造梁、洋。是時朝廷已遣潘致堯出使矣。次年二月，虜困饒風，進退未皇。先是，朝廷開都督府，議遣韓世忠直抵泗州，虜實畏之，於四月遣致堯還，其詞婉順，欲邀大臣共議，此非無所忌憚而然也。梁、洋之寇未能出，竟至五月而後得歸，既狼狽矣，而世忠大兵尋復輟行，虜之氣力固已復蘇，而叛豫之心亦云紓緩〔一一〕，所以前日使人之來求請不一，故爲難從之事也。竊惟此虜傾我社稷，壞我寢陵，迫我二帝，驅我宗室百官，自謂怨隙至深，其朝夕謀我者不遺餘力矣。況劉豫介然處於其中，勢不兩立，必求援於虜，借使暫和，心必未已，數年之內，指摘他故，豈無用兵之詞。而我將士率多中原之人，謂和議已定，不復進取，將解體思歸矣。若謂今日不得已而與之通使，爲陛下之權，敵亦固能用權也。願陛下蚤夜深思，益爲備具，處將士家屬於積粟至安之地，使出而戰守者無反顧奔散之憂，精擇奇才以撫川陝之師，使積年屯邊者無懈墮懷望之意。江淮、川陝互爲牽制，斥遠和議，用集大業。臣奉使川陝，竊見主兵官除吴玠、王彦、關師古累經拔擢，備見可任外，其餘人才尚衆，謹開具如左：吴璘、楊政可統大兵，田晟可總一路，王宗尹、王喜、王彦可爲統制。」後皆有聲，世服其知人。癸酉，知湖州汪藻上所編元符庚辰以來詔旨二百卷。詔送史館。乙亥，御史中丞辛炳論用人三弊，曰：「分朋黨以立門庭，緣愛憎而有用捨，記小過而掩實行。」疏奏，上嘉納之。詔草澤鄧名世引見上殿。名世初以劉大中薦召赴行在，獻所著春秋四譜古今姓氏，上遂命爲迪功郎。

夏四月庚辰朔，制授吴玠川陝宣撫副使，上賜以所御戰袍器甲，且賜親筆曰：「朕恨阻遠，不得拊卿之背也。」玠素不爲威儀，既除宣撫副使，簡易如故，常負手步出與軍士立語，幕客請曰：「今大敵不遠，安知無刺客，萬一或有意外，則豈不上負朝廷委注之意，下孤軍民之望哉。」玠謝曰：「誠如君言。然玠意不在此，國家不知玠之不肖，使爲宣撫，玠欲不出，恐軍民之間寃抑而無告者爲門吏所隔，無由自達。」幕客乃服。總領四川財賦趙開令再任。用王似等奏也。辛巳，詔兵部申嚴奏功不實法。時臣僚奏：「軍興以來，陛下不惜爵賞，以旌戰功、勸忠節，而所屬上功，類不覈實。有隨衆從軍而曰躬冒矢石，有盜賊自去而曰收復，州縣有賊過境上而曰保守無虞，有未嘗臨敵而曰斬獲賊級，似此姦罔，詎可置而不問。」故有是詔。癸未，宣撫處置使司參議官劉子羽責授單州團練副使、白州安置。以諫議大夫唐煇、給事中胡交修、殿中侍御史常同交章論之也。丙戌，吳玠與虜戰[一二]，敗之，復鳳、秦、隴州[一三]。丁亥，詔衢州布衣江袤召赴都堂審察[一四]。守臣謝克家言其才行於朝，故召，遂命爲右迪功郎。庚寅，置孳生牧馬監於臨安府。甲午，罷廣西茶鹽司，其職事令轉運司主管[一五]，其後復以廣東提舉司兼之。庚子，詔江東宣撫使劉光世遣兵巡邊。丙午，簽書樞密院事徐俯提舉臨安府洞霄宮。俯既登宥密，頗驕傲自滿。朱勝非、趙鼎同在二府，俯蔑視之，每除一登第者，則曰：「又一經義之士。」嘗與論兵，視鼎曰：「公何足以知此！」鼎曰：「鼎不足以知之，豈若師川之讀父書邪！」俯大不堪，而無以酬之，卒不安位而去。戊申，罷婺州市御爐炭，令户部講究，更有似此之類並行禁止。時兩浙轉運司檄婺州市炭，須胡桃文、鵓鴿色，會守臣王居正入爲起居舍人，面奏：「臣頃承漕司牒，開讀至此，群吏以目。俄頃之間，道路籍籍，聞之傍郡，蓋有不勝其擾者。」上曰：「朕平居衣服飲食猶且未嘗問其美惡，隆冬附火，止取温暖，豈問炭之紋色也。」及是，輔臣進呈，上蹙然曰：「當艱難之時，豈宜以此擾人，可令速罷。」故有是旨。

五月庚戌朔，先是，朱勝非言：「襄陽上流，襟帶吳蜀，今陷於寇，所當先取。」上曰：「就委岳飛何如？」參知政事趙鼎曰：「知上流利害，無如飛者。」至是，命飛兼黃復州漢陽軍德安府制置使，以飛出師也。癸丑，左朝奉大夫范沖守宗正少卿兼直史館〔一六〕。前一日，執政進呈，上諭朱勝非等曰：「神宗、哲宗兩朝史録，事多失實，非所以傳信後世，當重別刊定。著唐鑑范祖禹有子名沖者，已有召命，可促來，令兼史事。」勝非曰：「神宗史緣添王安石日録，哲宗史經蔡京、蔡卞之手，議論多不公。今蒙聖諭命官删修，足以昭彰二帝盛美，天下幸甚。」甲寅，詔淮南帥臣兼營田使，知通、縣令銜内兼帶營田二字。於是大省冗官，且令監司、守臣條畫營田利便，限一月聞奏焉。江西制置使岳飛復郢州〔一七〕，遂引兵攻襄陽，軍聲大振。丁巳，詔：「監司、郡守常切機察贓吏犯法，巡尉失職，並仰劾奏。如失覺察，取旨重行。」時禮部員外郎郭孝友言：「今東南州縣無水旱之灾〔一八〕、夷狄之禍，而居無尺椽，爨無盛煙者，贓吏害之、盜賊擾之耳。郡縣有贓吏，乃煩朝廷遣使以黜陟之，是按察之官不稱職也。鄉邑有盜賊，乃煩朝廷命將以招捉之，是討捕之官不勝任也。願陛下申命有司禁貪墨於未發之前〔一九〕、消姦宄於未形之際。」〔二〇〕故有是旨。庚申，詔日曆所速行條具重修哲宗實録事件聞奏。辛酉，淮東宣撫使韓世忠奏：「本軍統兵官劉光弼乞陞差。」上謂輔臣曰：「光弼必光世之家，兹事未便，恐光世疑也。」世忠與光世交惡不已，至是，世忠自楊州入朝，殿中侍御史常同言：「二人蒙陛下厚恩，不思叶心報國，一旦有急，其肯相援。望分是非，正典刑以振綱紀。」上以章示二人。他日，帶御器械劉光烈召帶御器械韓世良食，世良峻拒之。世忠見上，因及其事，上曰：「世良等内諸司耳，設有不和，罷其一可也。至如大將，國家利害所繫，漢寇恂、賈復以私憤幾欲交兵，光武一言分之，即結友而去。卿與光世不睦，議者皆謂朝廷失駕馭之術，朕甚愧之。」世忠頓首請罪曰：「敢不奉詔。」他日見光世當負荆以謝。」上以其語諭輔臣，然二臣卒不解〔二〕。癸亥，日曆所乞關内東門司，取會禁中應出納更改事務。先是，内東門司取旨不許供報。至是，史館修撰綦崇禮復以爲請，乃許之。上因言：「禁中百事皆遵守典故，不惟祖宗家法不敢輕議改更，亦厭紛紛多事也。」甲子，參知政事孟庾兼權樞密院事。時密院全闕官，用故事而有是命。戊辰，罷諸縣武尉。壬申，三省條上裁省細務一百十一事歸之六曹。上諭朱勝非曰：「卿等當進退人材，修明法度，助朕圖恢復之計，繁文末節，非所以委付大臣者。」勝非頓首謝。癸酉，詔修國史日曆所復以史館爲名〔三〕。甲戌，國子監丞王普上明堂典禮未正者十二事。丁丑，詔秉義郎子彦特轉武翼郎，添差温州兵馬鈐轄。左中大夫新知泉州令廮特轉左大中大夫。初，令廮奉詔選宗室子，至是，復得子彦之子伯玖，年五歲，上以其聰慧可愛，命吴才人育之。以中書舍人張綱言，詔令廮轉左太中大夫指揮勿行。岳飛引兵復襄陽府。初，僞齊將李成聞郢州失守，乃棄襄陽去。飛進軍據守，遂復唐州。

六月壬辰，詔川陜合赴省舉人，令宣撫司於置司州置試院，選差監試考試官，務在依公精加考較，絶請託不公之弊。先是，詔省試並就行在。至是，禮部侍郎陳與義奏：「川陜道遠，恐舉人不能如期。」故復令類試焉。乙未，詔楊華特補修武郎，添差臨安府兵馬都監。樞密院奏：「華已受程昌寓招安。」〔二三〕故有是命。金星晝見經天。丙申，新除宗正少卿兼直史館范沖辭免恩命。朱勝非奏曰：「沖謂史館專修神宗、哲宗史録，而其父祖禹當元祐中任諫官，後坐章疏議論責死嶺表，而神宗實録又經祖禹之手。今既重修，則凡出京、卞之意及其增修者，不無删改。倘使沖預其事，恐其黨未能厭服。」上曰：「紛紛浮議不足恤也。」勝非曰：「沖不得不以此爲辭。今聖斷不移，沖亦安敢有請。」上復愀然謂勝非曰：「此事豈朕敢私，頃歲昭慈聖獻皇后誕辰，因置酒宫中，從容語及前朝事，昭慈謂宣仁聖烈皇后誣謗雖嘗下詔辨明，而史録所載未經删改。朕每念及此，惕然於懷。朝夕欲降一詔書明載昭慈遺旨，庶使中外知朕修史之本意也。」勝非進曰〔二四〕：「聖諭及此〔二五〕，天下幸甚。」詔增置秘書郎、著作郎各一員，校書郎、正字各二員。己亥，詔：「今後除授館職、寺監丞、博士、御史臺檢法官、主簿、在外監司、帥司，並命詞給告。承務郎以上差遣給敕令。惟選人止用劄子。」庚子，吏部員外郎呂聰問上故相呂大防所撰其祖公著神道碑，且言：「臣猶記憶少時，親見大防取索當時詔本、日曆時政記以爲案據，撰成此文。由是觀之，先皇與子之志蓋已定於一年之前，豈容中間更有異議。其所以召臣祖輔嗣君欲更革之意，亦皆出於神宗皇帝之本心。後來臣祖與司馬光乃是推原美意，遵奉初詔，即非輒詆先帝，輕變舊章。當時若使更俟年歲，神宗當自更之，豈特元祐臣。切聞聖詔欲改修二史，所繫之大者無出於此。謹以投進，乞宣付三省、史館録白，以爲案底。」從之。壬寅，初置史館校勘員。惠州守城人吕熙許自便。熙坐殺苗傅之徒張政抵罪，至是始釋之。丙午，執政奏事，上顧謂曰：「岳飛已復襄、郢，黏罕聞之必怒〔二六〕。況今正是六月下旬，便可講究防秋。儻虜人尚敢南來〔二七〕，朕當親率諸軍迎敵，使之無遺類，即中原可復也。」江西制置使岳飛復隨州〔二八〕。是月，熒惑犯南斗。

秋七月戊申朔，吏部尚書胡松年簽書樞密院事。乙卯，祠部員外郎范同言：「師克在和，大抵剛果豪健之士以氣相高，始由小嫌，寖成大釁。陛下拔用才傑，禮遇勳賢，備極榮寵，固將憑藉忠力〔二九〕，掃除腥穢〔三〇〕，一清寰宇，恢復祖宗之業。而道塗竊議，以謂將帥忘輯睦之義，記纖芥之怨，或享高位而忌嫉軋己，或恃勳勞而排抑新進。審如是，他日必有重貽聖慮者〔三一〕。欲望明示至意，使之視春秋諸卿以爲戒，追漢唐名將而踵其迹，豈惟社稷是賴，而勳名寵位克享終始，亦陛下保全之德也。」詔劄與諸將帥。先是，劉光世、韓世忠久不叶，而岳飛自列校拔起，頗爲張俊所忌〔三二〕，故同及之。丙辰，川陝宣撫副使吴玠爲檢校少師〔三三〕、奉寧保静軍節度使。録仙人關之功也。丁巳，詔左右司歲考郎官功過治狀優劣，上省取旨賞罰。復舊制也。辛酉，知湖州汪藻上所編中興詔旨三十七册，詔送史館。甲子，岳飛復鄧州。己巳，執政進呈内降公事，上諭曰：「近民間又造飛語，多及内侍，此曹何足惜，恐因而生變，不可不止絶之。」朱勝非曰：「恐軍中亦有幸變者，更乞諭張俊〔三四〕、楊沂中，使之機察。然内侍輩亦望約束令省事。」上曰：「何嘗假借此曹，兼已戒俊與沂中〔三五〕，但令臨安府略加根治可也。」趙鼎進曰：「民言可畏，亦不可不採聽，願陛下思所以致此言之由。」上嘉納之。詔户部措置錢物二百萬緡，增數和糴。舊例，朝廷歲降本錢三百六十萬緡，約糴米九十萬石。至是，中書請增糴焉。庚午，命宰執按閲江東淮西宣撫使劉光世帶到軍馬。光世自池州入朝，見上言：「今軍中錢糧既已不乏，器甲又漸足備。臣官職超踰衆人，所願竭力報國，他日史官紀中興名將帥，書臣功第一。」上曰：「卿不可徒爲空言，當見之行事。」光世憮然受命而去。辛未，樞密院承旨章誼、給事中孫近使金國還，入見。初，誼等至雲中，與宗維、希尹論事不少屈。虜諭令亟還〔三六〕。誼等曰：「萬里銜命兼迎兩宫，必須得請。」虜乃令蕭慶受書，宗維答書又約以淮南毋得屯駐軍馬。蓋欲畫江以益劉豫也。誼等還至睢陽，爲豫所留，以計得免。上嘉勞久之。癸酉，初命大理丞、評刊定見行斷例。己亥，執政進呈趙詳已平建昌叛兵。上曰：「官軍既入城，寧免玉石俱焚。」趙鼎進曰：「未必敢肆殺戮，恐須劫掠耳。」上愀然不悦，曰：「斯民無辜，遽遭此禍，其令有司優恤之。」

八月戊寅朔，宗正少卿兼直史館范沖入見。上云：「以史事召卿，兩朝大典皆爲奸臣所壞，若此時更不修定，異時何以得本末。」沖對曰：「臣聞萬世無弊者，道也。隨時損益者，事也。仁宗皇帝之時，祖宗之法誠有弊處，但當補緝，不可變更。當時大臣如吕夷簡之徒，持之甚堅，范仲淹等初不然之，議論不合，遂攻夷簡，仲淹坐此遷謫。及仲淹執政，猶欲伸前志，久之，自知其不可行遂已。王安石自任己見，非毁前人，盡變祖宗法度，上誤神宗皇帝。天下之亂，實兆於安石，此皆非神宗之意。」上曰：「極是。」上又論史事，沖對：「先臣修神宗實録，首尾在院，用功頗多。大意止是盡書王安石過失，以明非神宗之意。其後安石婿蔡卞怨先臣書其妻父事，遂言哲宗皇帝紹述神宗，其實乃蔡卞紹述王安石。惟是直書安石之罪，則神宗成功盛德焕然明白。哲宗皇帝實録臣未嘗見，但聞盡出姦臣私意，未論其他，當先明宣仁聖烈誣謗。」上曰：「正要辨此事。」上又曰：「道君皇帝聖性高明，乃爲蔡京等所誤。」沖對：「道君皇帝止緣京等以紹述二字劫持，不得已而從之。」上曰：「人君之孝不在如此〔三七〕，當以安社稷爲孝。」沖對曰：「頃在政和間，嘗聞道君皇帝六鶴詩一聯云：『網羅今不密，回首不須驚。』宣示蔡京等云，此兩句專爲元祐人設。以此知道君皇帝非惡元祐臣僚。」上曰：「何如當時便下一詔，用數舊臣，則其事遂正。」沖對曰：「如聖諭，天下無事矣。」上又論王安石之姦，曰：「至今猶有説安石是者。近日有人要行安石法度，不知人情何故直至如此。」沖對：「昔程頤嘗問臣安石爲害於天下者何事，臣對以新法，頤曰：『不然。新法之爲害未爲甚，有一人能改之即已矣。安石心術不正爲害最大，蓋已壞了天下人心術，將不可變。臣初未以爲然。其後乃知安石順其利欲之心，使人迷其常性，久而不自知。」上曰：「安石至今猶封王，豈可尚存王爵。」庚辰，御札：參知政事趙鼎知樞密院事，充川陝宣撫處置使。鼎留身辭以非才，上曰：「行朝之事朕自主之，宰相苟非其人，自有臺諫。四川全盛半天下之地，盡以付卿，卿以便宜黜陟，專之可也。」時鼎除命既出，諸名士爭願從之。詔吏部編七司例册。時有旨六曹細務令長貳治其事，有條者以條決之，無條者以例決之，無例條者酌情裁決。刑部侍郎兼權吏部侍郎胡交修言：「旋行檢例，吏得爲姦，乞將應干敕劄批狀指揮可以爲例者，各編爲册，令法司收掌，以俟檢閲。」從之。癸未，知江州陳子卿報岳飛已復鄧州。上曰：「朕素聞飛軍極有紀律，未知能破敵如此。」胡松年曰：「惟其有紀律，所以能破賊。若號令不明，士卒不整，方自治不暇，緩急豈能成功耶。」甲申，侍御史魏矼入對，論：「遴擇群才，隨宜器使，考之僉論，揆之已試，毋分朋類，毋徇愛憎。上自廟堂，次及將帥、侍從，下至百司、庶府，外至郡守、監司，各因其才而任之，則天下之務粲然舉矣。」己酉，輔臣進呈，上曰：「朝廷當爲官擇人，不可爲人擇官。矼論隨宜器使，正得用人之道。」戊子，趙鼎改都督川陝荆襄諸軍事。先是，鼎因奏事，言：「臣今此以與吴玠爲同事，或當節制之邪？」上悟，是日輔臣進呈，孟庾、胡松年言：「鼎使名與王似、盧法原、吴玠相似，請易一使名。」鼎奏荆襄乃川陝後門，勢須兼領。」上以爲然，故有是命。乙未，尚書吏部員外郎魏良臣充大金通問使，閤門宣贊舍人王繪副之。詔以餘杭縣南上下湖地置孳生牧馬監〔三八〕，命臨安府守臣兼提舉，每馬五百匹爲一監，牡一而牝四之，歲産駒三分、斃二分以上，皆有賞罰。丙午，詔追王安石舒王告毁抹。從吕聰問之請也。靖康初，已詔追奪安石王爵，至是始毁其告焉。詔江西和買絹折納錢，每匹減作六千，省人户願輸正色者聽。戊戌，直史館范沖條上宣仁聖烈皇后誣謗事。沖奏：「臣親奉玉音，開諭再四。至於議熙、豐之法度，則曰神宗之意初實不然。言紹聖之繼述，則曰帝王之孝豈在於是。辨宣仁之誣謗，謂功烈之盛何可不明。思道君之聖明，謂姦臣所誤，安得不悔。臣願陛下特出睿斷，明詔群臣以聖意所在，示之好惡。」詔付史館。壬寅，神武後軍統制岳飛爲清遠軍節度使、湖北路荆襄潭州制置使。

樞密院言：「楊太等作過日久，理難容貸。王𤫉出師踰歲，不能成功，致一方受弊。」乃詔專委飛措畫討捕。飛時年三十二，自中興後，諸將建節，未有如飛之年少者。川陝宣撫使王似復知成都府兼本路安撫使。以趙鼎出使故也。權臨安府梁汝嘉奏：「明堂行禮殿成，乞提點官以次推賞。」上曰：「朕愛惜名器，以待戰士，土木之功，豈當轉官，但可等第支賞耳。」

九月丁未朔，右奉議郎呂應問貸死、除名，化州編管。先是，朝議取宣諭官所劾贓吏擇最重者一人，用祖宗故事決之。應問前知華亭縣，與池州貴池縣丞黃大本皆繫獄，刑部言應問犯自盜贓六十三匹，大本犯枉法贓一百四十五匹，比之應問數多，乃令應問先次依法擬斷。戊申，詔減淮浙鈔鹽錢每袋三千，令諸場對支新舊鈔各半。以户部言權貨入納遲細故也〔三九〕。自渡江至今〔四〇〕，鹽法五變，而建炎舊鈔支發未絶，乃命以資次前後從上併支焉。壬子，詔賜川陝荆襄都督府度牒二萬道、紫衣師號各二千五百道。趙鼎將行，上疏言：「陛下建炎中遣張浚出使川陝，國勢百倍於今，浚有補天浴日之功，陛下有山河之誓，君臣相信，古今無二，而終致物議，以被竄逐。夫喪師失地，浚則有之，然未必如言之者甚也。大抵專黜陟之典，受不御之權，則小人不安其分，謂爵賞可以苟求，一不如意，便生觖望。是時蜀士至於醵金募人詣闕訟之，以無爲有，何以自明。故有志之士欲爲國立事者，每以浚爲戒。且浚有罪，臺諫論之可也，人主誅之亦無憾也。今乃下至草澤行伍，凡有求於浚而不得者，人人投牒醜詆，及其母妻，甚者指爲跋扈，抑何甚哉！今臣無浚之功，當此重責，去朝廷遠，恐好惡是非行復紛紛於聰明之下矣。」癸丑，吏部員外郎魏良臣、閤門宣贊舍人王繪以使事入對。時虜人已定議出兵〔四一〕，而朝廷未知也。甲寅，建康鎮江府淮南東路宣撫使韓世忠奏：「遣使議和非計，乞厲兵恢復。」上謂大臣曰：「世忠爲國之忠甚切，可降詔奬諭。」乙卯，殿中侍御史張致遠言：「淮南營田，四五年間不聞獲斗粟之用，是必有不可行者。今江北流寓之人失所者甚衆，若委逐處守令誘之歸業，應有照驗物産盡數給還，仍根括荒地許人請佃，隨其力之大小，量給頃畝與爲永業，十年勿問，兼營田而行之，將見鄉聚相望，阡陌相屬，雞犬之聲相聞。異時博糴其嬴餘〔四二〕，亦足以紓急闕而省轉餉。願更詔群臣商榷利便，斷而行之。」詔户、工部相度，申尚書省。辛酉，合祀天地於明堂，赦天下。乙丑，僞齊以虜分道入寇〔四三〕，騎兵自泗攻滁，步兵自楚攻承，諜報，舉朝震恐，勸上他幸，議散百司，趙鼎獨曰：「戰而不捷，去未晚也。」上用鼎計。先是，右僕射朱勝非因久雨，乞行策免故事，又以餘服爲請，章十二上。至是，祀明堂畢，勝非復求去，且論當罷者十二事。侍御史魏矼亦疏勝非五罪。由是得請。鼎之爲參預也，嘗與諸將論防秋大計，獨張俊曰〔四四〕：「避將何之，惟向前一步庶可脱。」鼎曰：「公但堅向前之議足矣。」鼎每日留身，必陳用兵大計，上意已悟，又使俊密爲之助，至是決意親征，留鼎不遣入蜀，已有命相之意矣。庚午，起復守尚書右僕射、同中書門下平章事朱勝非解官持餘服。主管江州太平觀朱震守尚書祠部員外郎兼川陝荆襄都督府詳議官。震言：「荆襄之間，沿漢上下，膏腴之田七百餘里，土宜麻麥，古謂之租中〔四五〕。若選良材〔四六〕，招集流亡，務農重穀，寇來則禦，寇去則耕，不過三年，兵食自足。又給茶鹽鈔，於軍中募人中糴，可以下江西之舟，通湘中之粟，觀釁而動，席卷河南，此以逸待勞之道也。」詔送都督府。時震始入見，上首問以易春秋之旨，震以所學對，上大善之。壬申，輔臣進呈，上曰：「宰相有姦惡，臺諫當言，朕當施行。若摭以小過，使人無善去者，誰肯作相耶。」趙鼎等對曰〔四七〕：「陛下眷照如此〔四八〕，臣鄰幸甚。」〔四九〕金人及僞齊之兵分道渡淮，知楚州樊序棄城去，淮東宣撫使韓世忠自承州退保鎮江府。癸酉，知樞密院事趙鼎守尚書右僕射、同中書門下平章事兼知樞密院事。初，鼎奏稟朝辭，上曰：「卿豈可遠去，當相卿，付以今日大計。」制下，朝士動色相慶。甲戌，吏部尚書兼權翰林學士沈與求爲參知政事。

冬十月丙子朔，上謂輔臣曰：「朕爲二聖在遠，生靈久罹塗炭，屈己請和，而虜復肆侵陵〔五〇〕。朕當親總六軍，往臨大江，決於一戰。」趙鼎曰：「累年退避，虜情益驕。今親征出於聖斷，將士皆奮，決可成功，臣等願效區區，亦以圖報。」上因曰：「伐蔡之功，亦憲宗能斷也。故韓愈謂『凡此蔡功，惟斷乃成』。」遂詔神武右軍都統制張俊以所部往援世忠。又令淮西宣撫使劉光世移軍建康，車駕定日起發。丁丑，參知政事孟庾爲行宫留守，從權措置百司事。己卯，神武右軍都統制張俊爲浙西江東宣撫使。淮東宣撫使韓世忠以所部自鎮江復如揚州。初，上聞虜騎渡淮，再以御札賜世忠，略曰：「今虜氣正鋭，又皆小舟輕捷，可以横江徑渡浙西，趨行朝無數舍之遠，朕甚憂之。建康諸渡舊爲賊衝，萬一透漏，存亡所繫。朕雖不德，無以君國子民，而祖宗德澤猶在人心，所宜深念累世涵養之恩，永垂千載忠誼之烈。」世忠讀詔感泣，遂進屯揚州。庚辰，侍御史魏矼、殿中侍御史張致遠、右司諫趙霈以急速事乞同班入對，許之。既而矼等與吏部侍郎鄭滋等以上親總六師，皆乞扈從。致遠又言：「今此虜敢大入，謂我猶如向來不習戰爾。若戎輅親征，必伐虜謀。」上曰：「此朕志也。」知鎮江府沈晦乞促張俊統兵爲韓世忠之援，趙鼎等稱，晦論激昂[五一]，上曰：「晦誠可嘉，然朕知其爲人，語甚壯，膽志頗怯。」鼎因稱：「馬廣極有才可用，嘗因苗傅事得罪，然諸葛亮能用度外人[五二]，區區庸蜀，遂致强霸。」上曰：「齊小白能忘射鉤之讎而用管仲，朕豈不能用廣。可令引見上殿，示以恩信，然後用之，彼必效死力以報朕。」沈與求曰：「陛下駕馭諸將如此，何事不濟。」鼎對曰：「陛下開大度用人如此，天下幸甚。」壬午，直史館范沖奏録曰先臣祖禹供職國史院間日上進〔五三〕，又具到朱墨本去取體式，乞降付史館，更憑衆議看定修立。詔依奏並送史館。癸未，福州居住張浚爲資政殿學士、提舉萬壽觀兼侍讀。趙鼎言：「浚可當大事，顧今執政無如浚者，陛下若不終棄，必於此時用之。」故有是命。甲申，大理少卿張礿乞宫觀〔五四〕。上曰：「礿爲理官頗有平允之稱，邇來有司率多觀望鍛錬，或至刑獄失當，甚非朕所以欽恤之意。人命至重，豈可忽，擇其尤者，當痛加懲艾。大抵刑獄以明恕爲先，深戒慘酷。」趙鼎曰：「礿昨久任理官，不畏强禦，極有執守。」上曰：「當議陞擢，以爲理官之勸。」丁亥，和州防禦使馬廣復明州觀察使充樞密副都承旨。廣入對，遂有是命。翌日，趙鼎奏：「陛下用人如此，何患不得其死力。」上曰：「廣知兵法，有謀略，不止於鬬將而已。」戊子，趙鼎聞劉光世、韓世忠異議，恐上意移動，復乘間言：「今日之勢若虜兵渡江〔五五〕，恐其別有措置，不如向時尚有復振之理。戰固危道，不猶愈於退而必亡者乎。自詔親征，士皆鼓勇，陛下養兵十年，正在一日。」由是浮言不能入矣。參知政事沈與求兼權樞密院事。嚴州進士方行之獻家財六十緡助軍〔五六〕。户部乞許行獻納，依例補官。從之。自渡江後許民間獻納補官始此。淮東宣撫使韓世忠邀擊金人於大儀鎮，敗之。初，奉使魏良臣、王繪在鎮江，被旨趣行，良臣等至揚州東門外，遇選鋒軍自城中還，問之云：「相公今往江頭把隘。」入城見世忠坐譙門上，頃之流星庚牌沓至，世忠出示良臣等，乃得旨令移屯守江。二人出北門，晚宿大儀鎮。翌旦，行數里，遇胡騎百十控弦而來。良臣命其徒下馬，大呼曰：「勿射，此來講和。」虜乃引騎還天長〔五七〕，問皇帝何在，良臣對曰：「在杭州。」又問韓家何在，有士馬幾何。繪曰：「在揚州。來時已還鎮江矣。」虜曰：「得無用計復還掩我否？」繪曰：「此兵家事，使人安得知。」出城六七里，遇虜將聶兒孛堇〔五八〕，同入城，虜問講和事〔五九〕，且言：「自泗州來，所在州縣多見恤刑手詔及戒石銘，皇帝恤民如此。」又問韓家何在。良臣曰：「來時親見人馬出東門，瓜洲去矣。」〔六〇〕繪曰：「侍郎未可爲此言，用兵、講和，自是二事，雖得旨抽回，將在軍，君命有所不受，還與未還，使人不可得而知。」初，世忠度良臣去已遠，乃上馬令軍中曰：「視吾鞭所嚮。」於是引兵次大儀鎮，勒兵爲五陣，設伏二十餘處，戒之曰：「聞鼓聲則起而擊賊。」聶兒孛堇聞世忠退軍，喜甚，引騎數百趨江口，距大儀五里。其將撻也擁鐵騎過五陣之東〔六一〕。世忠與戰不利，統制官呼延通救之得免。世忠傳小麾鳴鼓，伏者四起，吾軍旗與虜旗雜出，虜軍亂，弓刀無所施，而我師迭進。背嵬軍各持長斧，上揕人胸，下捎馬足，虜全裝陷泥淖中，人馬俱斃，遂擒撻也。世忠又遣董旼分兵往天長縣，遇虜於鴉口橋，擒女真四十餘人。是日，早朝，輔臣進呈世忠奏已統兵渡江。上曰：「世忠忠勇，朕知其必成功，可令户部支銀帛萬匹兩犒賞過江將士，以激其心。」與求曰：「自胡騎蹂踐中原〔六二〕，未嘗有與之戰者。今諸將争先用命，此成功之秋也。」既而世忠又奏見在揚州，適霖雨未能進師，恐朝廷訝成功之遲。上曰：「兵事豈容遥制。」趙鼎曰：「軍事不從中覆，古之制也。」乃詔世忠聽其臨機制變，而捷書已至矣。己丑，金人圍濠州。淮東宣撫司前軍統制解元與金人戰於承州，敗之。初，金人至近郊，元逆料金人翌日食時必至城下，乃伏百人於路之要，又伏百人於城之東北嶽廟下，自引四百人伏於路之一隅，令曰：「金人以高郵無兵，不知我在高郵，必輕易而進。俟金人過我，當先出掩之。伏要路者見我麾旗，則立幟以待。金人進退無路，必取嶽廟走矣。果然，則伏者出。」衆皆諾。又密使人伏樊良俟金人過，則決河岸以隔其歸路。食時，金人果徑趨城下，元密數之，有一百五十騎，乃以伏兵出，麾旗以招伏要路者，伏兵皆立幟以待。金人大驚，躊躇無路，遂向嶽廟走。元率兵追之，金人前遇兵，無所施其技，盡被擒，凡得一百四十八人，戰馬器械皆爲元所得。初，聶兒孛堇既敗歸，召奉使魏良臣等至天長，聶兒按劍瞋目謂曰：「汝等來講和，且謂韓家人馬已還，乃陰來害我。」良臣等曰：「使人講和，止爲國家。韓世忠既以兩使人爲餌，安得令知其計。」虜曰：「汝往見元帥。」右副元帥昌遣接伴官蕭揭禄、李聿興來迓，遂以議事迎請二聖之書授之。壬辰，太尉、神武右軍都統制張俊乞以明堂恩任子宗元文資。吏部言有礙條法。詔特許之。武臣非使相而以文資禄子孫，自是爲例。甲午，初令江浙民悉納折帛錢。折帛錢自此愈重。遣侍御史魏矼往劉光世軍，監察御史田如鼇往張俊軍前諭事〔六三〕。時光世軍馬家渡，俊軍采石磯，上命促二人往援韓世忠。而光世等軍權相敵，且持私隙，莫肯協心。矼至光世軍中，諭之曰：「賊衆我寡，合力猶懼不支，況軍自爲心，將何以戰。爲諸公計，當滅怨隙，不獨可以報國，身亦有利。」光世意許，矼因勸之移書二帥〔六四〕，以示無他，使爲掎角。已而二帥皆復書交致其情〔六五〕，光世遂以書奏於上。於是光世移軍太平州。丙申，金人陷濠州，守臣寇宏棄城走，通判州事國鳳卿爲所殺。戊戌，上登舟發臨安府，奉天章閣祖宗神御以行，晚泊臨平鎮。進呈劉光世乞與韓世忠軍一般支錢糧。上曰：「諸將之兵用命則一，其所支錢糧豈容有異。此皆呂頤浩不公之弊。」沈與求曰：「豈惟錢糧，至於賞罰亦然。惟至公可以服天下。」上曰：「大臣不公，何以服衆。」趙鼎曰：「苟爲不公，則賞雖厚，人不以爲恩，罰雖嚴，人不以爲威。」上曰：「今日朕親總六師，正當公示賞罰。」詔沿江州縣，如排辦太過，令監司具名以聞，當重行黜責。己亥，上次崇德縣。韓世忠遣本司提舉一行事務董旼、參議官陳桷以所俘女真一百八人獻行在。因言承州陣歿人乞厚加贈恤。上蹙然曰：「使人死於鋒鏑之下，誠爲可憫，可令收拾遺骸，於鎮江府擇地埋殯。令胡松年就鎮江府設水陸齋致祭。」沈與求曰：「自建炎已來，將士未嘗與金人迎敵一戰。今世忠連捷以挫其鋒，其功不細。」趙鼎曰：「陛下既親總六師，則第功行賞，與他時不同。」上曰：「第優賞之，庶幾人知激勸，必有成功。」壬寅，御舟次姑蘇館，上乘馬入居平江府行宫。守臣孫佑進御膳，其卓子極弊，上不以爲嫌。他日，謂趙鼎曰：「朕念往日艱難，雖居處隘陋，飲食菲薄，亦所甘心。」故贈承事郎陳東、歐陽澈並加贈朝奉郎、秘閣修撰，更與恩澤二資，賜官田十頃。趙鼎進呈韓世忠奏劄，因論：「建炎之初，黄潛善、汪伯彦擅權專殺，置二人於極典。」上曰：「朕初即位，昧於治體，聽用非人，至今痛恨之。雖已贈官推恩，猶未足以稱朕悔過之意，可更贈官賜田。雖然，死者不可復生，追痛無已。」中書舍人王居正草制曰：「嗚呼！古之人願爲良臣，不願爲忠臣，以謂良臣身荷美名，君都顯號，忠臣已嬰禍誅，君陷昏惡。嗚呼！惟爾東爾澈，其始將有意於忠臣乎。繇朕不德，使爾不幸而不爲良臣也。雖然，爾即不幸，不失爲忠，而顧天下後世，獨謂朕何。此朕所以八年於兹，一食三歎，而不能自已也。通階美職，豈足爲恩，以塞予哀，以彰予過。」甲辰，金右副元帥昌召通問使魏良臣、王繪相見。乙巳，淮西安撫使仇悆遣兵擊金人於壽春府，敗之，遂復安豐縣。

十有一月戊申，胡松年自江上還，入見。上問控禦之計，松年曰：「臣到鎮江、建康，備見韓世忠、劉光世軍中將士奮勵，争欲吞噬醜虜〔六六〕，必能屏護王室，建立奇勳。」上曰：「數年以來，廟堂玩習虛文，而不明實效。侍從、臺諫搜剔細務，而不知大體。故未能靖禍亂、濟艱難，非朕夙夜留心治軍旅，備器械，今日賊騎侵軼〔六七〕，何以禦之。」己酉，詔故責授江州團練副使黃潛善更不追復觀文殿學士，提舉西京嵩山崇福宮汪伯彥落職依舊宮觀。庚戌，進呈：承、楚、泰州各有水寨民社團聚，邀擊賊馬。上曰：「淮甸遺民未能安業，今又遭此賊騎，乃能力奮忠義，不忘國家，實我祖宗涵養之力。凡水寨民兵並與放十年租税及諸般科配差役，仍支錢米以助之。」趙鼎曰：「陛下德澤如此，人心益以固，國祚益以長矣。」壬子，手詔曰：「朕以兩宮萬里，一別九年，覬迎鑾輅之還，期遂庭闈之奉，故暴虎憑河之怒，敵雖逞於凶殘，而投鼠忌器之嫌，朕寧甘於屈辱，是以卑辭遣使，屈己通和。仰懷故國之廟祧，至於霣涕；俯見中原之父老，寧不汗顏。比得强敵之情，稍有休兵之議，而叛臣劉豫懼禍及身，造爲事端，間諜和好，信逆雛之狂悖，率群偷而陸梁。警奏既聞，神人共憤，皆願挺身而效死，不忍與賊以俱生。今朕此行，士氣百倍，雖自纂承之後，每乖舉措之方，尚念祖宗在天之靈，共刷國家累歲之恥。殪彼逆黨，成此雋功。」自豫僭立，朝廷以虜故〔六八〕，至以大齊名之。至是始下詔聲其逆罪焉。川陝宣撫司統制官楊從儀敗虜於臘家城。岳飛之取襄陽也，朝廷命宣撫副使吴玠乘機牽制。玠遣從儀以兵入僞地，遇敵勝之。癸丑，白州安置劉子羽放令逐便。初，吴玠除川陝副使，乃奏辭新命，且言：「屢破金賊〔六九〕，豈臣之功，乃子羽知臣而薦拔之功也。望追還成命，於張浚與子羽少寬典刑。」上曰：「進退大臣，蔽自朕志，豈可由將帥之言。可聽子羽自便。」上因言：「臺諫論事，雖許風聞，須要審實。如排擊人才，豈無好惡，若果務大體，不指摘纖瑕細務强置人於有過，豈惟陰德不淺，亦可銷刻薄之風，成忠厚之俗。」趙鼎曰：「聖訓廣大如此，言事官宜奉以周旋也。」戊午，簽書樞密院事胡松年兼權參知政事。以沈與求按行江上故也。上見士氣大振，捷音日聞，欲度江決戰。趙鼎曰：「退即不可〔七〇〕，渡江非策也。虜兵遠來〔七一〕，利於速戰，豈可與之争鋒。兵家以氣爲主，三鼓即衰矣。姑守江使不得渡，徐觀其勢，以決萬全。且豫猶不親臨，止遣其子，豈可煩至尊與逆雛决勝負哉。」於是遣與求按行江上。金人陷滁州。於是劉光世移軍建康府，韓世忠移軍鎮江，張俊移軍常州。己未，提舉萬壽觀兼侍讀張浚知樞密院事。浚請遣岳飛渡江入淮西，以牽制虜兵之在淮東者。上從之。及入見，上問鼎：「浚方略如何？」鼎曰：「浚鋭於功名，而得衆心，可以獨任。」於是上復用之。辛酉，提舉臨安府洞霄宫李綱言：「今僞齊悉兵南下，其境内必虚，倘命信臣乘此機會擣潁昌以臨畿甸，電發霆擊，出其不意，則僞齊必大震懼，呼還醜類以自營救，王師進躡，必有可勝之理。非惟牽制南牧之兵，亦有恢復中原之兆。此上策也。朝廷或以兹事體大，則鑾輿駐蹕江上，勢須號召上流之兵順流而下，旌旗金鼓千里相望，以助聲勢，則敵人雖衆，豈敢南渡。仍詔大將率其全師，進屯淮南要害之地，設奇邀擊，絶其糧道，賊必退遁，保全東南，徐議攻討。此中策也。萬一有借親征之名，爲順動之計，委一二大將捍敵於後，則臣恐車駕既遠，號令不行，賊得乘間深入，州縣望風奔潰，其爲吾患有不可勝言者矣。此最下策也。往歲金人南渡，利在侵掠，既得子女玉帛，時方暑，則勢必還師。今僞齊使之渡江而南，必謀割據，將何以爲善後之計哉。」初，張浚之謫福州也，綱亦寓居焉。浚服其忠義，除前隙更相親善。及浚召入，綱因以奏疏附之執政進呈。上曰：「綱去國數年，無一字到朝廷。今有此奏，豈非以朕總師親臨大江，合綱之意乎。所陳亦今日急務，可降詔奬諭。」癸亥，淮西宣撫司統制官王德與虜遇於滁州之桑根〔七三〕，敗之。丁卯，上謂執政曰：「朕與大臣論事稍有不合，便輕爲去就，何也？」張浚曰：「事有可行，有不可行。陛下一言之漏，言者意其好惡，因有論列，不得不爲去就。」上曰：「君臣之間，當至誠相與，勿事形迹，庶可同心叶德以底平治。朕以三四大臣皆當分委，張浚專治軍旅，胡松年可專治戰艦。」浚曰：「仁祖亦嘗委范仲淹、韓琦分事而治，言者數以爲辭，不旋踵報罷。」上曰：「今日之事，若不專責，無由辦集。將來如財用，亦須委一大臣。」已已，夜，淮西宣撫司選鋒副統制王師晟、親軍副統制張琦合兵復南壽春府〔七三〕。辛未，起復知岳州程千秋移知鼎州〔七四〕。張觷知岳州。上覽除目，問觷才術如何。趙鼎曰：「聞其能辨事。」上曰：「不須更問某人薦，惟才是用。」胡松年曰：「朝廷用人不可不慎，用一君子則君子進，用一小人則小人進。」上曰：「君子剛正而易疏，小人柔佞而易親。朕於任用聽察之間，不敢少忽也。」右司諫趙霈請命有司條具一歲錢穀出入之數，裁節浮費。上曰：「此疏極關治體，過防秋便可施行。」胡松年曰：「使論事之臣每如此，何患不能叶濟中興。正恐賊騎既退，國家暫安，虛文細務又復出矣。」上曰：「趙鼎記此，可爲戒。」知樞密院事張浚往鎮江視師。時金人於滁上造舟，有渡江之意。主管殿前公事劉錫、神武中軍統制楊沂中見趙鼎曰：「探報如此，駕莫須動？」鼎曰：「俟虜已渡江，方遣二君率兵趨常、潤〔七五〕，併力一戰，以決存亡，更無他術。」錫曰：「相公可謂大膽。」鼎曰：「事已至此，不得不然。二君隨駕之親兵也，緩急正賴爲用，豈可先出此言。」錫等乃退〔七六〕。金左副元帥昌遣通問使魏良臣、王繪歸行在。癸酉，夜，魏良臣等至常州，見浙西江東宣撫使張俊。甲戌，夜，良臣等至許市，遇知樞密院事張浚於舟中。良臣等具告以虜所言，且謂虜有長平之衆〔七七〕。浚即曰：「欲同詣行在。」徐思之，恐人疑惑，乃密奏使人爲虜所誅〔七八〕，切不可以其言而動。又勿令再往軍前，恐我之虛實反爲所得。浚遂疾驅臨江〔七九〕，召韓世忠、劉光世與議，且勞其軍。將士見浚來，勇氣自倍，浚部分諸將，遂留鎮江節度之。

十有二月乙亥朔，輔臣奏事，上因論：「祖宗創業艱難，未嘗不以躬儉爲天下先。蓋儉則不妄費，不妄費則征求寡而民心悦，此所以得天下也。宣和以來，世習承平之久，奢侈極矣，馴致禍亂，可不戒哉。」乙卯，布衣王蘋特補右迪功郎。蘋，候官人〔八〇〕，時寓居吴江。守臣孫佑言其素行高潔，有憂時愛君之心。召對，後四日賜進士出身，除正字。上謂輔臣曰：「蘋起草茅，而議論進止若素宦子。大抵儒者能通世務乃爲有用。」丙戌，夜，月犯昴，太史以爲胡滅之象〔八一〕。上以諭輔臣，胡松年曰：「天象如此，中興可期。」上曰：「范蠡有言，天應至矣，人事未盡也，更在朝廷措置如何耳。」初，張浚至江上，令韓世忠募軍民王愈、王德持書抵右都監宗弼所，爲言張樞密已在鎮江，虜見浚書押〔八二〕，色動，即以右副元帥昌書，約日索戰。己丑，權淮東安撫司公事趙康直劾泰州兵官任顯不伏使令。上曰：「康直既權帥事，自合施行。嘗記朕爲元帥時，有一部將醉入酒家，壞其盆盎，朕捐白金償之，而斬部將，自此更無一人犯令者。大抵用兵當以威信爲先。」辛卯，上謂輔臣曰：「韓世忠近以鱘魚鮓來進，朕戒之曰：『朕艱難之際，不厭菲食。卿當立功報朕，至於進貢口味，非愛君之實也。』已卻之矣。」壬辰，湖北制置司統制官牛皋、徐慶敗虜於廬州。乙未，詔陳獻兵書進士葉汝舟賜帛二十匹。丙申，淮南東路轉運判官郭楫罷。先是，上命漕司以米萬石接濟水寨民兵，及是五旬，而未有顆粒至者。侍御史魏矼言楫不才慢命。上曰：「今日大敵在前，欲臣下趨事赴功，不可不大明賞罰。有賞而無罰，是猶有春夏而無秋冬也，萬物之生何由成實。」故楫遂罷。丁酉，侍御史魏矼言：「日食正旦，乞下有司講求故事。」上曰：「日食雖是躔度之交，術家能逆知之，春秋日食必書，謹天戒也。」矼之言良愜朕意，宜下有司講求故事，凡可以消變者悉舉行之。」戊戌，責授單州團練副使劉子羽復右朝散大夫、提舉江州太平觀。時吳玠復辭兩鎮之節，且言：「子羽累年從軍，亦薄有忠勤可録，念其父韐靖康間死節京城，其母恐子羽斥死嶺海，無復自新，非陛下善善及子孫之意，伏望聖慈特許臣納前件官，少贖子羽之罪。」翌日，詔玠篤於風義，降詔獎諭，士大夫以此多玠之義，而服子羽之知人焉。庚子，金人退師。初，右副元帥元顔昌在泗州，而右都監宗弼屯於竹塾鎮，嘗以書幣遺淮東宣撫使韓世忠約戰，世忠方與諸將飲，即席遣伶人張軫、王愈持橘茗爲報。報書略曰：「元帥軍事良苦，下諭約戰，敢不疾治行李，以奉承指揮也。」時虜師既爲世忠所扼，會大雨雪，糧道不通，野無所掠，至殺馬而食，蕃漢軍皆怨憤，僉軍又爲飛書擲於帳前云：「我曹被驅至此，若過江必擒爾諸酋以獻南朝。」[八三]俄聞上親征，且知金主晟病篤，將軍韓常謂宗弼曰：「今士無鬬志，過江不叛者獨常爾，佗未可保也。惟速歸爲善。」宗弼然之，夜引還。

龜鑑曰：惟紹興之四年，趙忠簡公鼎實領右揆之命。當時玉音宣諭謂：「朕當親總六軍，臨江決戰。」鼎即對曰：「親征出於聖斷，將士皆奮決，可成功。」於是移張俊於金陵，進光世於當塗，起世忠於維揚，復起張浚而董其事。自張公之出行邊郡也，今年命諸將觀機會，明年檄諸將觀兵勢，今日召諸帥議軍事，明日命諸帥分軍屯，書押之示，虜酋動色〔八四〕，號令之下，奔走惟命〔八五〕，不曰今日之事有進擊而無退保也，則曰若諸將渡江則無淮南而長江與虜共也〔八六〕。大儀之役，伏兵四起，孛堇就擒〔八七〕，壽春之勝，晨幟示之，虜衆奔潰。鎮江勞軍，韓世忠移書兀朮〔八八〕，有張樞密在此之言，虜酋相顧失色，虜於是有雪夜之走。采石徇師之令一下，諸將以死鏖戰，我於是有李家灣之捷。嗚呼，富平之失，此魏公也。後來江上之勝，亦此魏公也。人無愚智，作之則奮，師無利鈍，激之則鋭，茲非其驗歟。

癸卯，參知政事沈與求兼權樞密院事。以胡松年再往江上故也。金人去滁州，將官盧師迪引兵至竹塾鎮，遇虜千餘騎，敗之。

校證

〔一〕虜　原作「敵」，再造本闕頁，據文海本回改。下文「虜境」之「虜」同此。

〔二〕吴玠　原作「毛玠」，再造本闕頁，據文海本、中興聖政卷一五、繫年要録卷七二校改。

〔三〕虜　此「虜」及本月下文三「虜」字，原均作「敵」，並據再造本、文海本回改。

〔四〕撒離曷　原作「薩里罕」，據再造本、文海本回改。本卷下文二「撒離曷」同此。

〔五〕虜　此「虜」及本月下文九「虜」字，原均作「敵」，並據再造本、文海本回改。

〔六〕張俊　原作「張浚」，據再造本、文海本、中興聖政卷一五、繫年要録卷七四校改。

〔七〕喻　再造本、文海本同，中興聖政卷一五、繫年要録卷七四注引何俌龜鑒均作「諭」，「喻」、「諭」義近，然作「諭」較佳。

〔八〕虜　此「虜」及本月下文六「虜」字，原均作「敵」，並據再造本、文海本回改。

〔九〕黏罕　原作「尼雅滿」，據再造本、文海本回改。

〔一〇〕余睹　原作「伊都」，據再造本、文海本回改。

〔一一〕紓緩　再造本、文海本同，中興聖政卷一五、繫年要録卷七四作「紓緩」。

〔一二〕虜　原作「敵」，據再造本、文海本回改。

〔一三〕「州」後原衍「敵」字，據再造本、文海本、中興聖政卷一五、繫年要録卷七五删。

〔一四〕江衮　原作「江袞」，再造本、文海本、中興聖政卷一五均作「江衮」，繫年要録卷七五作「江衮」。查宋史卷二〇八藝文志有江衮集二十卷。繫年要録卷九六亦載「江衮」事，宋史藝文志百菊集譜卷四收江衮詩三首，清浙江通志卷一八六人物有江衮傳，故作「江衮」是，「江袞」應爲「江衮」形近訛，據校改。

〔一五〕主管　原作「所管」，再造本、文海本同，據中興聖政卷一五、繫年要録卷七五校改。

〔一六〕宗正　李校：原作「宗政」，據（繫年）要録卷七十六改。汪按：再造本、文海本同誤作「宗政」，中興聖政卷一五則作「宗正」，作「宗正」是。

〔一七〕郢州　李校：原作「逞州」，據（繫年）要録卷七十六改。汪按：再造本、文海本同誤作「逞州」，中興聖政卷一五則作「郢州」，時無「逞州」，作「郢州」是。

〔一八〕今　原作「令」，再造本同，文海本字模糊，據中興聖政卷一五、繫年要録卷七六校改。

〔一九〕有司　「有」字原脱，據再造本、文海本、中興聖政卷一五、繫年要録卷七六補。

〔二〇〕姦宄　李校：原作「姦究」，據（繫年）要録卷七十六改。汪按：再造本、文海本同誤作「姦究」，中興聖政卷一五則作「姦宄」。

〔二一〕二臣　再造本、文海本、中興聖政卷一五、繫年要録卷七六均作「二人」。

〔二二〕國史　李校：原脱「史」字，據中興聖政卷十五、（繫年）要録卷七十六補。汪按：再造本、文海本亦誤脱「史」字。李校是。

〔一三〕程昌寓　原作「程昌寓」，據前後文及宋史等統一。

〔一四〕進曰　原作「進呈曰」，據再造本、文海本、中興聖政卷一五、繫年要録卷七七删「呈」字。

〔一五〕聖諭　原脱「聖」字，據再造本、文海本、中興聖政卷一五、繫年要録卷七七補。

〔一六〕黏罕　原作「尼雅滿」，據再造本、文海本回改。

〔一七〕虜　原作「敵」，據再造本、文海本回改。

〔一八〕隨州　李校：原作「隋州」，據宋史高宗紀四改。汪按：再造本、文海本、中興聖政卷一五亦誤作「隋州」，繫年要録卷七七則作「隨州」。又宋史卷三六五岳飛傳作「隨州」。宋史卷八五地理志等地理書也均作「隨州」。

〔一九〕憑藉　原作「馮籍」，再造本、文海本同，據中興聖政卷一五、繫年要録卷七八校改。

〔二〇〕腥穢　原作「塵氛」，據再造本、文海本回改。

〔二一〕他　原作「也」，據再造本、文海本、中興聖政卷一五、繫年要録卷七八校改。

〔二二〕張俊　原作「張浚」，據再造本、文海本、中興聖政卷一五、繫年要録卷七八校改。另繫年要録「張俊」前有「韓世忠與」四字，他書無。

〔二三〕少師　李校：原作「少司」，據宋史高宗紀四、（繫年）要録卷七十八改。汪按：再造本、文海本、中興聖政卷一五均作「少師」不誤。

〔二四〕張俊　原作「張浚」，中興聖政卷一五同，據再造本、文海本、繫年要録卷七八校改。

〔三五〕俊　原作「浚」，據再造本、文海本、中興聖政卷一五、繫年要録卷七八校改。

〔三六〕虜　原作「敵」，據再造本、文海本回改。下文「虜乃令」之「虜」同此。

〔三七〕孝　原作「學」，再造本、文海本同，據中興聖政卷一五、繫年要録卷七九校改。

〔三八〕上下湖地　原作「上下湖池」，再造本、文海本同，據中興聖政卷一五、繫年要録卷七九校改。另潛説友咸淳臨安志卷八九紀遺作「上下湖北」，徐松宋會要輯稿兵二一之一〇作「上下湖」，可參。

〔三九〕榷貨　「榷」原作「摧」，再造本、文海本、中興聖政卷一五字均不規範作「搉」，據繫年要録卷八〇及文義校改。

〔四〇〕渡江至今　「渡」原作「度」，「今」原作「令」，據再造本、文海本、中興聖政卷一五、繫年要録卷八〇校改。

〔四一〕虜人　原作「金人」，據再造本、文海本回改。

〔四二〕博羅其贏餘　「其」原作「甚」，再造本、文海本同，據中興聖政卷一六、繫年要録卷八〇校改。

〔四三〕虜　原作「金兵」，據再造本、文海本回改。

〔四四〕張俊　原作「張浚」，據再造本、文海本、中興聖政卷一六、繫年要録卷八〇校改。下文「使俊密爲之助」之「俊」同此。

〔四五〕租中　再造本、文海本、宋會要輯稿食貨二之一三又六三之九六同，中興聖政卷一六、中華書局點校本朝野雜記甲集卷一六屯田作「祖中」，四庫本朝野雜記甲集卷一六屯田作「上中」，繫年要録卷八〇作「神皋」。或作「租中」是。

〔四六〕良材　再造本、文海本同，上引宋會要輯稿、中興聖政、朝野雜記、繫年要録均作「良將」。

〔四七〕趙鼎等　李校：原作「趙鼎曰」，據中興聖政卷十六、（繫年）要録卷八十改。汪按：再造本、文海本亦誤作「趙鼎曰」。李校是。

〔四八〕眷照　再造本、文海本同，中興聖政卷一六、繫年要録卷八〇作「睿照」。

〔四九〕鄰　再造本、文海本、中興聖政卷一六同，繫年要録卷八〇作「等」。

〔五〇〕虜　此「虜」及以下五「虜」字，原均作「敵」，並據再造本、文海本回改。

〔五一〕激昂　「昂」原作「昴」，再造本、文海本同，據中興聖政卷一六、繫年要録卷八一校改。

〔五二〕度外　原作「度内」，再造本、文海本同。據中興聖政卷一六、繫年要録卷八一校改。另沈括夢溪筆談卷二五雜誌：「范文正常言，史稱諸葛亮能用度外人……」。可爲佐證。

〔五三〕范沖奏録曰先臣祖禹供職國史院間日上進　「奏録曰先臣」，再造本、文海本、中興聖政卷一六同，繫年要録卷八一、熊克中興小紀卷一七作「録其父」。「供職」，再造本、文海本、中興聖政作「供報」，繫年要録、中興小紀作「報」。「間日」，再造本、文海本、中興聖政卷一六、繫年要録卷八一均作「問目」。據此，「曰」字當删，「供職」當作「供報」，「間日」當作「問目」，全句爲「范沖奏録先臣祖禹供報國史院問目上進」。

〔五四〕張祹　本書及同時文獻中，代指同一人的「張祹」、「張杓」互出，難定孰是，本書統一作「張祹」，下不復出校。

〔五五〕虜　原作「敵」，下文「遇胡騎」之「胡」原亦作「敵」，並據再造本、文海本回改。

〔五六〕六十　再造本、文海本字模糊，似「六千」，國學叢書本繫年要録卷八一作「七千」，中興聖政卷一六、四庫本繫年要録作「六千」。

〔五七〕虜　此「虜」及下一「虜」字，原均作「敵」，並據再造本、文海本回改。

〔五八〕虜將聶兒孛堇　「虜」原作「金」，「聶兒孛堇」原作「聶呼貝勒」，並據再造本、文海本回改。本卷下文「聶兒孛堇」同此。

〔五九〕虜　此「虜」及以下四「虜」字，原均作「敵」，並據再造本、文海本回改。

〔六〇〕瓜洲　原作「瓜州」，再造本、文海本同，據中興聖政卷一六、繫年要録卷八一校改。

〔六一〕撻也　原作「托卜嘉」，據再造本、文海本回改。下文「撻也」同。

〔六二〕胡騎　原作「敵騎」，據再造本、文海本回改。

〔六三〕論事　再造本、文海本同，中興聖政卷一六、繫年要録卷八一作「計事」，似作「計事」是。

〔六四〕帥　原作「師」，再造本、文海本同，據中興聖政卷一六、繫年要録卷八一、李幼武宋名臣言行録別集下卷七劉光世校改。

〔六五〕帥　原作「師」，據再造本、文海本及上引諸書校改。

〔六六〕醜虜　原作「金人」，據再造本、文海本回改。

〔六七〕賊　此「賊」及以下二「賊」字，原均作「敵」，據再造本、文海本回改。

〔六八〕虜　此「虜」及下一「虜」字，原均作「敵」，據再造本、文海本回改。

〔六九〕金賊　原作「金人」，下文「賊必退遁」、「賊得乘間」之「賊」，原均作「敵」，並據再造本、文海本回改。

〔七〇〕即　再造本、文海本、中興聖政卷一六同，繫年要録卷八二作「既」。

〔七一〕虜　此「虜」及下一「虜」字，原均作「敵」，據再造本、文海本回改。

〔七二〕虜　此「虜」及此下三「虜」字，原均作「敵」，據再造本、文海本回改。

〔七三〕親軍副統制　「軍」，再造本、文海本同，中興聖政卷一六、繫年要録卷八二作「親兵」。

〔七四〕起復　原作「起用」，文海本闕字，據再造本、中興聖政卷一六、繫年要録卷八二校改。繫年要録卷七五、張綱華陽集卷七程千秋起復知岳州述程千秋起復知岳州事可爲佐證。

〔七五〕常潤　原作「常州」，文海本「州」字闕文，據再造本、中興聖政卷一六、繫年要録卷八二、中興小紀卷一七、宋名臣言行録别集下卷四趙鼎校改。

〔七六〕錫等　原作「錫中」，文海本「中」字闕文，據再造本、中興聖政卷一六、繫年要録卷八二校改。

〔七七〕長平之衆　「衆」原作「役」，文海本闕文，據再造本、中興聖政卷一六、繫年要録卷八二、中興小紀卷一七、朱熹晦庵集卷九五張浚行狀等校改。

〔七八〕爲虜所誅　「虜」，原作「金」，據再造本、文海本回改。「誅」原作「誅」，國學叢書本繫年要録卷八二同，據再造本、文海本、中興聖政卷一六、四庫本繫年要録卷八二校改。另徐夢莘三朝北盟會編卷一六五、晦庵集卷九五張浚行狀均作「爲虜恐怵」，可參。

〔七九〕疾驅　原作「騎馬」，文海本闕文，再造本、中興聖政卷一六、繫年要録卷八二、續宋編年資治通鑑卷三、晦庵集卷九五張浚行狀等均作「疾驅」，據校改。

〔八〇〕候官人　「人」字原脱，據再造本、文海本、中興聖政卷一六、繫年要録卷八三補。

〔八一〕胡滅　原作「敵弱」，據再造本、文海本回改。

〔八二〕虜　此「虜」及此下二「虜」字，原均作「敵」，據再造本、文海本回改。

〔八三〕諸酋　原作「諸帥」，據再造本、文海本回改。

〔八四〕虜酋動色　原作「金人動色」，「動」乃「動」之異體字，餘據再造本、文海本回改。

〔八五〕惟命　「惟」原作「淮」，據再造本、文海本、中興聖政卷一六、繫年要録卷八三校改。

〔八六〕虜　此「虜」及此下四「虜」字，除「虜酋」之「虜」外，原均作「敵」，據再造本、文海本回改。「虜酋」原作「諸豪」，亦據同書回改。

〔八七〕孛堇　原作「貝勒」，據再造本、文海本回改。

〔八八〕兀术　原作「烏珠」，據再造本、文海本回改。

宋史全文卷十九中

宋高宗八

乙卯紹興五年春正月乙巳朔，日有食之。上在平江，金人去濠州。丙午，詔户部出錢四十萬緡，付江西漕司增市軍儲。丁未，知樞密院事張浚奏：「虜人潛師遁去〔一〕，今已絶淮而北〔二〕，見行措置招集淮南官吏還任，撫存歸業人户等事。」上曰：「劉豫父子强誘虜人擁衆南侵，窺伺江浙，其志不淺。乃今一夕遁去，其所亡失多矣。然賊馬方卻，而浚已能爲朕措置如此，可謂孜孜奉國，知無不爲也。大臣和於内，將相和於外，故舉措得宜，而敵人知畏，此其所以遁去也。」詔諸路州縣係官田舍委守令出榜，召人承買，拘催價錢起發。己酉，宰相趙鼎奏：「虜騎遁歸，皆自陛下聖畫素定，然善後之計，當屈群策。願詔前宰執各條具所見來上，斷自聖意，擇而用之。」上曰：「朝廷能採衆論，則慮無不盡，雖芻蕘之言，儻有可采，猶當用之，況前宰執嘗在朕左右，必知朝廷事。」沈與求曰：「國有大議，就問老臣，乃祖宗故事。」於是賜詔書訪以攻戰之利、備禦之宜、措置之方、綏懷之略，令悉條上焉。庚戌，趙鼎曰：「祖宗差役，本是良法。王安石但見差衙前一事，州縣奉行失當，變祖宗舊法，民始不勝其擾。」上曰：「安石行法，大抵學商鞅。昔自安石變法〔三〕，天下紛然，但差役之法行之既久，不可驟變耳。」淮西宣撫司統制官王進薄金人於淮，降其將程師回、張延壽而還。辛亥，上謂輔臣曰：「恢復之圖所宜愛日講究，要須先求人才。有人才，則天下之事無患不舉。然用人才在於進君子、去小人。」趙鼎曰：「臣待罪宰相，爲陛下分別君子、小人而用舍之，乃其職也，敢不奉詔。」淮東宣撫司統制官崔德明敗虜於盱眙。乙卯，張浚自江上還，入見。丙辰，上謂趙鼎曰：「大臣，朕之股肱；臺諫，朕之耳目。職任不同，而事體均一。或有官非其人，所當罷黜者，卿等宜亟以告朕，不必專待臺諫。」丁巳，詔：「江北賊馬已退，應大臣及侍從、職事官各條具利害聞奏。」詔榷貨務每日入納錢，以其半支給見錢關子。戊午，輔臣進呈曲赦淮南事目。上曰：「虜雖退遁，然南北之民皆吾赤子，當示兼愛並容之意，中原未復，二聖未還，赦又不可夸大，第使實惠加於兩淮百姓，乃朕指也。」上又曰：「虜已退遁，須當漸圖恢復，若止循故轍爲退避之計，何以立國。祖宗德澤在天下二百年，民心不忘，當乘此時大作規摹措置，朕亦安能鬱鬱久居此乎。」趙鼎曰：「時不可失，誠如聖諭，事所可爲者，當謹以次條畫奏稟。」

龜鑑曰：聖明天子立志英明，每念復讎，未嘗不有比此一洗之意〔四〕。考之國史，聖心可見。初年與輔臣論恢復之由，首論周宣復古之詩。次論漢光武尋邑、昆陽之勝，又其次論唐肅宗興復王室之盛，可謂志於規恢矣。又嘗語宰執曰：「今當漸圖恢復，乘時大作規模，朕安能鬱鬱久居此。」又謂宰執曰：「今已六月下旬，便可講防秋事。朕當親率諸軍，分頭迎敵。若依前遠避，何以立國！」不曰修車馬，備器械，外攘夷狄之事更須講求，則曰訓卒繕甲，極力措置，今冬虜來，似有可勝之理。書車攻詩、羊祜傳，造盾琴樣，以示武備，作金銀椀，以旌射士，教習舟師，修復馬政，措置屯田，精擇間諜，其志蓋未嘗不在鉅鹿也。

庚申，詔：「諸州禁卒日教射藝，守臣旬按，仍令憲臣躬親按賞，以備朝廷抽取拍試。土兵、射士亦令教習，歲終比較粗精以聞。」辛酉，詔：「故殿中侍御史馬伸頃因言事，死於貶所，忠直之操，念之惻然。可特贈左諫議大夫，依所賜官與合得致仕遺表恩澤〔五〕，令諸路州軍尋訪家屬以聞。」伸既以斥死，會趙鼎入相，上記其忠，乃有是命。壬戌，張浚奏：「臣頃者出使川陝，横遭誣謗。蒙陛下特降宸翰辨明之，使臣一旦昭雪，死無所畏。」上曰：「朕方屬卿中原之事，不可輒以曩日誣謗過自畏縮。況毁譽之求，當考其實，齊威公所以封即墨大夫、烹阿大夫。毁譽不公，自古所患。孔子曰：『如有所譽者，其有所試矣。』況於毁乎。」浚曰：「陛下於毁譽之際，曲留聖意如此，群臣之幸。」上曰：「使其人誠非才，則言者不可謂之毁也。在於考其實而已。」鎮江建康府淮南東路宣撫使韓世忠爲少保，充淮南東路宣撫使，鎮江府置司。時世忠與劉光世、張俊相繼入覲〔六〕，世忠奏：「虜騎遁去，陛下必喜。」上曰：「此不足喜，若復中原、還二聖，乃可喜耳。然有一事，以卿等將士賈勇争先，非復昔時懼虜之比，所喜蓋在此也。」後數日，上以諭輔臣，趙鼎等贊上誠得馭將之道。

臣留正等曰：漢高祖收天下豪傑，頤指氣使，如驅群羊，權略固高遠矣。韓信假王，不因躡足以止其怒，几敗乃事。大抵以術數御物者，以技有時而窮也。太上皇帝駕馭諸將，出於誠信，雖辭色閒暇，而披靡震驚不敢桀黠者，專以君臣分義折伏其心故也。劉光世不欲受杜充節制，上怒曰：「豈容跋扈如此。」遣使諭旨，即奉詔過江，復以銀合茶藥賜之。張俊入對〔七〕，論及劉光世解罷軍政有登仙之歎。上曰：「卿初見朕時何官？」曰：「修武郎。」上曰：「是時家貲如何？」曰：「貧甚。嘗從陛下求戰袍以禦寒。」上曰：「今日貴極富溢，何所自邪？」曰：「皆陛下所賜。」上曰：「卿既知此，宜思自效，而有羨於光世，何耶？」俊皇恐流涕，誓以死報恩。嗚呼。神機妙略，動於事會，與夫游雲夢以縛信、踞牀洗以召布，孰爲得體乎？

上曰：「楚用子玉，晉文公爲之側席而坐。今虜騎雖退，然黏罕輩猶在〔八〕。朕敢忘此憂乎？」癸亥，起復江南東路淮南西路宣撫使劉光世爲少保，充淮南西路宣撫使，置司太平州。浙西江東宣撫使張俊開府儀同三司〔九〕、江南東路宣撫使，置司建康府。甲子，淮西統制官酈瓊拔光州，執僞知州許約，遂復光州。戊辰，上謂大臣曰：「劉光世、韓世忠、張俊相繼入覲，朕嘉其卻敵之功，錫賚甚厚。朕服御物有可予者，亦以予之，皆拜賜涕泣，願身先士卒，圖復中原以報。」趙鼎曰：「此社稷之幸也。」己巳，罷試教官法，其諸州學官並從朝廷選差。自元豐間始立是法，及是言者以謂：「欲爲人師，而先納所業，求有司以幸中程度。又校計格法以争得之，甚非建學校、立學官之本意。」故罷。壬申，劉光世、韓世忠、張俊入辭，尚書右僕射趙鼎、知樞密院事張浚、參知政事沈與求、簽書樞密院事胡松年侍上，命光世等升殿，諭曰：「敵人南侵，諸名酋皆在其中〔一〇〕，蓋有侵噬江浙之意，賴卿等戮力捍敵，卒伐奸謀，使其失利而去，朕甚嘉之。然中原未復，二聖未還，朕心慊然，卿等其勉之。」光世曰：「臣等蒙國厚恩，敢不效死。」鼎曰：「臣聞降虜程師回言，逆臣劉豫紿虜人云：光世、世忠比失驩，虜至淮甸，異所聞，其氣已沮矣。」上曰：「有告朕光世、世忠坐少嫌意不釋然者，烈士當以氣義相許，先國家之急而後私讎，小嫌何足校。今日朕爲分之，宜釋前憾，結驩如初。」光世、世忠感泣再拜，曰：「臣等頃過聽，嘗有違言。至於國事，不敢分彼此。今已相好無他矣。乃煩君父訓飭丁寧，臣等皇懼無所容，敢不奉詔。」鼎等頓首賀。上曰：「將帥和，社稷之福也。」

龜鑑曰：以結友之事諭世忠，而世忠即負荆以謝光世；以滅怨之説勉光世，而光世先致意以約張、韓。此得協和之道也。

是月，金主晟卒，立亶爲嗣。

二月丙子，詔布衣陳得一就秘書省别造新曆，令少監朱震監視。又詔川陝宣撫司尋訪眉州精曉曆數人，將所降曆日委官監視，參考有無差錯，申尚書省。丁丑，上御舟發平江府。戊寅，命祠部員外郎張銖奉太廟神主自海道至臨安府。壬午，御舟至臨安府，行宫留守孟庾率京官小使臣以上迎於五里外。上乘輦還行宫。乙酉，侍御史張致遠言：「自昔立國者兵不貴多，貴於有用。財不患乏，患於無節。聚財養兵，皆出民力。且東南土地不加廣，而日以荒蕪，租賦不加饒，而日以朘耗。蓋緣民以力田爲苦，而游手者軍伍收之，避役者度牒假之，强悍者盜賊死之。一人耕，百人食，本先瘁矣。今主計者，初非因任，復數更易，利源不講，權柄下移。酒税，利源也，而諸將侵之。茶鹽，利源也，而堂吏私之。銅鐵，利源也，而工賈擅之。常平，利源也，而憲司忽之。今欲理財，宜三司精擇使副，或以户部官吏，依倣三司，任以職事，全計經常，量入爲出，先務省節，次及經理，則財用沛然矣。」詔户部限十日講究條具，申尚書省。丙戌，右僕射趙鼎守左僕射，知樞密院事張浚守右僕射並同中書門下平章事兼知樞密院事、都督諸路軍鼎矣[二]。

馬。兩制出，浚獨以軍功及專任邊事爲言，上既以邊事付浚，而政事及進退人材專付於

喻樗曰：時張、趙二公相得，人固知，且並相，樗獨以謂且作樞密使同心同德亦何不可。趙退則張繼之，説一般話，行一般事，用一般人，如此則泰道長。若同相，議論有不合，或當去位，則一番改更，必有參商，是賢者自相戾也，已而其事亦果如此。

提舉臨安府洞霄宫李綱復觀文殿大學士、知温州，范宗尹復觀文殿學士、提舉江州太平觀，秦檜復資政殿大學士，始用明堂恩也。神武後軍統制岳飛爲荆湖南北襄陽府路制置使，將所部平湖賊楊幺，賜錢十萬緡、帛五千匹爲犒軍之費。丁亥，趙鼎、張浚告謝，命坐，賜茶，浚因曲謝，又以儲貳爲言。上首肯曰：「宫中見養藝祖之後二人，長者年九歲，不久當令就學。」浚復奏：「王者以百姓爲心，修德立政，惟務治其在我，則大邦畏其力，小邦懷其德，天下捨我將安歸哉，固不僥倖於近績也。仰惟陛下躬不世之資，當行王者之事，以大有爲，正心以正朝廷，正朝廷以正百官，正百官以正萬民，國勢既隆，强虜自服，天下自歸。」因書王朴平邊策以獻。又奏：「臣昨奉清光，竊見陛下於君子小人之分聖意拳拳於此，宗社生靈之福也。昔唐李德裕言於武宗曰：『邪正二者勢不相容，正人指邪人爲邪，邪人亦指正人爲邪，人主辨之甚難。』臣以爲正人如松栢，特立不倚，

邪人如藤蘿，非附他物不能自起。臣嘗推類而言之，君子小人見矣。大抵不私其身，慨然以天下百姓爲心，此君子也。謀身之計甚密，而天下百姓之利害我不顧焉，此小人也。志在於爲道，不求名而名自歸，此君子也。志在於爲利，掠虚美，邀虚譽，此小人也。其言之剛正不撓，無所阿徇，此君子也。詞氣柔佞，切切焉伺候人主之意於眉目顏色之間，此小人也。樂道人之善，惡稱人之惡，此君子也。人之有善必攻其所未至而掩之，人之有過，則欣喜自得，如獲至寶，旁引曲借，必欲開陳於人主之前，此小人也。難進易退，此君子也。叨冒爵禄，蔑無廉耻，此小人也。臣嘗以此而求之君子小人之分，庶乎其可以概見矣。小人在位，則同於己譽之以爲君子，異於己排之以爲小人，不顧公私，不恤治亂，不畏天地鬼神。是以自崇、觀以來，以至今日，有異於己者而稱其爲君子乎？臣以爲必無之也。彼其專爲進身自營之計，故好惡不公，以至於亡身亡家、亂天下而莫之悔。惟陛下親學問，節嗜欲，清明其躬以照臨百官，則君子小人情狀又何隱焉。」提舉建昌軍仙都觀胡安國復徽猷閣待制、知永州，不許辭免。制曰：「朕惟士君子讀聖人之書，學先王之道，豈獨善其身而已哉。治人治己，成己成物，易地則皆然，世俗之儒，名師孔、孟，實蹈楊、墨，可與論中庸者鮮矣。安國學優則仕，行顧於言，通經爲儒者之宗，論事識治道之體。頃從時望，召置瑣闈〔一三〕，方嘉便於咨詢，顧何嫌於封駁。奉身而去，亦既累年。予力思共理之良，爾安得獨善於己。零陵雖小，有社有民，竹馬懽迎，相望數舍。往讀中興之頌，無忘平日之言。」統制關外軍馬吴璘、同統制楊政復秦州。金撒離曷集諸道兵來援〔三〕，政復擊敗之。己丑，詔臨安府修蓋瓦屋十間，權充太廟。侍御史張致遠言：「中原雖隔絶，而陵寢故在，京都雖未復，而廟社僅存。萬一四方傳播，以爲朝廷創建太廟，兹焉定都，人人解體，難以家至户曉，甚失興復大計。」殿中侍御史張絢亦奏：「人言籍籍，謂陛下去歲建明堂，今年立太廟，是將以臨安府爲久居之地，不復有意中原矣。」後二日，有詔梁汝嘉隨宜修葺，俟移蹕日復充本府使用。壬辰，詔張浚暫往江上措置邊防。左司諫趙霈言：「安危治亂之幾，相爲倚伏，臣願陛下無忘親征時，臣亦無忘扈從時，則治安可保，恢復可期矣。伏望益軫聖念，載廣遠圖，知晏安不可懷，則前日跋履之勞不可忘也。知愷樂不可極，則前日宵旰之憂不可忘也。知前日倉卒之驚，則備禦之策其可忘乎。知前日餽餉之艱，則理財之道其可忘乎。」詔：「霈論奏深得諫臣之體，可轉一官，賜紫章服，仍令尚書省將所奏修寫成圖進入。」

龜鑑曰：善乎趙霈之言，曰：「願陛下無忘親征時，臣亦無忘扈衛時。」此與馮異之勉光武者何異。異時吴芾亦曰：「陛下勿以敵之進退爲憂愉，勿以事之緩急爲作輟。凡下詔必務責己，引對必令盡言。」此與陸贄之告德宗者又何以異。君臣上下，警戒如此，虜其可謂中國無備乎。

丙午，詔遣監察御史一員，往江西、閩、廣諸路體訪捕盜。是日，雷聲初發。戊戌，宋籛孫以扈從恩特轉一官。殿中侍御史張絢言：「籛孫特於遥郡上轉行，超躐衆人數等，彼身冒鋒鏑萬死一生者，儻或聞之，豈免别生僥覬。望速賜改正，仍乞今後不許閤門以私事徑自取旨，並須經由三省。及應干隨龍人亦不得妄有僥求。」上曰：「絢所論極當，可亟令改正。然隨龍人偶有一日攀附之舊，輒僥求恩澤不已，朕每抑之。今後有如此者，可令臺諫論列。」庚子，命翰林學士孫近、直學士院胡交修編類職事官條具利害章疏進上。用直史館范沖之請也。辛丑，尚書左僕射趙鼎監修國史。鼎奏：「范沖直史館，於臣爲外姻，願以授浚。」上曰：「安可以沖故廢祖宗故事。況史館非朝廷政令之地，可無辭。」前二日，沖以史事入對，奏疏曰：「臣竊惟神宗皇帝實録既經删改，議論不一，復慮他日無所質證，輒欲爲考異一書明示去取之意。據史館所用朱墨本，出於臣僚之家私相傳録，書寫之際，悉從簡便。臣追記紹聖重修實録本，朱字係新修，黄字係删去，墨字係舊文。今所傳本，其删去者止用朱抹，又其上所題字蓋當時簽貼。今考異依重修本書寫，每條即著臣所見於後，庶幾可考。其考異五卷，乞付史館，更憑衆議刊定修立。」從之。詔劉光世妾許氏、甯氏、吴氏並封孺人。用光世請也。中興後諸大將封妾自此始。癸卯，進呈殿中侍御史張絢言：「宰相用才雖不當以鄉閭親舊爲嫌，更宜廣訪寒畯。」上曰：「朕亦面諭絢，苟如此，則朋黨之風自破矣。」張浚曰：「大臣以國家爲心，則所用人才必取公論，安有朋黨。」趙鼎曰：「用人才所以立國，臣任宰相，豈敢久居。至於立國規模，則不敢不爲久遠計。」川陝宣撫副使盧法原薨於閬州。僞齊將商元襲信陽軍，知軍事舒繼明被擒，誘以美官，繼明罵曰：「吾寧爲大宋鬼，豈污逆賊耶。」遂遇害。

閏二月乙巳朔，宗正少卿直史館范沖〔一四〕、秘書少監朱震並兼侍講。是日，雨雹。丁未，張浚往江上視師，詔百官出城餞送。時浚既行邊，而趙鼎居中總政事，表裏相應。鼎於是以政事之先後，及人材所當召用者，密條而置諸坐右，一一奏稟，以次行之。鼎謙沖待士，犯顏敢諫，權倖請謁、内降差除一切格止。鼎素重伊川程頤之學，元祐黨籍子孫多所擢用，去贓吏，進正人，時號爲賢相，翕然有中興之望。鼎嘗入見，見自外移竹栽入内，奏事畢亟往視之，方興工於隙地，鼎問：「孰主其事？」曰：「入内高品黄彦節也。」鼎呼彦節責之曰：「頃歲艮嶽花石之擾，皆出汝曹。今將復蹈前轍耶？」勒軍令狀，日下罷役。翌日，鼎入對，上改容謝之。簽書樞密院事胡松年知宣州，免謝辭。參知政事沈與求兼權樞密院事。新知湖州李光言：「明、越之境，地濱江海，水易泄而多旱〔一五〕。故自漢、唐以來，皆有陂湖灌溉之利。大抵湖高於田，田又高於江。每旱則放湖水溉田，澇則決田水入海，故無水旱之灾、凶荒之歲也。本朝慶曆、嘉祐間，民始有盜湖爲田者。宣和以來，創爲應奉，始廢湖爲田。自是歲被水旱之患。臣自壬子歲入朝，首論茲害，蒙朝旨先取會餘姚、上虞兩邑廢置利害，遂蒙獨罷兩邑湖田。其會稽之鑑湖、鄞之廣德湖、蕭山之湘湖等處，其類尚多，州縣官往往利爲圭田，頑猾之民侵耕盜種，上下相蒙，未肯盡行廢罷。伏望聖慈專委漕臣，考究漢、唐之遺利，檢舉祖宗之成法，應明、越湖田盡行廢罷。其諸路如江東西圩田、蘇、秀圍田，各有未盡利害，望因此東作之時，遍下諸路監司、守令條具以聞。」詔諸路漕臣躬親前去相度利害，限半月申尚書省。己酉，詔户部措置撰集紹興會計録，用侍御史張絢奏也。絢言：「國朝有景德會計録，又有皇祐會計録，至治平、熙寧間皆有此書。其後蘇轍又倣其法，作元祐會計録，雖書未及上，其大略亦有可觀。皆所以總括巨細，網羅出納，凡天下賦入之數、養兵之數，條章各立，支費有限，謹視其書，上下遵守，此作會計録之本意也。」故有是旨。其後，户部第具去歲收支數以聞而已。辛亥，詔權於濠州等處置市易務，以通商貨。其後岳州、潭州亦如之。命三衙、兩浙、江、湖、閩、廣諸路帥臣，依條揀放厢禁軍。壬子，輔臣奏遣中使往温州奉迎太廟神主事，上曰：「朕以宗廟在遠，心常慊然〔一六〕。今奉迎神主至行在，當行朝謁之禮。」乙卯，御筆：參知政事孟庾、沈與求並權樞密院事。輔臣進呈，上顧趙鼎曰：「已與卿議定參知政事並兼權樞密院矣。」鼎曰：「樞密非古也，自五代時，以郭崇韜爲使，國朝因而不改，故三省、樞密院分爲二途。仁宗朝富弼作諫官時，陝西用兵，弼建議乞令宰相兼樞密院事。宰相呂夷簡辭之再三，後卒從弼議。宰相兼樞密院自夷簡始也。臣既以宰相兼治院事，而參知政事之臣並令兼權，則事歸一體。前人謂樞密院調發軍馬而三省不知，三省財用已竭而樞密院用兵不止，此誠至論。」上曰：「往時三省、樞密院不同班進呈，是以事多不相關白。然朝廷議論，豈有帷幄二三大臣不與聞者。」手詔曰：「朕惟監司外臺耳目，郡守承流宣化，惠養吾民，其委任重矣。間者朝廷輒輕以假人，將何以使吏民聳然聽服。朕甚恧焉。繼自今其慎選擇，勿狃於故常，勿牽於私昵，重以累國。」侍御史張致遠乞〔一七〕：「以按發欺庇爲有司殿最〔一八〕。若一縣被按於監司，則罪一州，一州被按於臺諫，則罪一路。其有激濁揚清，無所顧避者，亟褒寵之。」詔刑部立法申尚書省。詔諸路提刑司申行諸州禁囚病死人，歲終計分斷罪之法。丙辰，詔諸路提舉常平併入茶鹽司。內無茶鹽司去處，仍令提刑兼領。尚書兵部侍郎王居正言：「四庫書籍多闕，乞下諸州縣將已刊到書板，不以經史子集小説異書，各印三帙赴本省。係民間者，官給紙墨工賃之直。」從之。丁巳，福建路轉運判官鄭士彦言〔一九〕：「坑冶盡廢，物料貴踴，計用錢二千四百而鑄千錢。其本路舊額合發新錢二十八萬四百千，省本司與提點司歲認其數，不猶愈於鼓鑄之折本。欲望詳酌，伺邊事息日施行。」從之。川陝宣撫司將官牛皓與金人遇於瓦吾谷，死之。承信郎高萬〔二〇〕、部將任安、隊官秦元薛琪張亨皆死於陣。虜顧萬尸曰〔二一〕：「真健兒也！」丙寅，殿中侍御史張絢乞於經筵讀三朝寶訓。上曰：「可從其請。」詔江東、浙西路各造九車戰船十二艘，浙東造十三車戰船八艘。時王瓊自京湖得二巨艦以歸，故命倣其制爲之。丁卯，詔：「足食足兵，今日先務。户部尚書章誼可專切措置財用，兼參知政事孟庾提領。」資政殿大學士秦檜言：「虜人便於弓矢，乞多造强弩、神臂弓以備攻討。」上曰：「檜雖在宫祠，不忘朝廷。」右司諫趙霈言：「今天下之弊，正患縣令之非其人，願罷去注授格法，盡歸堂除。」上曰：「比已降詔慎擇監司、郡守，然縣令於民尤親，亦宜遴選。」趙鼎曰：「莫若令監司、郡守舉治狀顯著者稍加擢用，其尤無良重寘之法，或足以示勸懲。」王瓊提舉江州太平觀。初，瓊既除騎帥，而侍御史張致遠、殿中侍御史張絢、右司諫趙霈論奏其罪，瓊聞，亦奏辭新命，乞在外宫觀。戊辰，敕令所删定官金安節入對，安節上三事：其一請專任理財之臣。其二論行在職事官堂除猥冗。其三論士風不競，不恤國事，自爲身謀。乃取其第二奏行下。詔江浙湖廣福建等路各置路分總管一員，於帥府駐劄。己巳，參知政事孟庾言：「準敕差提領措置財用，令乞以總制司爲名〔二二〕，專察内外官司隱漏違欠。行移如三省體式。應本司措置事件，依例進呈，得旨關申尚書省，仍鑄印以賜。」諸路係省錢出入，舊經制司每千收頭子錢二十三，其十上供，其十三州縣及漕計支用，庾請增十錢，又請收耆户長顧錢、抵當四分息錢、轉運司移用錢、勘合朱墨錢、常平司七分錢、茶鹽司袋息等錢，又收人户合零就整二稅錢、免役一分寬剩錢，又收官户不減半民户增三分役錢，又收常平司五分頭子錢，並令諸州通判、諸路提刑司拘催。其後東南諸路歲收總制錢七百八十餘萬緡，而四川不與焉。大凡東南諸路經總二司錢歲收一千四百八十餘萬緡〔三〕，四川歲收五百四十餘萬緡。左承議郎顏爲追毀出身以來告敕，除名勒停，展三期叙。坐前守嚴州犯自盜贓當徒六年也。經筵開講。自上視師，暫輟讀講，至是復之。壬申，上謂輔臣曰：「昨范温帶來京東民兵比效用請給，春秋特支衣絹一疋。昨日中軍引見，頗有藍縷者。朕出内帑絹二千匹賜之。」趙鼎等曰：「陛下内帑縑帛之數非承平比，每推以賜將士，此盛德也。」上曰：「朕宫中未嘗妄費，雖内帑所有不多，專用以激犒將士而已。」詔六院官、左藏庫監官並依舊堂除。詔右承奉郎徐度令中書舍人試策一道，左迪功郎胡珵、左朝散郎錢棐、新授太常博士張宦並召試館職。左朝奉郎新浙東提舉汪愷、左承議郎通判潭州王棠並與陞擢差遣。自詔復十科薦士，而汪藻薦度及棠，葉夢得薦愷及度，葛勝仲薦珵、宦、棠，沈與求薦棐，胡交修薦愷，故有是命。中興後士以十科薦用者，自此始。真陽縣觀音山盜起，攻剽鄉落，舉人吴琪竄去，琪妻譚氏被執，盜欲妻之，譚詬之曰：「爾輩賊也，官軍旦夕且至，將爲齏粉。我良家女，何肯爲汝婦。」盜强之不已，至於捶擊，愈極口肆罵，爲所殺。

三月甲戌朔，詔諸路監司帥守條具被受專法來上。用太府寺丞王良存請也〔二四〕。丁丑，詔侍講朱震、范沖專講春秋左氏傳，孫近、唐煇仍講論語孟子，鄭滋、胡交修讀三朝寶訓。上雅好左氏春秋，故擇儒臣講之。詔職事官、監察御史至侍從並館職正字已上及在外侍從官、監司、帥守各舉所知充監司、守令，限半月具奏。用侍御史張致遠請也。詔諸路勘合錢每貫收十文足。勘合錢即所謂鈔旁定帖錢者。辛巳，詔客販淮浙鹽至荆湖州軍，如願般販往襄陽府路者聽從便。京西，舊東北鹽地分，至是始通焉。甲申，淮東宣撫使韓世忠以大軍發鎮江。世忠將行，上賜手劄曰：「昨因虜退，議者以經理淮甸爲言，人多憚行。卿獨請以身任其責，朕甚嘉之。」時山陽殘弊之餘，世忠披荆棘，立軍府，與士同力役。其夫人梁氏親織薄爲屋，將士有臨敵怯懦者，世忠遺以巾幗，設樂大燕會，俾爲婦人妝而恥之。軍壘既成，世忠乃撫集流散，通商惠工，遂爲重鎮。觀文殿大學士李綱進省記到建炎時政記二册。上謂大臣曰：「朕已看過，皆是實事。綱近日論事，非往時之比。」趙鼎曰：「綱才氣過人，但自辟屬官多少年浮躁之士，致有所累耳。」辛卯，中書門下後省奏：「上殿臣僚有親聞聖語者，乞依慶曆七年詔旨，備録關修注官。如循習故例，隱匿不報，以違制論。」壬辰，左奉議郎李椿年入對，上問以民間利害，椿年曰：「今日法令非不善，財用非不足，而州縣每每不治者，在不得人耳。若於二税稍加措置，不至失陷，用度自足。若轉運司更將常賦隨時轉易，通一路之有無，財不可勝用也。」上曰：「今日監司、郡守不相協濟，朕在河朔親所備見，監司所至不恤州郡有無，盡行刻刷。州郡往往藏錢，不令監司知。」椿年奏曰：「誠如聖訓。」甲午，趙鼎奏：「近久雨恐傷苗稼，欲下臨安府祈晴。」孟庾、沈與求曰：「以天氣久寒，蠶損甚衆。」上曰：「朕見令禁中養蠶，使知稼穡艱難。祖宗時於延春閣兩壁畫農家養蠶織絹甚詳。元符間，因改山水。」丁酉，復移浙西安撫司於臨安府。以駐蹕之地，理宜增重事權故也。戊戌，詔道州丁米依舊於田畝上均敷。用本州請也。庚子，罷饒州孳生監。鄱陽地高寒，非馬所宜，自置監至今，所蓄牝牡馬五百六十二，而斃者三百十有五，駒之成者二十有七而已。其芻粟又皆賦於民，人不以爲便，故罷之。兵部侍郎王居正獻辯學四十二篇。居正嘗入見，請以舊所論著王安石父子平昔之言不合於道者爲獻。上許之。居正乃釐爲七卷，其一曰蔑視君親，虧損恩義，凡所褒貶，悉害名教。其二曰非聖人，滅天道，詆誣孔孟，宗尚佛老。其三曰深懲言者，恐上有聞。其四曰託儒爲姦，以行私意，變亂經旨，厚誣天下。其五曰隨意互説〔二五〕，反覆皆違。其六曰排斥先儒，經術自任，務爲新奇，不恤義理。其七曰三經、字說，自相抵牾。詔送祕書省。崇、觀間〔二六〕，王安石學益盛，内外校官非三經義字說不登几案〔二七〕，居正獨非之。至是，因事請對進，言曰：「臣聞陛下深惡安石之學久矣，不識聖心灼見其弊安在〔二八〕，敢請。」上曰：「安石之學，雜以霸道，取商鞅富國强兵，今日之禍，人徒知蔡京、王黼之罪，而不知天下之亂生於安石。」居正對曰：「禍亂之原，誠如聖訓。然安石所學得罪於萬世者，不止此。」因爲上陳安石訓釋經義無父無君者一二事。上作色曰：「是豈不害名教。孟子所謂邪説者，正謂是矣。」居正退即序上語，繫於辯學書首上之。辛丑，都督行府言：「知泰州邵彪具到營田利害，勘會所陳委可施行，合關送尚書省指揮。」從之。參知政事孟庾、沈與求見其所關曰：「三省、樞密院乃奉行行府文書邪！」皆不樂。宰相趙鼎不較，人以爲難。癸卯，移鎮江榷貨務都茶場於真州。初，詔問宰執戰守方略，呂頤浩上十事：一論「不用兵則中原不可復」。二論「虜將志驕意滿〔二九〕，此將亡之兆」。三論「用兵當用夏月」。四論「分道進兵，宜以五萬人由泗上擣汴京，二萬人由海上攻沂、密，又二萬人駐濠上爲援，不可深入。惟敕大將不得殺掠，至八月班師，明年復出」。五論「軍糧，海道二萬人日食米四百石，合於四明支一月糧，計一萬二千石附海船以去。至山東則有糧可因，濠上軍糧由淮可運〔三〇〕，此皆不患，惟趨汴京之師合齎十日糧，至南京則糧可以因矣」。六論「發兵日乞聖駕駐蹕鎮江」。七論「淮南通、泰鹽歲一千四五百萬貫，而二浙止七八百萬，通、泰倍於二浙，尤宜選能吏爲守」。八論「機不可失，兵屢得捷，如吴玠初擊退於和尚原，再禦退於饒風嶺，又大捷於仙人關。去歲賊犯淮甸，亦無所得而遁。若不發兵，終無息肩之期矣。臣考宣和間户部月支纔九十萬，而近年月支百一十萬。夫養兵二十萬，不北向以争天下，則東南民力何以堪」。九論「海船以閩爲上，廣次之，温、明又次之。今天以此利賜我，宜用之以擾登、萊。南風而往，北風而歸。虜雖鐵騎百萬，必不能禦」。十論「今前宰執六人，議必不一，是非可否，在陛下獨斷而已」。朱勝非言：「自陛下講明軍政〔三一〕，賞罰必當。今内外勁兵三十餘萬，宜於此時進取，無失機後悔。」遂列四事〔三二〕：一曰進討僭僞。二曰守禦江淮。三曰招撫遺民。四曰審度虜勢〔三三〕。李綱言〔三四〕：「陛下勿謂賊馬退遁爲可喜，而以僭僞未誅、仇敵未報爲可慮。勿以保全東南爲可安，而以中原未復、赤縣神州猶污腥羶爲可恥。勿以諸將屢捷爲可賀，而以軍政未修、士氣未振，尚使狂寇得以僭竊爲可虞，則中興之功可指日而俟。守備之宜，則當料理淮甸、荆襄以爲藩籬，當於淮南東西及荆襄置三大帥，屯重兵以臨之。東路以揚州，西路以廬州，荆襄以襄陽爲帥府。淮東路則以江東路財用給之，荆襄則以湖北路財用給之，徐議營田，使之贍養，假以歲月，則藩籬成，守備之宜莫大於是矣。然後可以議攻戰之利。亦當分責於當路大帥，謂如淮東西之帥，則當責以收復京東東西路，荆襄則當責以收復京西南北路，川陝之帥則當責以收復陝西五路。若夫措置之方，則臣願先定駐蹕之所。今鑾輿未復舊都，莫如權宜且於建康駐蹕，控引二浙，襟帶江湖，運漕財穀無不便利。臣昨於建炎初建議推關中爲上，襄陽次之，建康爲下者，以天下形勢言之也。然淮南有藩籬形勢之固，然後建康爲可都。願陛下與二三大臣熟計之。綏懷之略，則臣願先爲自治自强之計，使陷溺之民知所依告，益堅戴宋之心。」又曰：「陛下憂勤至矣，而未足以成中興之業，則群臣誤陛下也。大概近年所操之説有二：閒暇則以和議爲得計，而以治兵爲失策。倉卒則以退避爲愛君，而以進禦爲誤國。萬口和之，牢不可破。終累年以來，冠蓋相望，而初不得其要約。翠華蒙犯，而尚未有所定居。上下苟且偷安，而不爲長久之計。天步益艱，國勢益弱，職此之由〔三五〕。大運有開，天啓宸衷，超然遠覽，悟前日和議之失，而躬總六師，懲前日退避之非，而親臨大敵。逆臣悍虜數十萬衆飲馬江干，雖未能掃蕩邀擊盡殲醜類，而天威所臨，亦足以使之震怖不敢南渡，潛師宵奔，則和議之與治兵，退避之與進禦，其效既可睹矣。臣願陛下反前日之所爲，勿復爲退避之計，姑罷遣和之使，擇所當爲者，一切以至誠之意爲之，先後本末，各以次第修舉。倉廩實，府庫充，器用備，士氣振，力可有爲，方議大舉，則雖兵未交而勝負之勢以決矣〔三六〕。抑臣聞朝廷者根本也，藩方者枝葉也，根本固則枝葉繁。朝廷者腹心也，將士者爪牙也，腹心壯則爪牙奮。今國家遠有强盛之黠虜，近有僭僞之逆臣，所仰以爲捍蔽者，在藩方，所資以致攻討者，在將士。然根本腹心則在朝廷。惟陛下正心以正朝廷，正朝廷以正百官，使君子小人各得其分，則是非既明，賞罰必當，自然藩方協力，將士用命，雖有黠虜不足畏〔三七〕，逆臣不足憂，此特在陛下方寸間耳。」具條上六事：一曰信任輔弼。大略謂：「今選於衆以圖任股肱之臣，遂能捍禦大敵，可謂得人，願陛下待以至誠，無事形迹，久任以責成功，勿使小人得以間之。」二曰公選人材。大略謂：「陛下臨御已來，用人材多矣。世之所許以爲正人端士者，往往閒廢於無用之地。蓋自昔抱不群之材者，常爲小人所忌嫉，或中之於黮闇，或指之以黨與，或誣之以大惡，或摘之以細故〔三八〕，而以道事君者，不可則止，雖負重謗，遭深譴，安於義命，不復自辨。夫人主豈能常無愛憎，然必去愛憎而後能用人以興邦者，愛憎出於私情，用人必由於公道故也。陛下誠能推至公之道，將見人材輩出，中興之業不難致矣。」三曰變革士風。大略謂：「近年士風尤薄，不顧國體，惟欲進身，不覈事實，惟欲傷人，大罵則大進，小詆則小遷，翕訿成風，此非朝廷之福也。朝廷設耳目之官，以廣視聽，故許之以風聞。至於大故，須當覈實，使果如其言，則誅責所加，不宜止從輕典。使言而無實，服讒蒐慝，得以中害善良，皆非所以修政刑也〔三九〕。陛下得一張浚，付以西事，浚以忠許國，雖失機會不爲無過，而言者繩以大惡，賴浚有浴日之功，足以結知，又有大臣爲之辨，得以洗濯，不然，何以雪哉。願陛下降詔戒士大夫，使體德意，務從忠厚，則中興之業不難致矣。」四曰愛惜日力。大略謂：「事粗定之時，朝廷所推行者，皆簿書期會不急之細務。至於攻討防守之策、軍國之大計，皆未嘗留意，安得不爲虜僞之所陵侮〔四〇〕。願詔大臣，熟議所以爲規模者，畫一條具，如立課程，以次施行。」五曰務盡人事。大略謂：「天人之道，其實一致。今未嘗盡人事，敵至則先自退屈，而欲責功於天，可乎！願與大臣協心同力，務盡人事以聽天命。」六曰寅畏天戒。大略謂：「比年以來，天屢譴告，願陛下以至誠之意，正厥事以應之。」疏累數千言。時秦檜、汪伯彥、李邴〔四一〕、顏岐、王綯、韓肖胄皆應詔上對，惟綱議剴切的當。知福州張守言：「明詔四事，臣以爲莫急於措置。措置苟當，則餘不足爲陛下道矣。臣請爲措置之大略：其一措置軍旅，其二措置糧食。何謂措置軍旅？神武中軍當專衛行在，而以餘軍分措三路〔四二〕。一軍駐於淮東，一軍駐於淮西，一軍駐於岳鄂，或荆南擇要害以處之。使北至關輔，西抵川陝，血脉相通，號令相聞，有脣齒輔車之勢，則自江而南可以奠枕而卧也。然今之大將皆握重兵，貴極富溢，前無禄利之望，退無誅罰之憂。故朝廷之勢日削，兵將之權日重，而爲大將者，萬有一稱病而賜罷，或卒然不諱，則所統之衆，將安屬耶。臣謂宜拔擢麾下之將，使爲統制，每將不過五千人，棋布四路，朝廷號令徑達其軍，分合使令，悉由於朝廷之權以用之，然後可以有爲也。何謂措置糧食？諸軍既以分屯諸路，則所患者財穀也。然所費多寡，在彼猶在此爾，則所患者轉輸也。今宜舉兩浙之粟以餉淮東，江西之粟以餉淮西，荆湖之粟以餉岳鄂荆南。量所用之數，責漕臣將輸，而歸其餘於行在，錢帛亦然，恐未至於不足也。錢糧既無乏絶之患，然後戒飭諸將不得侵擾州縣，以復業之民户口多寡爲諸將殿最，歲遣官覆實而陞黜之，則民得以還其鄉里，而田野日闢，生齒日滋，江北州縣有復業之漸矣。如是措置既定，俟至防秋，復遣大臣爲之統督，使諸路之兵首尾相應，綏懷之略亦在是矣。然究其本原，則在陛下内修德而外修政耳。所謂修德，不過正心誠意，畏天愛民，儉於家，勤於邦，遠聲色，屏貨利，兢兢業業，凡可以累德者無不去也。所謂修政，不過任賢使能，信賞必罰，抑權倖，裁冗濫，謹法度，興廉恥，凡可以害治者無不去也。持久不倦，盛德日新，四海愛戴，何患夷狄之不服，在陛下果斷而力行之。」翟汝文言：「朝廷無遠略，無定論，無腹心謀議之臣。三者不立，何後之善。自建炎俶擾，今九年矣，天下日苦於兵，而戰守之計初未定也。經國規模初未立也。將相大臣每至防秋，則豫謀避地之計。至春則泰然安肆，如無事之日。敵至與衆同懼，敵退與衆同喜。如斯而已。

所謂禦敵者，臣不識也。臣願擇大臣有深謀者任之，責其恢復，拔用能將，必以尅敵。合天下之英傑，相與謨議立國之綱紀。規模先定，然後可爲也。」胡安國時在湖南，聞有是詔，以書與其子起居郎寅曰：「比詔問舊宰執，即是國論未定，正要博謀，此機會不可失。若贊得歸是，其績不小，汝勉思之。吾有時政論二十篇，雖未詳，大綱舉矣。諸葛復生，不能易此也。」

夏四月甲辰朔，監察御史田如鼇爲尚書祠部員外郎。如鼇嘗上書排詆大臣〔四三〕，其言及殿中侍御史張絢。輔臣入對，上因曰：「臺臣耳目之官，朕未嘗不慎此選。然必試之六察，度其可用，方敢除言事官。」沈與求曰：「臺臣與朝廷分持紀綱，要須得沉厚練達之人，則論事不苟。」上曰：「用沉厚練達之人極是。然朝廷與臺諫當爲一家，不分而爲二。若朝廷所行，臺諫輒詆之，臺諫所論，朝廷輒沮之，則事何由濟。」翌日，如鼇遂罷郎官之命。新除徽猷閣待制、知永州胡安國乞以本官奉祠。詔：「安國經筵舊臣，引疾辭郡，重憫勞之，可從其請，提舉江州太平觀。令纂修春秋傳俟成書進入〔四四〕，以稱朕崇儒重道之意。」詔進士王九齡召赴行在，令閤門引見上殿。九齡博極群書，卓越有大志，會日食求言，九齡上書論：「役法五害，如司馬光所言，已見於今日。」中書門下省奏：「江浙沿襲舊例，差保正長催科等事，致有破産失業流離之人，前後臣僚論列雖多，惟九齡建陳曲盡利害，已令有司措置立法。」故有是命。九齡入見，又上五事：一役法，二屯田，三復武舉，四均賦稅，五課農桑。上再三稱善。趙鼎讀九齡奏疏，謂同列曰：「王君論事盡天下之利害，非老生之常談也。」乃以爲太平州當塗縣主簿。丙午，右承奉郎黄大本貸死，杖脊，刺配南雄州牢城收管。大本爲貴池丞，坐贓抵罪，故有是命。既而監文思院于淙、南恩州司户莫憲章皆以賄敗〔四五〕，遂斷配焉。丁未，召荆南鎮撫使解潛赴行在。於是諸鎮撫使並罷矣〔四六〕。戊申，張銖奉太廟神主自温州至行在。己酉，宗正少卿兼侍講范沖轉對，言：「仁宗皇帝建邇英閣，嘗命儒臣蔡襄等寫尚書無逸篇並孝經天子、孝治、聖治、廣要道四章爲二圖，列於左右。元祐初，臣父祖禹爲侍講，奏乞檢尋二圖，如仁宗故事，哲宗皇帝從之。願陛下圖書無逸篇爲二圖，置於講殿之壁。」上納其言，遂書爲二圖，不崇朝而畢。翌日，以諭輔臣，沈與求曰：「願陛下以是圖爲元龜，夙夜自儆，則恢復之期可卜矣。」乙卯，進呈殿中侍御史張絢奏：「嚴州壽昌縣令臧梓治狀可稱。饒州安仁縣令趙濤貪污不法。乞行勸沮。」御批：「梓改合入官再任。濤送提刑司取勘。」趙鼎等曰：「兩縣士民近經都省陳狀，已下監司覈實。」上曰：「絢所奏亦因兩縣士民經御史臺投狀，故有此請。朕思毀譽固未可知，且令監司核實，然後行賞罰未爲晚也。」己未，詔鄉村五保爲一大保，通選保正，於免役令中去長字。始改紹聖法也。庚申，詔：「韓世忠紀律嚴明，岳飛治軍有法，並令學士院降詔獎諭。」時世忠移屯淮甸，軍行整肅，秋毫無犯。飛移軍潭州，所過不擾鄉民，私遺士卒酒食，即時價償值。上聞之，故有是詔。辛酉，新諸王宮大小學教授錢葉〔四七〕、臨安府府學教授周葵並爲監察御史。先是，沈與求薦葉節操方正，可備獻納。故二人並命。甲子，太上道君皇帝崩於五國城，年五十四。兵部侍郎司馬朴與通問副使朱弁同在燕山，聞之，密議舉哀制服。弁欲先請，朴曰：「吾儕爲人臣子，聞君父喪當致其哀，又何請。設不見許，可但已乎。」遂服衰朝夕哭。虜人義之而弗問〔四八〕。詔：「諸路營田司官給種糧者，每一耕牛歲課毋得過十碩，民間自有耕牛者，除輸納稅賦外，毋得抑令耕種營田。」時言者以爲解潛在荆南，民有耕牛，官爲給種，納課或十餘碩，而租稅差科仍舊，是致百姓流移，田業荒蕪。故條約焉。丙寅，上就射殿躬行景靈宮孟夏朝獻之禮。龍圖閣直學士致仕楊時卒，年八十三。起居郎兼侍講朱震言：「時學有本原，行無玷缺，進必以正，晚始見知，其所撰述皆有益於學者。」詔有司取時所制三經義辯，賜其家銀帛二百匹兩，後謚曰文靖。

五月庚辰，吏部員外郎周祕面對。上曰：「自令臣僚轉對，甚有所輔〔四九〕。由此擢用者亦多，縱有不當，亦不欲責罰，恐人不敢論事。」辛巳，輔臣奏事，趙鼎曰：「昨日得旨，擇日降制除防禦使瑗爲節度使〔五〇〕，封國公，出就資善堂聽讀。臣退而與孟庾、沈與求商量，皆仰贊陛下爲宗廟社稷大慮，謹令有司卜今月二十六日吉，惟陛下裁擇。」上曰：「可。」與求曰：「此盛德之事也，而陛下斷自聖心，行之不疑，此自古聖賢之所難也。」上曰：「朕年二十九，未有子，然國朝自有仁宗皇帝故事，此事甚易行，而前代帝王多以爲難。」鼎曰：「自古帝王以爲難，陛下行之甚易，此所以莫可跂及也。」上曰：「藝祖創業肇造王室，其勤至矣。朕取子行下鞠於宮中，復加除拜，庶幾仰慰藝祖在天之靈。」庾曰：「陛下念藝祖開創之艱，而聖慮及此，帝王所難能之事也。」初，張浚之未出使也，上嘗以語鼎、浚、庾、與求曰：「此子天資特異，在宮中儼如神人，朕親自教之讀書，性極彊記。」鼎先得旨於行宮門內造書院屋一區，欲令就學。至是，書院成，上曰：「只以書院便爲資善堂，俟除授訖，命儒臣爲直講、翊善，悉如資善故事。」給事中廖剛言[五一]：「今諸將之兵，被於江淮，不知幾萬數，日待哺於東南之轉餉，東南之民已不勝其困矣。可救此患，莫若屯田。朝廷亦嘗行於淮南，今閱數秋，未聞有補，豈措畫之方、勸相之誠有未至乎。」乃獻唐郭子儀、漢力田科、蜀諸葛亮事爲屯田三説上之。詔都督行府相度措置。癸未，詔江浙四路共造五車十槳小船三十[五二]。言者以爲緩急遇敵，須用輕捷小船相參，乃復爲之。甲申，上諭輔臣曰：「昨路允迪奏到所記聖語，見揚州駐蹕時，人才凡冗，宜遭變故。今行在人才皆可觀。」趙鼎曰：「陛下以人才爲意，中興可復，天下幸甚。」神武中軍統制楊沂中遣士卒五十餘人運怪石，置之太平樓酒肆。殿中侍御史張絢遇諸塗，奏言：「今邊境多虞，百姓艱食，陛下方且卑宮菲食，焦勞於上，一花一石屏去不顧，奈何軍中不能上體聖意，乃敢公然運石以爲酒肆遊觀之美，豈獨訓練士卒之時，不當勞以無益之役，而衆目所觀，傳播四方，亦非美事。此風漸不可長。兼臣近見村民多取花株竹栽〔五三〕，街市貨賣，若不嚴加止絶，亦有棄本逐末之患。欲望體問今日運石因依，重加行遣。仍乞下臨安府，令禁止村民貨賣花竹。庶幾陛下勤儉之德，不待家至户曉，而侈泰之俗一變而爲樸素，實艱難之先務。」詔禁止，沂中坐罰金。乙酉，祕書省正字李彌正轉對，面奏：「見存西北之兵，歲久銷減。乞令州郡募東南民兵，教習以壯國威，禦盜賊。萬一朝廷有警，亦可募以調發。」上曰：「朕自知南兵可用，向有五百人，皆平江人，在張俊軍中〔五四〕，往往率先犯陣，其不可用者，但未教習耳。」彌正又因口陳：「大臣進退之易，實害治體。國朝自祖宗體貌大臣，陛下即位以來，恩意尤篤。」上曰：「祖宗體貌大臣，恩意甚厚，與庶寮不同，此朕家法。每奉以周旋，如鄭文公雖一國之君，進臣不以禮，退不以道，爲詩人所譏。」彌正又陳：「古者創業中興之主，必有謀臣任事責重，憂勤逸樂與之終始。今人之才，雖不敢遠望古人，願陛下捨短取長，擇忠實可仗者，推腹心以任之，則事功可見就緒。」上曰：「善。若無一二腹心之臣，孰與議謀。」

丙戌，新除幹辦諸司審計司李椿年再得召見，論：「今日之弊，甚大者有三：一曰銓選之弊，員多闕少。二曰食貨之弊，錢輕物重。三曰所司之弊，吏强官弱。」又口奏度牒事，以爲：「今一歲所鬻不下萬數，是歲失萬農也。積而累之，農幾盡矣，非生財之道也。」上首肯之，乃下其章，命吏、户部同措置。詔：「中書舍人胡寅論使事，辭旨剴切詳明，深得論思之體，令學士院降詔奬諭。」時既用尚書右僕射張浚議，遣問安使何蘚入雲中。寅上疏言：「女真者，驚動陵寢，戕毁宗廟，劫質二帝，塗炭祖宗之民，乃陛下之讎也。頃者，誤國之臣自知其才術不足以戡定禍亂，而又貪慕富貴，是故譸張爲幻，遣使求和，以苟歲月，九年於此，其效如何。彼之一身，叨切爵位而去，曾何足道，而於陛下聖德、國家大計，虧喪多矣。所幸陛下智勇日躋，灼然獨見，於邪言久惑之後，奉將天討，罪狀劉豫，再安國步，漸圖興復。天下忠臣義士聞風興起，各思自效，以佐丕烈。今乃蹈庸臣之轍，踐已失之謀，犯孔子之戒，循魯莊之事，忘復讎之義，陳自辱之辭，臣切爲陛下勿取也。或謂不少有貶屈，其如二帝何？臣應之曰：自建炎丁未至於紹興甲寅，所謂卑辭厚禮，以問安迎請爲名，而遣使者不知幾人矣。知二帝所在者誰歟？見二帝之面者誰歟？得女真之要領者誰歟〔五五〕？因講和而能息虜兵者誰歟〔五六〕？臣但見丙午而後，通和之使歸未息肩，而黄河、長淮、大江相次失險矣。臣但聞去年冬使者還，言酋豪帖服，國勢奠安。形於章奏，傳播遠近，曾未數月，而劉豫稱兵犯順矣。女真者，知中國所重在二帝，知中國所恨在劫質，知中國所畏在用兵，則常示欲和之端，增吾所重，平吾所恨，匿吾所畏，而中國坐受此餌，既久而後悟也。天下其謂自是改圖必矣。陛下可不據孔子之論而決此策乎。苟惟不然，以中國萬乘之尊，而稱臣於醜虜〔五七〕，則宰輔而下皆其陪臣也。借使女真欣然講解，以一將軍數萬衆駐兵泗水之上，願陛下面相結約，歃血而退，不知陛下何以待之。陛下試加採擇，或合聖意即以此讎當復，無可通之義，明降指揮，寢罷奉使之命。」疏奏，上嘉納，命宰相趙鼎召至都堂諭旨，仍賜詔奬諭。寅又上表言：「天下有至公之心，有正直之論。違正論，拂公心，以行其邪說，雖當時不悟，及事以敗〔五八〕，世已陵遲，然後悔之，則無及已。姑以近事明之，方王安石得志，託大有爲之說。大有爲之説者，孟子之言也，豈不美哉。當時元勳舊德皆以祖宗舊法不可變改，安石斥之爲流俗，而其説盛行。自今觀之，其所謂大有爲者，乃所以召亂，其所謂流俗者，皆賢才也。使神祖照之於司馬光辭樞密副使之時，而退王安石，罷新法，則尚有崇、觀之亂乎。及蔡京秉政，託繼志述事之説。繼志述事之説者，孔子之言也，豈不美哉。當時忠臣義士皆以新法害民，當遵元祐，蔡京名之爲謗訕，而其説盛行。自今觀之，其所謂繼志述事，乃所以遂其私意。其所謂謗訕者，皆忠言也。使上皇照之於陳瓘論列之時，而退蔡京，復元祐，則尚有宣、靖之禍乎。天下之理一是一非，出於是則入非，出於非則入是，理不並立，人無兩存，此人才邪正之所由分，而國家治亂之所由判。自古如此，豈惟今哉。女真入寇以來，和戰兩議，肇於孝慈在位之日，兩議不決，馴致北狩。自今觀之，夷狄之不可與和亦易見也〔五九〕。而和議之説不息，非特通和女真，又欲通和劉豫。和之一字，實懷二心。以國與人，亦所不恤，豈不過甚矣哉。原其所本，起於耿南仲昌言之，正猶王安石大有爲之論、蔡京繼志述事之説。而尊王庇民，疾讎殄惡，不欲和者，亦猶司馬光不以王安石爲然，陳瓘不以蔡京爲是。八年於此，正論不勝，監觀前事，識者憂之。尚賴陛下險阻備嘗，照知情僞，於和議輩皆已試用，了無功效，此策不足中興，斷自宸衷，舍非從是，遂嚴降詔旨，罪狀反虜〔六〇〕，聲罪致討，一振國威。豈於女真尚肯通使，適睹何蘚之事，恐和説復行，國論傾危，士氣沮喪，所繫不細。遂具陳奏，陛下曲賜褒諭，以來衆言，使天下忠義之士，皆知陛下雪恥復讎之意。用賢才，修政事，厲兵選將，駸駸北向，以爲迎二帝之實。大計一定，邪説不行，中興可期，宗社之福，豈獨微臣忝切恩詔，以爲今日美談而已。」户部奏諸路殘破州縣守令勸民墾田及拋荒殿最格，其法：墾田增及一分，郡守陞三季名次，累及九分，遷一官；虧及一分，降三季名次，九分鐫一官。縣令差減之。縣具墾闢實數，月申州，州季申監司。增虧十分者，取旨賞罰。己丑，參知政事、權樞密院事孟庾進知樞密事。庚寅，趙鼎奏事，因言：「李沆作相時，每奏祥瑞，須雜以水旱螟蝗文字進呈，憂國愛民之心如此。」上曰：「王旦，賢相也。東封時都無一言。如天書降，殆難考驗，但朝廷内外得人，四民安業則爲上瑞。」辛卯，嚴州壽昌縣令臧梓特改合入官，令再任。以兩浙轉運奏其治狀有實也。上曰：「若得賢令尹如此，一方皆受惠。」趙鼎曰：「一縣生靈十萬，縣令得人，則人人安業。」上曰：「然朕區擇監司、守令，政欲安百姓也。」辛酉，尚書右僕射張浚提舉詳定一司敕令，參知政事沈與求同提舉。初置提舉官也。中書舍人胡寅言：「兵興以來，衣冠轉徙，失所者衆。於是開奏辟之路，置添差之闕，廣宫廟之任，增待次之除，所以惠恤之者亦厚矣。而奔競日昌，不安義命，方在責籍，則乞叙雪，已得叙雪，則乞祠禄，已得祠禄，則乞差遣，已得差遣，則乞改替，已得改替，則乞近闕，已得近闕，則乞見任，已在見任，則乞超擢，士風之弊，莫甚此時。伏見舊法已有差遣，及方在貶謫者，不得輒入國門，所以杜貪躁、清仕路、存綱紀也。伏望明詔宰執舉行成憲。」從之。寅又言：「近來書命多出詞臣好惡之私，使人主命德討罪之言，未免玩人喪德之失。」詔以付中書後省。戊戌，岳飛至鼎州之城外，先遣兵馬鈐轄楊華入賊招安。華未降時爲賊魁，以寬厚得衆，遂與故部曲潛結楊太黨，謀殺太以降。時大旱，湖水涸如深冬，賊益懼。己亥，貴州防禦使瑗爲保慶軍節度使，封建國公。宗正少卿兼直史館范沖兼史館修撰兼侍講、資善堂翊善，起居郎朱震兼資善堂贊讀。上親筆付出，制曰：「朕爲宗廟社稷大計，選於屬籍，得藝祖七世孫，鞠之宮中。茲擇剛辰，出就外傅〔六一〕，宜有端良之士，以充輔導之官。博觀在廷，無以易汝。」時張浚在潭州，聞建國公當就傅，亦薦沖、震可備訓導。朝論以二人爲極天下之選。或謂浚繇此與鼎始有隙。詔以盛暑，命諸路監司分往所部慮囚。前二日，進呈行在疏決，上問：「外路如何？」趙鼎曰：「臣記每年夏熱時，令提舉司催決獄事〔六二〕。自渡江後不曾舉行。」上曰：「大理等處禁繫無幾，當行之諸路，令無淹延刑禁，庶暑中不致罪人疾病也。」自是遂爲永制。庚子，知虔州韓昭奏周十隆已就招。

六月癸卯朔，趙鼎言：「資善堂極褊隘，恐方暑不便。」上曰：「粗令修葺可也。朕常以營造爲戒，居處不敢求安。前日孫近乞罷修學士院，然上漏下濕，若不略與修葺，非朕待遇儒臣之意。」甲辰，洞庭賊楊欽將所部三千人詣岳飛降。初，張浚至長沙，親臨湖以觀賊勢，疑未可攻。會有急詔召浚還朝，謀防秋之計。岳飛至潭州，出圖示攻討出入之要，且曰：「擒之易耳。」浚曰：「恐誤防秋之期，俟明年再來討之如何？」飛請除往來之程，限八日破賊，請浚曲留以俟。浚然之。飛以統制任士安爲賊餌，賊併力拒之，凡三日，飛乃以大兵四合，一戰破賊衆殆盡。乘其舟以入水寨，欽等迎降。欽在賊中最悍，楊太侍以爲强。飛厚待之。賊愈喪氣。乙巳，名新曆曰「統元」。丙午，上諭輔臣曰：「近令諸郡以箭鏃改造甲葉，恐再於民間科敷。密院只今行下，令只於作院打造，毋得科擾百姓。」趙鼎曰：「陛下恤民如此，臣等敢不奉承聖意。」祠部員外郎林季仲嘗因面對，乞重縣令之選。其言曰：「令非其人，一邑受其弊。守非其人，一郡受其弊。監司非其人，一路受其弊。積諸路而言之，其弊有不可勝言者，將何利於國家而輕是選耶。願從陛下丐一縣令，往以自效。臣承乏郎曹，求爲縣令，若不情者，然官職輕重，惟陛下如何。以省部爲重則重在郎官，以斯民爲重則重在縣令。漢明帝曰：『郎官出宰百里，苟非其人，人受其殃。』蓋非以郎官爲重，重其出宰百里也。」己酉，上謂輔臣曰：「朕以南班宗室請給至薄，甚有貧窶者，昨日出内帑錢，每人賜二百千，令宗正丞沈禹卿散給。尚有親賢宅近屬，已取會人數，别行給賜。」趙鼎曰：「今宗室凋零無幾，陛下敦睦如此，盛德事也。」建國公初出資善堂，上命見翊善范沖、贊讀朱震，皆設拜。趙鼎等得旨，依故事謁見。沖等每因箋奏，導國公以仁義之言，輒褾軸藏之，時一展玩。國公嘗得李公麟所畫孝經圖，沖書其後，略曰：「孝者，自然之理，天地之所以大，萬物之所以生，人之所以靈，三綱五常之所以立，學然後知之。心不苟慮，必依乎道，足不苟動，必依乎禮。行之以不息，守之以至誠，造次必於是，顛沛必於是，及乎習與性成，是謂純孝。不然，無以立身矣。豈不見夫諸侯車服之美、儀物之盛，尊榮如此，國公以幼學之年，享寵禄之厚，盍思所以保富貴之道乎。」故沖以諸侯之事爲獻，曰：「戰戰兢兢，如臨深淵，如履薄冰。」周之諸侯，其入而居於王所，則皆謂之卿士。故沖又欲以卿大夫之事爲獻，曰：「夙夜匪懈，以事一人。國公其勉之。」辛亥，趙鼎進呈，以旱，乞分命侍從官等遍走群祀祈雨事。上曰：「亢陽如此，朝廷政事闕失更宜講求。」鼎等曰：「近日蠲除翎毛箭鏃及官舟運糧等事，皆是仰承聖意以寬民力。」沈與求曰：「雲漢之詩，雖上下奠瘞，靡神不宗，不廢禱祈之事，要之以側身修行爲本。陛下勤恤民隱如此，宜蒙佳應。」癸丑，手詔：「訪聞諸路久愆雨澤，繇朕不德，致斯亢旱。雖恐懼修省，思所以答譴戒，弭天灾，尚慮州縣違戾詔令，重擾吾民，致傷和氣。除税租、和預買及應副大軍之外，應干科敷催驅等事，日下並罷。」荆湖制置使岳飛破湖賊，夏誠、楊太赴水死，餘黨相繼皆降。飛入水寨，殺賊衆殆盡，惟夏誠寨固守。寨三面臨大江，背倚峻山，官軍陸攻則入湖，水攻則登岸。至是，飛測其淺處，乃擇善駡者二十人，夜往駡之。且悉衆運草木放之上流。賊聞駡聲，争擲瓦石，草木爲瓦石所壓，一旦填滿，飛長驅入寨，遂執誠，湖寇悉平。

龜鑑曰：竹籤之題，卒誤鍾相。相既擒矣，幺猶相也。然而昌寓致討而不能平，王𤩽招安而不能伏，及張浚至醴陵，召問諜之囚，釋其縛而縱之歸，使諭寇，於是幺之將楊欽降，卒有膽喪之嘆。岳飛至鼎城，取偏裨之慢令者鞭之，以折其氣，吏爲虜餌〔六三〕，於是幺斃而誠擒，果應飛來之讖，此平楊幺之功烈也。

大事記曰：嘗謂宣王中興，平外夷耳。光武中興，平內寇耳。而高宗欲攘夷，則內寇轉迫，欲除盜，則外戎復張。然而降張遇等，殺杜用、丁順等，則有王淵。擊李昱，平趙方，則有劉光世。郤丁進，則有守臣康允之。破戚方，則有守臣周杞。誅葉儂〔六四〕，討李成，則有張俊。平范汝爲，平曹成，則有韓世忠。而楊幺據上流，僭號紀年，尤爲心腹之害，岳飛一至，八日而應飛來之讖，湖寇盡平，而外寇始息矣〔六五〕。使當時諸盜不作，諸臣得以併力中原，豈不足以建立事功哉。

甲寅，尚書左僕射趙鼎、知樞密院事孟庾、參知政事沈與求奏：「自五月丙子不雨，今越四旬，叨冒近司，輔政無狀，致此譴戒。伏乞特降威命，正臣等之罪，早賜黜責。」詔答曰：「旱暵逾時，甘澤未應〔六六〕，乃朕菲德，非卿等咎。各安厥位，無得再請。」丁巳，史館修撰、資善堂翊善范沖言：「伏見和靖處士尹焞，誠明之學，實有淵源，直方之行，動應規矩，內外淳備，毫髮無玷，實爲鄉閭之所尊禮，士夫之所矜式。臣無能彷彿，舉以代臣，允愜公議。」詔川陝宣撫司以禮津遣赴行在。焞，程頤高弟也。頤死，聚徒洛中，非弔喪問疾不出户，士大夫尊仰之。靖康初，种師道薦於淵聖，方召至闕，將命之官，力辭而去。建炎兵亂，鎮撫使翟興辟之，不能致。紹興中，避難長安，僞帥趙彬以劉豫命，玉帛招之，焞卻幣奔蜀，居於涪州。上聞其賢，故召。湖寇既平，張浚乃更易郡縣姦贓吏，宣布寬恩，命岳飛進軍，屯荆襄以圖中原。浚率官屬泛洞庭而下。時淮東宣撫使韓世忠、江東宣撫使張俊皆已立功，而飛以列校拔起，世忠、俊不能平。先是，飛皆屈己下之，數通書，俱不答。及飛破楊么，獻樓船各一，兵徒戰守之械畢備，世忠始大悦，而俊益忌之。戊午，詔福建歲貢龍鳳團及京挺茶〔六七〕，並權減半。罷湖州歲貢花蕉布。癸亥，趙鼎奏：「甘澤應祈，乞御常膳。」上曰：「朕累日寢食不安者，豈特爲國無儲蓄而望歲之心甚切，兼恐歲饑民貧，起而爲盜，朝廷不免遣兵討定，殘殺人命，亦天道之所宜憫也。」甲子，詔：「省試舉人程文許用古今諸儒之説，並自出己意，文理優長，並爲合格。令試院榜諭。」乙丑，張浚奏：「湖寇盡静。」上手書賜浚曰：「非卿孜孜爲國，不憚勤勞，誰能寬朕憂。顧奏到之日，萬口一辭，以謂上流既定，則川陜荆襄形勢連接，事力增倍，天其以中興之功付之卿乎。」戊辰，命翰林學士孫近知貢舉，給事中廖剛、中書舍人劉大中同知貢舉，中書門下省檢正諸房公事吕祉、殿中侍御史張絢等六人爲參詳官，祕書省正字李彌正等二十二人爲點檢試卷官，太常少卿陳桷爲别試所考試官，司勳員外郎林季仲等四人爲點檢試卷官。自後率如此例。詔：「諸路監司、州縣，非奉朝旨，假作軍需名色之類科須者並罷。」秘書丞環中知臨江軍。中嘗進春秋年表，沈與求奏不當先魯而後周，上曰：「士大夫著述詭舛容有之，中爲人臣，乃不知尊王之義，豈可置之三館。」庚午，權鄂州江夏縣吕大周特改合入官。時湖北提刑司奏大周任内招復增户二千八百七，故優賞之。辛未，皇叔蘄州防禦使士珸爲泉州觀察使。是月，汴京地震。

秋七月壬申朔，饒州進士朱嘉積言，子召虎十歲能誦經史兵書、步射〔六八〕，乞挑試。詔賜帛二十匹罷歸。丁丑，孟秋薦享太廟。自是歲五享如常禮。詔諸路監司、帥守按試武士所能，具職位姓名來上。用李光請也。己卯，知樞密院事孟庾知紹興府。庾以行府闕三省樞密院事積不平，因稱疾求去。參知政事沈與求權樞密院事兼權措置財用。庚辰，内侍盧公裔言：「見係致仕在蜀中，乞赴行在。」上曰：「此人極不平隱，不若與在外宫觀。況朕宫中小黄門數十輩，備掃除趨走而已，近上者亦有數，未嘗假以權也。每觀漢、唐之禍及近時之變故，不得不防微杜漸。」趙鼎等曰：「漢、唐宦官傳有可鑒誡。」上曰：「仇士良勸後輩戒人主不近儒生，不觀書，可以鑒也。」壬午，賜觀文殿大學士李綱親筆詔書奬諭。綱應詔陳三策，又上六條，故有是賜。癸未，知南劍州沙縣丞陳沃、新婺州教授富元衡並充諸王宫大小學教授，紹興府宗正司供職。渡江後廢，趙鼎始創復之，一員居行在，一員居會稽，自是爲例。丙戌，知宣州趙不群陞直龍圖閣，再任。上曰：「不群爲郡有稱，首公奉法，使百姓安其田里，當寵旌之，以爲四方之勸。」上又曰：「民窮無聊，起而爲盜，多緣守令不良，擾之使然。若百姓安其田里，其肯爲盜乎。朕夙夜以此爲懷，卿等復留意，謹擇守令，庶幾百姓有安居樂業之意。」癸巳，知滁州何洋條上屯田利害。上曰：「淮北之民襁負而至，朕爲民父母，豈可使民失所，可賦田予之，更加優恤，恐乍歸之人或無居止。當行下提點司量給官錢賑助之。」沈與求曰：「立國不當爲朝夕計。今使就耕之民盡蠲租賦，更賑助之，則五年以後，兩淮荒土往往耕闢已多，縱便恢復，亦爲朝廷之利。」上曰：「然。」乙未，上曰：「内諸司轉官出職，祖宗皆有格法。朕遵守之甚嚴，但付之有司，依法施行。」

八月甲辰，詔增館職爲十八員。時言者論：「唐太宗當兵戈搶攘之際，置文學館學士凡十有八人，其後皆爲名臣。祖宗闢三館以儲養人材，蓋本於此。今國步艱難，時方右武，故館職猶多闕員。然臨事每有乏財之歎〔六九〕，則儲養之方，亦不可以兵戈而遽已也。乞如祖宗故事，通以十八人爲額。」故有是旨。禮部貢院放榜考校到合格進士樊光遠等二百人，博學宏詞科新敕令所删定官王璧、新明州州學教授石延慶二人。丁未，宰相趙鼎乞罷政。先是，殿中侍御史謝祖信奏：「新簽書廣德軍判官趙繼之任衢州江山令，贓污狼藉，與判官趙不愚共爲姦利，表裏相濟。」詔浙西憲司劾治。其日癸卯。鼎嘗以京秩薦此二人，故乞解機務。是日，祖信方候對，上顧鼎曰：「事有輕重，卿薦士之失甚輕，而朕之罷相甚重。知人自古難之，豈可以薦二士之失而罷宰相。」己酉，趙鼎言：「故右奉直大夫邵伯温大賢之後，行義顯著，元符末以上書得罪，書名黨籍，坐廢者四十年。伏望優加褒贈。」鼎，伯温門人也。詔贈祕閣修撰，官其家一人。丁巳，詔福建收買末茶指揮勿行。己未，詔御筆〔七〇〕：「比覽元符諫臣任伯雨章疏，論章惇、蔡卞詆誣宣仁聖烈太后，欲追廢爲庶人。誰無母慈，何忍至此。自朕纂服，是用疚心昭雪黨人，刊正國史，雖崇寧而後，迷國猥衆，推原本始，實自紹聖惇、卞竊位之時，而諼慝未彰〔七一〕，將何以仰慰在天，稱朕尊嚴宗廟之意。可令三省取索議罪來上，當正典刑，布告天下。」丁卯，故特進、申國公章惇追貶昭化軍節度副使，故責授寧國軍節度副使蔡卞追貶單州團練副使，各人子孫不許除在内職任。用己未詔書也。

史臣曰：理能正於人之心，而治不足以達於天下者，未之有也。天下之亂，非自爲之也，必有害常醜正者，取三綱九法汩陳而倒行之，以致於亂矣。而人心之不泯者，猶在也。舉而明之，亂可使治，亦豈其自治哉。理在其心者，固先之矣。紹聖二姦，爲國産亂，以絶天之理，其忍哉。高宗誅姦於既死，其得撥亂世反之正之理乎〔七二〕。

是月，僞齊陷光州。

九月辛未朔，詔總制司近取漕司雜税，及常平增收頭子錢、鈔旁勘合錢、耆户長雇錢、常平一分寬剩錢、正税零畸剩數等並罷。以久旱，用都省請也。壬申，權川陝宣撫副使邵溥按屬郡守趙丞之不法〔七三〕。趙鼎曰：「溥在蜀中極振職。」上曰：「人情多鋭於其初，久之往往懈怠。若常如此甚佳，雖古帝王亦然。唐明皇開元、天寶治亂可見矣。」趙鼎曰：「陛下知此，中興之功宜不難致，天下幸甚。」乙亥，上御射殿，賜進士汪洋等二百二十人及第、出身。時右修職郎黄中對策，言：「陛下貴爲天子，富有四海，而兩宫北狩，闕然温清之奉者十年於此矣。人生天地之間，如白駒之過隙，所謂十年者，豈可多得。陛下思念至此，豈不爲之痛心。然臣恐陛下有思念憂懼之言，而未有思念憂懼之誠心也。故凡有是誠者，必有是事。臣不識陛下所改作者果何等事邪。今天下之弊極矣，臣愚以爲獨在於陛下安之以誠，益之以剛健，明詔二三執政大臣思有所矯拂於世俗，事事刮劘整齊之，必盡去天下之宿弊，而爲之一新其耳目，然後治效將有可觀，祖宗之烈爲可復，父兄之恥爲可雪也。」洋策言：「治道之要，不在乎他，在反求諸己而已。臣願陛下以帝王之道爲可以必至，以聖人之言爲可以必信，勤而行之，不自懈怠，以混一區宇爲心〔七四〕，使設施注措莫不當理，從諫如轉圜，見善如不及，純而不已，盛德日進，使海内皆有歸往之心。然後大舉六師，削平蕃僞，所謂以天下之所順，攻親戚之所叛也。惟陛下力行之耳。」詳定官中書舍人胡寅等定中爲首選。輔臣奏中係有官人。上問：「故事如何？」沈與求曰：「臣聞皇祐元年沈文通考中第一，仁宗曰：『朕不欲以貴胄先天下寒畯。』遂以馮京爲第一，文通第二。」上曰：「可用此故事。」遂擢洋爲第一。同日，賜特奏名進士汪喬年以下二百七十二人同出身至助教〔七五〕。壬午，張浚奏：「江上諸軍事藝精强，非前日之比。」趙鼎曰：「此皆陛下累年葺治之力。」上曰：「此皆卿等協贊，向使朱勝非尚爲相，必勸朕退避，今已無江浙矣。」乙酉，尚書左僕射、監修國史趙鼎上重修神宗實録五十卷。舊文以墨，新修以朱，删出以黄，及進呈，上起詣殿東壁焚香再拜受書，内侍設案捧書至御坐前，搢笏展書。修撰范沖進讀，上起立拱觀，禮畢復御座。降迪功郎告身於浙西諸州博羅，每道四千緡，亦不作進納，與理爲官户〔七六〕，仍理選限。己丑，敕賜進士及第汪洋乞避遠祖嫌名，上以其與王拱辰同歲，賜名應辰。時言者請賜新進士儒行及中庸篇，詔正字高閌校正，上將親書以賜。閌言：「儒行詞説夸大，類戰國縱横之學，蓋出於漢儒雜記，望止賜中庸，庶使學者知聖學淵源，而不惑於雜。」上從之。雅州嚴道縣尉謝惇德特改宣教郎、簽書昌州軍事判官。以所陳六策議論可采也。惇德六策：一曰正國體，二曰正身，三曰求賢，四曰奉天，五曰愛民，六曰服夷狄。庚寅，上以御書尚書一秩賜趙鼎。翌日，鼎奏謝。上曰：「尚書所載君臣相戒敕之言，所以賜卿，政欲共由此道，以成治功耳。」壬辰，詔元符上書邪説尤甚范柔中等二十七人，身亡未任子者，並與一子官。趙鼎進呈，上曰：「此乃蔡卞、蔡京之罪。獻言者有可取則施行之，無可取則容納之，如此則上無拒諫之名，而下有敢言之士，何至立爲邪等名目，其誤太上皇帝皆此類也。」國子監丞張戒面對，奏上曰：「臣幸因輪對，輒撰成書一封，宗社大計，軍國重事，臣靡不盡言，願陛下萬幾之暇，留神省覽。」上曰：「甚善。」戒進呈訖，奏曰：「臣所論事既多，必有不合聖心處。」上曰：「朕覽天下章奏不如此。朝廷初無拒諫之意，人臣進言，其可行者行之，其不可行者置之，朕未嘗加罪。」戒曰：「誠如聖諭。人臣進言，若皆合聖心，即是陛下所已知者，又何用言爲。」上曰：「不惟已知已施行不須言，若人臣進言必欲合人主之意，即是觀望。」戒曰：「陛下明此，天下幸甚。」乙未，趙鼎奏：「昨日蒙降出國子監丞張戒所上書，其言雖有過當，小臣敢盡言如此，亦不易得。」上曰：「戒因面對，攜此書來上，幾萬八千言，朕熟覽之，其間固有過當，然其憂國愛君之心，誠有可嘉。戒自言：『恐忤聖意，願陛下容之。』方患朕之過失不得自聞，民之疾苦不得上達，大開言路以防壅蔽，豈罪言者。朕意自欲賞之。」沈與求曰：「陛下容納忠言如此，何患不聞盡言。」上曰：「戒言朕有仁宗皇帝守成之德，而不知太祖創業之志，此言良是。朕見仁祖皇帝在位四十二年，德洽民心，至今天下誦之，仰慕如堯、舜、文、武，故當時立政用人之事，朕嘗置左右，朝夕以爲法。至於太祖以神武創業，朕誠不及也。」丁酉，權户部侍郎張致遠奏呈歲計。上曰：「今中外小大之臣，罕有任責。若人人體國，以公事同家事，何憂不足。仍須每事省節，積少成多，唯贍軍、賞功，務在激勸，此不可減耳。監司、守令有不經意於常賦、怠慢尸素者，户部宜糾劾之，當議竄責。」是月，淮西宣撫司統制官華旺復光州。

冬十月庚子朔，詔户部鏤板，下江浙荆湖旱傷州縣，奉行寬恤指揮。御史劾其違者竄責。先是，禁屠以禱晴，而並及雞鴨。右諫議大夫趙霈奏疏稱頌上德，中書舍人胡寅讀疏笑曰：「諫職乃及此乎。聞虜中統兵有號龍虎大王者〔七七〕，脱或入寇，當以雞鴨諫議拒之。」〔七八〕壬寅，遣中使以所書車攻詩賜輔臣。翌日，趙鼎奏謝。上曰：「朕觀鴻鴈車攻乃宣王中興之詩，今境土未復，二聖未還，當與卿等夙夜勉勵，以修政事，攘夷狄。」鼎曰：「陛下游神翰墨之間，亦不忘恢復。臣等敢不自勉。」乙巳，詔廣東鹽以二分即本路通商，餘一分官賣充漕計。廣東鹽舊從官賣，其後許通商於荆湖南北及吉州〔七九〕，至是復有此命。尋又增鈔錢爲二十萬緡。戊申，殿中侍御史王縉請嚴義倉之法，以備水旱。趙鼎進呈，因言：「湖南、江西歲旱，田畝灾傷。今秋成之際，民間已闕食，恐至來春大饑。欲令常平司多方廣糴以備賑濟。」上曰：「朕聞江湖歲歉，夙夜爲憂。常平法自漢以來行之，乃是救荒之政。祖宗專用義倉賑濟，最爲良法。比年多有失陷，可降指揮申飭有司稽考之。」庚戌，尚書右僕射張浚入見。浚既平湖寇，遂自鄂岳轉淮東西，會諸大將議防秋之宜，直至山陽，僞境震動。上勞浚曰：「卿暑行甚勞。然湖湘群盜既就招撫，以成朕不殺之仁，卿之功也。」浚頓首謝。趙鼎、沈與求曰：「湖湘既平，則川陝血脉通矣。他日遂可漸爲恢復之圖。」上親書周易否泰卦賜浚。浚奏：「自古小人傾陷君子，莫不以朋黨爲言。夫君子引其類而進，志在於天下國家而已。其道同，故其所趨向亦同，曾何朋黨之有。惟小人則不然，更相推引，本圖利禄，詭詐之蹤，莫可迹究，故或爲小異，以彌縫其事。或内外符合以信實其言，人主於此何所決擇而可哉，則亦在夫原其用心而已。臣嘗考泰之初九，拔茅茹，以其彙徵而象，以爲志在外，蓋言其志在天下國家，非爲身故也。否之初六〔八〇〕，拔茅茹，以其彙徵而象，以爲志在君，則君子連類而退，蓋將以行善道，而未始忘憂國愛君之心焉。觀二爻之義，而考其心，則朋黨之論〔八一〕，可以不攻而自破矣。臣又觀否泰之理，起夫人君一心之微，而利害及於天下百姓。方其一念之正，其畫爲陽，泰自是而起矣。一念之不正，其畫爲陰，否自是而起矣。然而泰之上六，陰已盡，復變爲陽，則君子在外而否之所由生焉。否之上九，陽已盡，復變爲陰，則小人在外，而泰之所由生焉。當今時適艱難，民墜塗炭，陛下若能日新其德，正厥心於上，臣知其將可以致泰矣。異時天道悔禍，幸而康寧，則願陛下常思其否焉。」上嘗召對便殿，問所宜爲，且命以所聞見置策來上，浚承命條列以進，號中興備覽凡四十篇，莫不備具。上深嘉歎，置之坐隅。乙卯，提舉西京崇福宮李綱爲江南西路安撫制置大使兼知洪州。初，張浚之謫福州也，綱亦寓居於福，二人相見，除前隙，更相厚善。至是，數於上前言其忠。趙鼎嘗爲綱辟客，亦爲上言綱才器過人，故有是命。綱辭，上手書敦諭，有曰：「朕之用卿審矣，卿宜以安社稷爲己任，勿問中外，勉爲朕行，不必數有請也。」戊午，布衣陳得一造新曆成，賜號通微處士。詔川陝類省試第三人例推恩〔六三〕，餘並賜同進士出身，特奏名人令宣撫司置院差官，試時務策一道。以道遠舉人赴殿試不及故也。辛酉，吏部侍郎晏敦復請三公三少、三省長官俸給並依嘉祐禄令修立。從之。乙丑，淮東宣撫使韓世忠奏：「僞簽軍犯漣水軍，遣統制呼延通等引兵擊殪之，所脱無幾。」上曰：「中原赤子爲豫逼脇，死於鋒鏑，良可憫也。可令收拾遺骸埋瘞，仍出榜曉諭，使彼知朝廷矜恤之意。」丁卯，殿中侍御史王縉言：「初出官人監嶽廟，理資任，若便許用舉主關陞，及年限磨勘，不惟僥倖太甚，兼恐偷惰苟且，習以成性，欲乞應初出官監嶽廟人年未及格，並不理資任，選人候釐務書考纔許薦舉，釐務實及三考，無出身通理四考，纔許用舉主關陞承務郎已上，釐務磨勘一依舊法。自後未經參選人並父祖見任通判以上及宮觀通判請給者，更不差監嶽廟。」詔除用恩例陳乞外，更不許差，餘依見行條法。是月，祫享太廟，祖宗並爲一列，不叙昭穆。新知普州喻樗上書言蜀之可憂者四事，大略謂：「昨者虜兵深入和尚原〔八三〕，下青泥嶺，薄仙人關，賴吴玠等極力拒守，虜遂引去〔八四〕。夫所謂和尚原者，鳳之東境，距寶雞縣纔兩驛，抵鳳翔不能百里，我若屯兵其間，則可以下窺秦雍，而於函洛之路未絶也。所謂仙人關者，興之東境〔八五〕，距利州纔七驛，自利抵劍門關百里而嬴。今我退守仙人關，則蜀之險要所失過半，虜既到仙人關，習知隘險必别生計，他日分兵，數道並進，一軍自階、成趨文、政，一軍自梁、洋經米倉山入巴、閬，一軍自均、房由達州山路入夔、峽，復以一二千人攻仙人關，以綴吴玠，勢分形散，所備皆急，日者和尚原至仙人關，退舍失地凡五百里，不知宣撫司亦復狀其實以聞朝廷乎。臣愚於此有二策焉，其一則經理興元，其二則措置荆襄，使川蜀一軍當秦雍，江陵一軍拒襄鄧，可以救援川蜀，覆蔽吴會，出軍宛洛，通車三秦矣。」

十有一月庚午朔，初置節度使已下象牙牌，一留禁中，一降付都督府，緩急臨敵，果有建立奇勳之人，先次給賜，以爲執守。詔諸路州縣出賣户帖，仍立式行下。中書門下省奏中書舍人胡寅所言六事：一曰清中書之務。大略謂：「宰相大臣，陛下之所委任，以圖中興之丕烈者也。而兼總六曹有司之事，窮日之力不得少息〔八六〕，皆細故也。而政事堂與州縣無以異矣。望陛下詔宰執大臣選補六部長吏，凡有格法者一切付之，使得各舉其職。法之所不載者，事之所不可行者，六部無得爲人申請，破壞成法。如是則大小詳要不相奪倫，中書之務清，有司之事治。廟堂之上，可以志其遠者、大者、久長之策，恢復之功，庶乎可冀矣。」二曰議學校之制。大略謂：「自軍興以來，布衣韋帶之士失其常産，因無常心，棄毛錐而説劍，上封事而覓官，泯泯紛紛，儒風掃地，謂宜稍增教授員闕，慎擇老成名士以充其選。仍詔守臣留意學校，加以歲月，必有可觀。」三曰重縣令之任。大略謂：「宜籍中外已爲臺省寺監官，依倣漢制分宰百里，俟有治績，不次陞擢。則又增重事權，優假其禮，借以服色，厚給餼廩。凡軍馬屯駐本縣者，許之節制，其經由者，悉用階級。則又據諸路縣分户口賦入分爲三等，上等自朝廷除授，中等則自吏部注擬，下等令帥司監司同共辟奏。則又用宋元嘉致治之法，以六期爲斷，革去三年成任、兩考成資與堂選數易之弊。則又立四條，爲三等縣考課之法。曰糾正税籍，曰團結民兵，曰勸課農桑，曰敦勉孝悌。俟及三年，考其績效。已就緒者就加旌賞，未有倫者嚴行程督，皆無善狀則黜汰之。又命從官各舉二人之能任者，刺舉二人之奸贓者，皆籍於中書，俟考按功實以次施行。」四曰京官必歷親民。大略謂：「近來由判司簿尉初改官人，及親爲京朝官而實不曾歷親民差遣者〔八七〕，例皆不肯參部，便欲直爲通判，作威勢、黷貨賄，爲民之害，無所不至。望詔大臣嚴守格法，不輕除授，庶幾息僥倖之風，勵人材之操。」五曰監司、郡守並以三年爲任。大略謂：「近歲監司、郡守更易頻數，雖使絶人之才居之，號令未及信於民，而已報除代矣。望明詔大臣，凡前宰執、侍從官爲州郡未滿三年，不許除代。其庶官知州及轉運使副判官、提點刑獄，候到任一年方差替人，其餘凡係堂除者，除代一兩人而止〔八八〕，仍皆以三年爲任。如此則官有宿業之士〔八九〕，功緒可稽，士息競奪之風，廉恥可立。乃中興急務也。」六曰：「除監司迴避户貫之禁。近年指揮監司、郡守不得除用土人，非良法也。夫得賢才所臨本邦〔九〇〕，知利害尤悉，愛百姓尤切，不賢不才者雖在他方，以非吾土，爲害滋甚矣。望明詔大臣蠲除近禁，盡心選授，惟務得人，有功則賞，有罪則罰。」詔三省措置立法。其在内窠闕並樞密院差除依此，後頗有所施行，然不盡用也。辛未，趙鼎奏李大有上書言及機權事。上曰：「此涉兵機，不欲付外看詳。昔張齊賢上書，獻收河東之策。太祖怒甚，至裂其奏。及左右既退，徐取其奏密授太宗曰：他日取河東出兵運糧，當用齊賢策。未幾，河東平，沈幾如此，當爲萬世法。」宗正寺上仙源慶繫屬籍總要。詔丞孫緯進秩一等，諸吏賜帛有差。癸酉，川陜宣撫副使吴玠奏遣其子來奏邊事。先一日，玠乞俟防秋畢入對。詔答不許。上諭輔臣曰：「玠比嘗請入覲，今又遣其子來奏事，可謂得事君之體。玠握兵在外累年，乃能周慎委曲如此，良可嘉也。」詔：「應守令守禦臨難不屈、死節昭著，不以官品高下，並令帥司保奏，特與賜謚。」乙亥，和靖處士尹焞充崇政殿説書，令川陜宣撫司加禮敦遣赴行在所。制曰：「先王之道，具在方册。非得深純篤厚之士傳其師學，敷繹於前，則道固隱而不彰矣。朕博求碩儒，發明治要，聞爾安貧樂道，澹然無求，執德不回，久而益固，是用縻以好爵，列之經闈，勉從弓招，副朕虚佇。」進士顔邵特補右修職郎，卓右迪功郎，彦輝下州文學。初，上聞真卿之後有居温州者，命守臣推擇以聞，得邵等三人，而彦輝則真卿十一世孫也。上謂大臣曰：「人有一死，或輕於鴻毛，或重於泰山，在處死爲難耳。真卿在唐死節，可爲得處矣〔九一〕，況今艱難之際，欲臣下盡節，可量與推恩，以爲忠義之勸。」罷吉州榷貨務都茶場。癸未，上謂輔臣曰：「邦計匱乏，苟有一毫可以節省，亦當行之。朕宫人僅給使令，然昨日已搜采三十人出之。」趙鼎曰：「節省之道，始於宫庭，此陛下盛德也。」甲申，自渡江後宰輔已減俸三之一，至是趙鼎等復請於内權減二分〔九二〕。從之。於是行在官吏俸禄皆權減。乙酉，起居舍人任申先試中書舍人，仍兼直史館。國朝詞臣進不繇科第，林攄、顔岐及申先而已。丙戌，議者謂梁、洋沃壤數百里，環以崇山，南控蜀，北拒秦，東阻金、房，西拒興、鳳，可以戰守，而民未復業，墾闢殊少，多屯兵則糧不足以贍衆，少屯兵則勢不足以抗敵。詔邵溥、吴玠擇二郡守相度。初，玠於興元、洋、鳳、成、岷五郡治官莊屯田，又修褒城廢堰，民知灌溉可恃，皆願歸業。利路漕臣郭大中言於玠曰：「漢中歲得營田粟萬斛，而民不敢復業。若使民自爲耕，則所得數什百於此矣。」玠用其言，歲入果多。戊子，中書舍人胡寅知邵州。初，寅既論不當遣使，上賜詔書褒諭，而尚書右僕射張浚自江上還，奏使事兵家機權，不用其説，乃遣都督行府準備差使范寧之與問安使何蘚偕行。寅復奏疏言其無益者八，有害者二，大略謂：「庚戌而後，不遣使，虜兵亦不來〔九三〕。及癸丑日遣使，則鈎引虜人入國，曾不旋踵。」又曰：「去冬下詔罪狀劉豫，名其爲賊，今豫豈肯賓吾使人達之於虜哉。獨有一説使陛下難處者，以二帝爲言耳。然自建炎改元以來，使命屢遣，無一人能知兩宫起居之狀、謦欬之音者，況今歲月益久，虜必重閟，惟懼我知之。今以虜爲父兄之仇，絶不復通，則名正而事順。他日或有異聞〔九四〕，在我理直，易爲處置。若通使不絶，則虜握重柄，歸曲於我，名實俱喪，非陛下之利也。使或有知二帝所在，一見慈顔，宣達陛下孝思之念，雖歲一遣使，竭天下之力以將之，亦何不可之有。其如艱梗悠邈，必無可達之理乎。以此揆之，則以二帝爲言者，理不難處也。今日大計，只當明復讎之義，用賢才，修政事，息民訓兵以俟北向，更無他策。至於何蘚之行，非特無效，決須取辱。臣所見如此，豈得以張浚有言而自抑也。」寅既與浚異論，乃以父病不及迎侍，乞湖南小郡，故有是命。甲午，權中書舍人潘良貴繳方州殺人奏案不當。上曰：「殺人者死，此古今不易之法。然情有可憫，許具奏，此祖宗好生之德。第恐州縣之吏受賕出入，略加約束可也。」[丁酉]〔九五〕詔江南帥、憲司覺察，漕司及州縣毋得重疊催理旱傷民户苗米。詔罷催税户長，復以村疃三十户爲一甲，輪差甲頭一名催税。江浙荆湖福建廣南路提點坑冶鑄錢趙伯瑜乞減料鑄錢〔九六〕，每千重四斤五兩，比舊減半斤。許之。時坑冶盡廢，伯瑜訪得諸監有古碴淪浸入地，漸生鐄末，乃淘掘成銅品合鼓鑄焉。

十有二月庚子，詔：「神武係北齊軍號，宜以行營護軍爲名，神武前軍改稱中護軍，左軍稱前護軍，後軍稱後護軍，劉光世所部稱左護軍，吴玠右護軍，王彦前護副軍。」言者論：「行在職事官，凡有除授，畫降指揮，日下供職，此適足以長奔競之風。除命之出，倘未愜於公論，則御史、諫官得以言，舍人得以繳，給事中得以駁，與其追寢於供職之後，曷若改正於未行之前。伏望特降指揮，除去舊例，亦所以訓迪在位，勵其風節。」從之。辛丑，趙鼎等奏：「應都督府軍馬，並撥隸三衙。」上曰：「祖宗故事，應軍馬未有不隸三衙者。今釐正之甚善。他日差出，即降指揮聽某將節制。其名既出，則軍政漸可復舊。」權户部侍郎王俣言：「比年以來，官失其守，廢法用例，其弊滋甚。所以恩歸於下，怨集於上。人不退聽，事益增多。伏望明詔大臣，除刑寺斷例合依舊存留照用外，其餘委官詳定，附入本例，嚴戒有司自今悉遵成憲，敢有弗率，必罰毋赦。」詔左右司、樞密院檢詳官取索措置，條具申尚書省。趙鼎因請：「委都司取會前後所行之例，約以中制，立爲定法，付有司遵守，吏無所肆其姦矣。」乙巳，詔：「以翠羽爲服飾者，依銷金罪賞，並徒三年，賞錢三百千，許人告。」丙午，劉子羽知鄂州、主管荊湖北路安撫司公事。張浚既還朝，始議大合兵爲北討計，乃白召子羽，令諭指西師，故有是命。己酉，趙鼎奏謝因足疾蒙賜珍劑。上曰：「藥所以攻疾，疾良已則當卻藥。或者烹煉金石餌之，徒耗真氣，非養生之道。豈惟治身，雖國亦然。」張浚曰：「秦以嚴刑峻法治天下，而自速其禍，此可以爲戒。」給事中吕祉言：「近制行在職事官係朝廷擢用，類多疏遠，不獲一望清光。故特延見訪問，所以來賢〔九七〕。審官詢事考言，惠至溥也。然侍從官以言語備顧問，朝夕論思，出入獻納，乃其職也，豈可令與庶官輪日面對。願詔侍從官免輪面對，如有己見，即許依舊請對，勿拘以時，勿限以數。」從之。辛亥，上與趙鼎論人才，因曰：「朝廷用人不分彼此，四方人才宜參用之。」沈與求曰：「成湯立賢無方，豈限南北。」權户部侍郎王俁言：「兵革未息，屯戍方興，大計所入，充軍須者十居八九，此國用所以常乏。謹以臣愚見，略陳五事：一曰處冗食之兵，二曰損有餘之禄，三曰收隱漏之賦，四曰補銷毀之寶，五曰修平準之法。」詔户部勘當。」其後頗施行之。甲寅，刑部員外郎楊邁知夔州兼本路安撫使。渡江後，由朝士出爲川陝帥臣者始此。庚申，太府少卿沈昭遠請久任計臣。上曰：「祖宗時，三司使如陳恕最爲久任，號稱職。今内外計臣倘能稱職，就加爵秩，以褒寵之可也，不須數易。」張浚曰：「久任豈獨計臣，他官倘有稱職者亦當如此。」辛酉，起居郎潘良貴言：「中臺者，出納王命，賦政四海，喉舌之司也。伏望嚴飭六曹長貳郎官，凡朝廷送下勘當事理，並須具格法是非供報。」〔九八〕輔臣進呈，上曰：「祖宗以來，自有格法。有司但能遵守即爲稱職，格法既定，誰復有僥倖之心，唯其因事陳請，人思幸得，此法之所以寖廢也。可依良貴所請，更切申嚴。」沈與求曰：「六部乃法守之地，有司徇情〔九九〕，遂至廢法而用例。然情豈勝徇耶，僥倖之門塞，則人自安分，天下何患不治。」詔敕令所删定官、監登聞檢鼓院官自今並令轉對。甲子，詔屯田郎中樊賓候都督府出使日，隨逐前去江淮措置屯田。時張浚再出江上，欲謀大舉，深慮諸將議論不同。趙鼎與之謀曰：「公之此行，未便能舉事，莫若兼領屯田而歸〔一〇〇〕，不爲無補。」於是置官屬畫一而去。先是，建言屯田者甚衆，至是始爲之。丙辰，都督府奏以新知鄂州劉子羽權本府參議軍事，與熊彦詩並往川陝撫諭。戊辰，夜雨雹。

校證

〔一〕虜 此「虜」及本月下文共十二「虜」字，原均作「敵」，並據再造本、文海本回改。

〔二〕北 原作「此」，再造本、文海本并字殘，據中興聖政卷一七、繫年要録卷八四校改。

〔三〕昔 再造本、中興聖政卷一七、繫年要録卷八四均作「耳」，從上讀。文海本作「西」。作「耳」似是。

〔四〕比此 再造本、文海本同，中興聖政卷一七、繫年要録卷八四注引何俌龜鑑均作「比死」。

〔五〕致仕 原作「致饋」，據再造本、文海本、中興聖政卷一七、繫年要録卷八四校改。

〔六〕相繼 原作「相計」，再造本、文海本同，據下文及中興聖政卷一七、繫年要録卷八四、宋史卷二九高宗紀校改。

〔七〕張俊 原作「張浚」，再造本、文海本同，中興聖政卷一七、繫年要録卷八四注引中興聖政「臣留正等曰」均作「張俊」，又本書卷二〇、繫年要録卷一一七、熊克中興小紀卷二三述此事均作「張俊」，張浚是文臣，下文所述乃武臣事，故作「張俊」是，據校改。

〔八〕黏罕 原作「尼雅滿」，據再造本、文海本回改。

〔九〕張俊 原作「張浚」，據再造本、文海本、中興聖政卷一七、繫年要録卷八四校改。下文「張俊」同此。

〔一〇〕酋　原作「帥」，據再造本、文海本回改。

〔一一〕進退　「退」字原脱，再造本、文海本同，據中興聖政卷一七、繫年要録卷八五、中興小紀卷一八、徐自明宋宰輔編年録卷一五、李幼武宋名臣言行録别集下卷四趙鼎補。

〔一二〕瑣闌　再造本、文海本、繫年要録卷八五同，中興聖政卷一七作「瑣闥」。

〔一三〕撒離曷　原作「薩里罕」，據再造本、文海本回改。

〔一四〕范沖　李校：原作「范仲」，據（繫年）要録卷八六改。汪按：再造本、文海本亦誤作「范仲」，中興聖政一七作「范沖」，可作校改依據。李校是，今從之。

〔一五〕皁　再造本、文海本、繫年要録卷八六均同，惟中興聖政卷一七作「皁」。

〔一六〕常　原作「嘗」，據中興聖政卷一七、繫年要録卷八六校改。

〔一七〕張致遠　原作「張志遠」，據再造本、文海本、中興聖政卷一七、繫年要録卷八六校改。下文「張志遠」據同上引書校改「志」爲「致」。

〔一八〕按發　原作「安發」，再造本、文海本同，據中興聖政卷一七、繫年要録卷八六校改。

〔一九〕轉運判官　「判官」原作「司官」，再造本、文海本同，據中興聖政卷一七、繫年要録卷八六校改。

〔二〇〕高萬　原作「高萬户」，宋無萬户官，據再造本、文海本及中興聖政卷一七、繫年要録卷八六、宋史卷四五二忠義傳删「户」字。

〔二一〕萬户　再造本、文海本同，繫年要録卷八六作「萬尸」，似作「戶」是。

〔二二〕令　再造本、文海本、中興聖政卷一七同，繫年要録卷八六作「今」，作「今」似是。

〔二三〕一千四百八十餘萬緡　再造本、文海本同，中興聖政卷一七、繫年要録卷八六、朝野雜記甲集卷一五經總制錢額、王應麟玉海卷一八六宋朝歲賦均作「一千四百四十餘萬緡」。

〔二四〕太府寺丞王良存　「王良存」原作「王良臣」，李校：「王良臣」，中興聖政卷十七、（繫年）要録卷八十七作「王良存」。汪按：再造本、文海本亦作「王良存」，故今校改「臣」爲「存」。又「丞」，原作「承」，據同上引書校正。

〔二五〕隨意互説　「意」原作「境」，據再造本、文海本、中興聖政卷一七、繫年要録卷八七、宋名臣言行録別集上卷八王居正校改。

〔二六〕崇觀間　原作「崇文觀」，據再造本、文海本、中興聖政卷一七、繫年要録卷八七校改。

〔二七〕几　原作「凡」，據再造本、文海本、中興聖政卷一七、繫年要録卷八七校改。

〔二八〕其弊安在　「其」字原脱，再造本、文海本同，據中興聖政卷一七、繫年要録卷八七、宋史卷三八一王居正傳、吕祖謙東萊集卷九王居正行狀補。

〔二九〕虜　原作「金」，據再造本、文海本回改。

〔三〇〕濠上　原作「河上」，再造本、文海本同，據本書前文及中興聖政卷一七、繫年要録卷八七、宋名臣言行録別集下卷二吕頤浩校改。

〔二一〕講明軍政　「講」原作「議」，據再造本、文海本、中興聖政卷一七、繫年要録卷八七校改。

〔二二〕遂列四事　「列」原作「上」，據再造本、文海本、中興聖政卷一七、徐夢莘三朝北盟會編卷一七六、宋名臣言行録别集下卷二朱勝非校改。繫年要録卷八七作「列上」，可參。

〔二三〕虜勢　原作「敵情」，據再造本、文海本回改。

〔二四〕李綱言　原作「以爲」，即將下引誤作朱勝非所言。據宋史卷三五九李綱傳、三朝北盟會編卷一七一、李綱梁谿集卷七八奉詔條具邊防利害奏狀等，下引文字確爲李綱奏中文字，今據再造本、文海本、中興聖政卷一七、繫年要録卷八七校改。

〔二五〕由　原作「田」，據再造本、文海本、中興聖政卷一七宋史卷三五九李綱傳、三朝北盟會編卷一七一、梁谿集卷七八奉詔條具邊防利害奏狀校改。

〔二六〕以　再造本、文海本同，中興聖政卷一七、宋史卷三五九李綱傳、三朝北盟會編卷一七一、梁谿集卷七八奉詔條具邊防利害奏狀均作「已」。

〔二七〕虜　原作「寇」，據再造本、文海本回改。

〔二八〕摘之以細故　「之」字原脱，再造本、文海本同，據上引中興聖政、宋史李綱傳、三朝北盟會編、梁谿集補。「細故」，諸書同，惟中興聖政卷一七作「細過」。

〔二九〕政刑　原作「正刑」，再造本、文海本同，據中興聖政卷一七、繫年要録卷八七、三朝北盟會編卷一七二校改。

〔四〇〕虜僞　原作「敵人」，據再造本、文海本回改。

〔四一〕李邴　原作「李柄」，據再造本、文海本、中興聖政卷一七、繫年要録卷八七、宋史卷三七五李邴傳校改。

〔四二〕分措　再造本、文海本同，中興聖政卷一七、繫年要録卷八七、宋史卷三七五張守傳、三朝北盟會編卷一七四、張守毘陵集卷五應詔論事劄子等均作「分戍」。

〔四三〕排詆　原作「排抵」，據再造本、文海本、中興聖政卷一七、繫年要録卷八八校改。

〔四四〕令纂修春秋傳俟成書進入　「令」原作「今」，據再造本、文海本、中興聖政卷一七、繫年要録卷八八校改。「成」原作「進」，亦據同上引書校正。

〔四五〕莫憲章　原作「莫害章」，文海本同，據再造本、中興聖政卷一七、繫年要録卷八八校改。

〔四六〕罷　原作「罪」，文海本同，據再造本、中興聖政卷一七、繫年要録卷八八校改。

〔四七〕錢葉　「葉」字原爲空闕。文海本似「葉」而模糊，據再造本、中興聖政卷一七、繫年要録卷八八補。下文「葉」字原亦爲空闕，同據補。

〔四八〕虜　原作「金」，據再造本、文海本回改。

〔四九〕輔　文海本同，再造本、中興聖政卷一八、繫年要録卷八九作「補」。似作「補」是。

〔五〇〕瑗　原作「援」，再造本、文海本同，據本書前後文及中興聖政卷一八、繫年要録卷八九校改。

〔五一〕廖剛　原作「廖綱」，再造本、文海本同，據中興聖政卷一八、繫年要録卷八九、宋史卷三七四廖剛傳校改。

〔五二〕共造　原作「兵造」，據再造本、文海本、中興聖政卷一八、繫年要録卷八九校改。

〔五三〕竹栽　「栽」字原爲空闕，據再造本、文海本、中興聖政卷一八、繫年要録卷八九補。

〔五四〕張俊　「俊」原作「浚」，據再造本、文海本、中興聖政卷一八、繫年要録卷八九、群書會元截江綱卷一三郡國兵引會要校改。

〔五五〕女真之要領　再造本、文海本、宋史卷四三五儒林傳、胡寅斐然集卷一一論遣使劄子等並同，惟中興聖政卷一八作「女真之的耗」。

〔五六〕虜　原作「外」，據再造本、文海本回改。

〔五七〕醜虜　原作「仇敵」，據再造本、文海本回改。

〔五八〕事以敗　再造本、文海本同，中興聖政卷一八、繫年要録卷八九作「事已敗」。

〔五九〕夷狄　原作「外裔」，據再造本、文海本回改。

〔六〇〕罪狀反虜　原作「數敵過失」，據再造本、文海本回改。

〔六一〕外傅　「傅」原作「傳」，再造本、文海本同，據中興聖政卷一八、繫年要録卷八九、宋史卷四三五儒林傳校改。

〔六二〕提舉司　再造本、文海本、中興聖政卷一八同，繫年要録卷八九作「提刑司」。

〔六三〕吏爲虜餌　再造本、文海本同，中興聖政卷一八、繫年要録卷九〇注引中興聖政「何俌龜鑑曰」均作「使爲虜餌」，似是。

〔六四〕葉儂　再造本、文海本、中興聖政卷一八、類編皇朝中興大事記講義卷七、繫年要録卷九〇注引呂中大事記均同，「葉儂」疑應作「葉濃」，係南宋初活動於福建地區的「盜賊」首領，曾被兩浙提刑趙哲招降，編隸張俊軍中，復謀叛亂，被俊誅殺。

〔六五〕外寇　再造本、文海本同，中興聖政卷一八、繫年要録卷九〇注引中興聖政「何俌龜鑑曰」均作「内寇」，似是。

〔六六〕未應　再造本、文海本、繫年要録卷九〇同，惟中興聖政卷一八作「未降」。

〔六七〕京挺　李校：繫年要録卷九〇作「京鋌」。汪按：宋元文獻「挺」、「鋌」互用，似不須校。

〔六八〕步射　李校：句未盡，繫年要録卷九十作「步射命中」。汪按：再造本、文海本、中興聖政卷一八亦無「命中」二字。

〔六九〕乏才　原作「乏財」，再造本、文海本同，據中興聖政卷一八、繫年要録卷九二校改。

〔七〇〕詔御筆　再造本、文海本、中興聖政卷一八同，按「詔」、「御筆」不當連用，繫年要録卷九二無「詔」字。斐然集卷一四行遺章惇蔡卞詔不言御筆。張栻南軒集卷三三題趙鼎家光堯御筆則謂爲「御筆」不言「詔」。姑存疑待考。

〔七一〕諼慝　再造本、文海本、中興聖政卷一八、斐然集卷一四行遺章惇蔡卞詔同，繫年要録卷九二作「奸慝」，南軒集卷三三題趙鼎家光堯御筆作「譏慝」。

〔七二〕撥亂世反之正　再造本、文海本、中興聖政卷一八同，繫年要録卷九二引中興聖政「史臣曰」作「撥亂反正」。

〔七三〕邵溥按屬郡守趙丞之　「邵溥」原作「邵溥」，文海本同，據再造本、中興聖政卷一八校改。「趙丞之」，再造本、文海本、中興聖政卷一八同，繫年要録卷九二作「趙承之」。

〔七四〕區宇　原作「區字」，據再造本、文海本、中興聖政卷一八、繫年要録卷九三校改。

〔七五〕以下　「下」原誤作「丁」，再造本、文海本同，據中興聖政卷一八、繫年要録卷九三校改。

〔七六〕官户　「户」原誤作「尸」，再造本、文海本同，據中興聖政卷一八、繫年要録卷九三校改。

〔七七〕虜　原作「敵」，據再造本、文海本回改。

〔七八〕雞鴨諫議　再造本、文海本、中興聖政卷一八、繫年要録卷九四均同，中興小紀卷一八、羅大經鶴林玉露卷一二等作「鵝鴨諫議」。

〔七九〕荆湖　原作「荆南」，據再造本、文海本、繫年要録卷九四校改。

〔八〇〕否之初六　楊萬里誠齋集卷一一六張魏公傳同，再造本、文海本、中興聖政卷一八、繫年要録卷九四、朱熹晦庵集卷九五張浚行狀、玉海卷三六紹興御書周易泰否卦等均作「否之初九」。

〔八一〕論　原作「諭」，據再造本、文海本、中興聖政卷一八、繫年要録卷九四校改。

〔八二〕詔川陝類省試第三人例推恩　按：此句令人費解。再造本、文海本、中興聖政卷一八同。繫年要録卷九四作「詔川陝類省試合格第一名依殿試第三名例推恩」。劉時舉續宋編年資治通鑑卷四宋高宗四：「川陝類試第一人，依殿試第三名推恩」。似應在「類省試」後補入「合格第一名依殿試」八字。

〔八三〕虜　原作「北」，據再造本、文海本回改。

〔八四〕虜　此「虜」及下文「虜既到仙人關」之「虜」字，原均作「敵」，並據再造本、文海本回改。

〔八五〕興之東境　「興」原作「青」，再造本、文海本、中興聖政卷一八同，據繫年要録卷九四、鄭興裔鄭忠肅奏議遺集卷上請沿關設備狀校改。

〔八六〕力　原作「功」，據再造本、文海本、中興聖政卷一八、繫年要録卷九四校改。

〔八七〕親爲京朝官　「親」，再造本、文海本、中興聖政卷一八同，繫年要録卷九五作「初」，斐然集卷一〇輪對劄子、歷代名臣奏議卷一六二作「雖」。似作「雖」是。

〔八八〕一兩人而止　再造本、文海本同，中興聖政卷一八、繫年要録卷九五、斐然集卷一〇輪對劄子、歷代名臣奏議卷一六二均作「以兩人而止」。

〔八九〕宿業之士　再造本、文海本、中興聖政卷一八、繫年要録卷九五均同，斐然集卷一〇輪對劄子、歷代名臣奏議卷一六二作「宿業之志」。

〔九〇〕使臨本邦　「使」原作「所」，再造本、文海本同，據中興聖政卷一八、繫年要録卷九五、斐然集卷一〇輪對劄子、歷代名臣奏議卷一六二校改。

〔九一〕可爲　再造本、文海本同，中興聖政卷一八、繫年要録卷九五作「可謂」，宋元間「爲」、「謂」有時可互用，但此處用「謂」較佳。

〔九二〕趙鼎　「鼎」字原脱，據再造本、文海本、中興聖政卷一八、繫年要録卷九五補。

〔九三〕虜　此「虜」及以下五「虜」字，除「虜必重閟」之「虜」原作「虜」外，其餘並作「敵」，並據再造本、文海本回改。

〔九四〕異聞　「異」原作「易」，再造本、文海本同，據中興聖政卷一八、繫年要録卷九五、三朝北盟會編卷一六八、斐然集卷一一再論遣使劄子校改。

〔九五〕丁酉　原脱，據中興聖政卷一八、繫年要録卷九五補。

〔九六〕荆湖　原作「荆南」，據再造本、文海本、中興聖政卷一八、繫年要録卷九五校改。

〔九七〕來賢　再造本、文海本同，中興聖政卷一八、繫年要録卷九六作「求賢」。

〔九八〕具格法是非　「具」，再造本、文海本、繫年要録卷九六同，中興聖政卷一八作「據」。

〔九九〕徇　原作「狥」，據再造本、文海本、中興聖政卷一八、繫年要録卷九六校改。

〔一〇〇〕莫若兼領屯田　「莫若」原作「莫能」，再造本、文海本、中興聖政卷一八同，據繫年要録卷九六、中興小紀卷二〇校改。「屯田」原作「也田」，據再造本、文海本、中興聖政卷一八、繫年要録卷九六校改。

宋史全文卷十九下

宋高宗九〔一〕

丙辰紹興六年春正月己巳朔，上在臨安。辛未，上以雪寒細民艱食，命有司賑之。翌日，謂尚書右僕射張浚曰：「朕居燠室，尚覺寒，細民甚可念。若湖南、江西旱灾去處，亦宜早措置賑濟。民既困窮，則老弱者轉於溝壑，强悍者流爲盜賊。朕爲民父母，豈得不憂。」浚曰：「陛下推是心以往，則足以感召和氣，況實惠乎。」上曰：「朕每以事機難明，專意精思，或達旦不寐。」浚曰：「陛下以多艱之際，兩宫幽處，一有差失，存亡所繫，慮之誠是也。然雜聽則易惑，多畏則易移，以易惑之心，行易移之事，終歸於無成而已。以陛下聰明，苟大義所在，斷以力行，夫何往而不濟〔二〕。臣願萬幾之暇，保養天和，澄心静氣，庶幾利害紛至而不能疑，則中興之業可建矣。」壬申，初置行在和劑局，給賣熟藥。甲戌，左承奉郎孫道夫爲秘書省正字。道夫召對，上問以方今形勢之地。道夫請經營漢中，以爲復陝西之基，措置荆南，以爲守江左之策。上稱善。乙亥，右諫議大夫趙霈言：「比年以來，奔競日滋，廉恥道喪，指臺閣爲要津，笑州縣爲俗吏，僥倖捷徑以圖進身，已參選者力求堂除，得外任者謀改京局。故臣僚一遇賜對，則明與陞擢差遣。一有過累則明與外任差遣〔三〕，人既知朝廷之輕外任，孰不以内任爲重乎。願明詔大臣，凡任臺省寺監及二年，才可任煩劇者，悉補監司、郡守之職任。監司、郡守及二年，才可被陞擢者，悉充省臺寺監之選。劇邑有闕，擇寺監丞有才術者爲之宰。寺監有闕，擇縣令有治績者爲之丞。更出迭入，居中補外，以熄奔競，以興廉恥。使士無入而不出之譏，郡守無雅意本朝之望。」疏奏，從之。丙子夜，雪〔四〕。己卯，詔：「朕以菲德，致兹旱災，痛念斯人，流離窮苦，屢詔諸路常加撫字，尚慮未能深體此懷，奉承弗謹。今仰三省檢會累降寬恤事件，布告中外，悉力推行，務在實惠及民。」壬午，宗室伯玖賜名璩，除和州防禦使。癸未，尚書左僕射兼監修國史趙鼎上重修神宗實録，通成二百卷。丙戌，尚書右僕射張浚辭，往荆襄視師。浚以虜勢未衰〔五〕，而劉豫復據中原〔六〕，爲謀叵測，奏請親行邊塞，部分諸將，以觀機會。上許焉。浚即張牓聲豫叛逆之罪。丁亥，淮東宣撫司參謀官陳桷、江西宣撫司參謀官李健、江東宣撫司參管機宜文字郗漸對於内殿，上諭以：「國家贍養大兵之久，國用既竭，民力已困，切須專意措置屯田，此亦自古已成之效。況軍中亦須先立家計，若有機會，方圖進取。」後二日，以諭輔臣，趙鼎曰：

「措置如此，社稷幸甚。」庚寅，殿中侍御史王縉言：「有司申請，乞將預借坊場錢先還一半，不便。」上曰：「既預借，當悉還之。朝廷號令，貴於守信而已。儻或失信，何以使民服從。」甲午，以江、湖、福建、浙東旱，命監司、帥臣修荒政。輔臣進呈文字，上曰：「歲饑民多流殍，朕心惻然，官爲發廩以賑給之，則民受實惠，苟爲不然，雖詔令數下，恐徒文具耳。宜申飭有司，多方措置米斛。逐路監司行下州縣，如奉行有方，別無流亡，當行旌賞。如流亡稍衆，或聚而爲盜，即重行竄責。並令帥臣、監司比較優劣，保明來上，取旨賞罰。」乙未，進呈邊順乞外任劄子。趙鼎曰：「祖宗舊制，三衙用邊臣、戚里及軍班出身各一人，所以示激勸也。」上曰：「戚里未有可以當此任者。然近上戚里既擢用，後或有罪戾，罰之則傷恩，貸之則廢法，故不得不審也。唐用宗室至爲宰相，本朝宗室雖有賢才，不過侍從而止，乃所以安全之也。」

臣留正等曰：漢以諸呂幾亂天下，而文帝復使薄昭典兵，豈非以太后故欲恩之耶。昭卒犯法誅死〔七〕，尚足爲恩也哉。魏文帝譏之，以舅后之家，但當養育以恩，不當假借以權，亦可謂知言矣。觀太上皇帝之語趙鼎，真可爲萬世法也。

戊戌，都督行府奏：「乞將大姓已曾買官人於元名目上陞轉，文臣迪功郎陞任承直郎一萬五千緡，特改宣教郎七萬緡，通直郎九萬緡。武臣進義校尉陞補修武郎二萬二千緡，保義郎已上帶閤門祇候三萬緡，武翼郎已上帶閤門宣贊舍人十萬緡。已有官人特賜金帶五萬緡。並作軍功，不作進納，仍與見闕差遣，日下起支請給，其家並作官户，差役、科敷並免。如將來參部注擬之類，一切並依奏補出身條法施行。」從之。

二月己亥朔，尚書金部員外郎陶愷知筠州。前三日，愷因面對，言：「陛下未能建大中至正之道，未能平黨與，未能修政，未能用人。」其言頗主紹述之説，故命出守。壬寅，都督行府奏改江淮營田爲屯田。張浚出行邊，請應事務並申行府措置，俟就緒日歸省部。許之。於是官田、逃田並行拘籍〔八〕。仍民間例召莊客承佃〔九〕，五家相保，官給牛種，每家貸本錢七十千，分二年償。若收成日願以斛斗折還者聽。癸卯夜，雪。甲辰，置行在交子務。先是，都督行府主管財用張澄請依四川法造交子，與見緡並行，仍造三十萬用於江淮矣。至是，中書言：「交子、錢引並沿邊糴買文鈔，皆係祖宗舊法，便於民間行使。自軍興以來，未嘗檢舉。今商賈雖通，少有回貨，已倣舊法，先樁一色見緡，印造交子分給諸路，令公私並同見緡行使，期於必信，決無更改。」詔諸路漕司榜諭，遂造百五十萬緡充糴本，將悉行之東南焉。乙巳，右諫議大夫趙霈言：「去秋旱傷，今春饑饉，賑救之術，不過二説。一則發廩粟減價以濟之。二則誘民户賑糴以給之。然豪右閉糴，蓋其常態，全在守、令多方勸諭上户，估定中價，俾以所食之餘，各行出糴，紐計城郭鄉村之户多寡〔一〇〕，分擘米數，既無所擾人，亦願從惠而不費之道也。」從之。己酉，故承議郎鄒浩贈寶文閣直學士，謚曰忠。庚戌，詔諸路監司榜諭人户，依限投買鄉村户絶並没官及賊徒田舍與江漲沙田、海退泥田〔一一〕，永爲己業。辛亥，詔張浚暫赴行在所奏事。浚遂命京東宣撫使韓世忠自承、楚以圖睢陽，命淮西宣撫使劉光世屯合肥以招北軍，命江東宣撫使張俊進屯盱眙。又請權主管殿前司公事楊沂中領中軍爲後翼。命湖北京西招討使岳飛屯襄陽，以圖中原。於是國威大振。上自書裴度傳賜浚。甲寅，都督府參謀軍事折彦質簽書樞密院事。乙卯，淮東宣撫使韓世忠引兵至宿遷縣，執金人之將孛堇牙合〔一二〕。時劉豫聚兵淮陽，世忠欲攻之，引大軍進趨城下，命統制官呼延通行。世忠自以一騎隨之。二十餘里，遇金人而止。世忠陟高丘以望通軍，通馳至陣前請戰，虜將孛堇牙合大呼曰〔一三〕：「解甲。」通曰：「我乃呼延通也。我祖在祖宗時殺契丹立大功，誓不與契丹俱生，況爾女真小醜〔一四〕，侵犯王略，我肯與爾俱生乎！」即馳刺牙合，牙合與通交鋒，轉戰移時，皆失仗以手相格，逢坎而墜，牙合刃通之腋，通扼其吭而擒之。既而世忠爲賊所圍，乃按甲不動。俄麾其衆曰：「視吾馬首所鄉。」奮戈一躍，已潰圍而出，不遺一鏃。世忠曰：「虜易與耳。」〔一五〕復乘鋭掩擊，虜敗去。澧州慈利縣山賊雷進爲其徒伍俊等所殺。丙辰，韓世忠圍淮陽軍。辛酉，韓世忠自淮陽引兵歸楚州。世忠既圍城，賊堅守不下。劉豫遣使如河間求援於宗弼〔一六〕。先是，虜僞與其守將約，受圍一日則舉一烽，每日益之。至是，城中舉六烽。劉倪與宗弼皆至。世忠之出師也，請援於張俊，俊不從。世忠乃還，道遇虜師。世忠勒陣向敵，遣小校郝彦雄造其軍，大呼曰：「錦袍驄馬立陣前者，韓相公也。」衆咎世忠，世忠曰：「不如是不足以致敵。」及虜至，世忠以數騎挑之，殺其引戰者二人，諸將乘之，虜敗去。壬戌，詔折彦質兼權參知政事。癸亥，參知政事沈與求罷知明州。中書舍人任申先繳還詞頭，論其罪，改提舉臨安府洞霄宫。新江西制置大使李綱見於内殿。前一日，趙鼎奏：「來日偶是寒食正節。」上曰：「朕宫中每日食後，略治家事，即觀書寫字，此外别無他事。來日自可引對。」鼎曰：「陛下清修如此，天下幸甚。」後二日，綱以急切利害再對，因言及張浚。上諭綱曰：「浚自富平敗，始練軍事。」時綱所上疏凡十六，其論中興及金人失信〔一七〕、襄陽形勢與和戰、朋黨五事，皆利害之大者。上嘉勞久之。其論金人失信，略曰：「自金人起兵以來，不過以失信二字加我。臣請詳言之，方宣和間，遣使與金人結約海上，同謀契丹，厚與之賂，而得雲、燕之地，以爲失信於契丹則可，以爲失信於金人則不可。其後金人敗盟，以犯燕山，遂犯京城，此則金人之失信一也。虜騎犯闕，勤王之師未集，議者一切以不可許者許之。當時所許，乃城下之盟，神祇弗聽，元約肅王至河而返，不肆侵掠，而金人挾肅王以渡河，虜掠子女玉帛〔一八〕，殺戮尤甚。黏罕復犯威勝〔一九〕、隆德等州，此則金人之失信二也。朝廷遣使交割三鎮，三鎮之人守死不從，此特中國之人不願淪於夷狄耳。淵聖奉書請增歲幣以代三鎮租賦，金人挾此，遂有再入之舉。朝廷遣執政郎官分河割地，奉使虜中〔二〇〕，往往爲兩河之民所殺，如聶山、王雲之流是也。虜騎既破汴都，登城不下，猶假和約已成之説以款勤王之師，策立逆臣，易姓建號，此則金人失信三也。金人負大失信者三，反以此名加於中國，正猶盜賊劫略主人，恃其凶威，靡所不至，而猶自以爲己之直而主之曲也。願下明詔，詳述自宣和、靖康以來失信在彼，而不在此，庶幾人百其勇，士氣自振。」

三月戊辰朔，初收官告綾紙錢。禮部尚書李光兼權刑部尚書。時臨安府多火災，或頃刻爇千百家。右諫議大夫趙霈建言：「請峻其刑名，庶火初作衆亟撲滅。」事下刑部立法，光不奉詔，乃抗疏：「天災譴告人君，宜修德以厭之，不當濫及無知之民。」朝廷謂刑部有司也，抗疏爲非，而諫官之論當略爲施行。起居舍人兼權中書舍人董弅白宰執曰：「二者之論俱不過，使兩易之，則各爲舉職矣。」己巳，淮南東路兼鎮江府宣撫使韓世忠爲京東淮東宣撫處置使兼節制鎮江府，徙鎮武寧、安化，楚州置司。湖北京西南路招討使岳飛爲湖北京西宣撫副使，徙鎮武勝、定國，襄陽府置司。時朝廷鋭意大舉，都督張浚於諸將中每稱世忠之忠勇、飛之沉鷙，可以倚辦大事，故並用之。李綱入辭，退上疏言：「今日主兵者之失，大略有四。兵貴精不貴多，多而不精，反以爲累。陣貴分合，合而不能分，分而不能合，皆非善置陣者。願明詔之，使知古人用兵之深意，非小補也。朝廷近來措置恢復，有未盡善者五，有宜預備者五，有當善後者二。今降官告，給度牒，賣户帖，理積欠，以至折帛、博糴、預借、和買，名雖不同，其取於民則一，而不能生財、節用、覈實、懋遷，一也。議者欲因糧於敵，而不知官軍抄掠甚於寇盜，恐失民心，二也。金人專以鐵騎勝中國，而吾不務求以制之者，三也。今朝廷與諸路之兵，盡付諸將，外重内輕，四也。兵家之事行詭道，今以韓世忠、岳飛爲京東京西宣撫，未有其實而以先聲臨之，五也。且中軍既行，宿衛單弱，肘腋之變不可不虞，則行在當預備。江南荆湖之衆盡出，敵或乘間擣虚，則上流當預備。海道去京東不遠，乘風而來，一日千里。而蘇、秀、明、越全無水軍，則海道當預備。假使異時王師能復京東西也，則當屯以何兵，守以何將，金人來援，何以待之，萬一不能保，則兩路生靈虚就屠戮，而兩河之民絶望於本朝，勝猶如此，當益思善後之計。」綱又言：「今日之事，莫利營田，謂宜令淮南、襄漢宣撫諸使各置招納司，以招納京東西、河北流移之民，撥田土，給牛具，貸種糧，使之耕鑿。許江、湖諸路於地狹人稠地分自行招誘，而軍中人兵願耕者聽。初年租課盡畀佃户，方耕種時，仍以錢糧給之。秋成之後，官爲糴買。次年始收其三分之一，二年之後乃收其半，罷給錢糧，此其大概也。」詔都督行府措置。其後頗施行之。庚午，詔南劍州學春秋釋奠，就祭陳瓘祠堂。用給事中張致遠請也。癸酉，詔川陝宣撫司以禮敦遣和靖處士尹焞赴行在。焞始被命召，自言：「昨於靖康中，累被召旨，以疾力辭，誤蒙告命，賜之美名，聽其退處。兼以所習迂闊之學，施之事功，無一可者。願賜寢免，以安愚分。」故有是命。乙亥，詔江東宣撫司統制官趙密、巨師古軍馬並權聽殿前司節制。時都督張浚在淮南，謀渡淮北向，惟倚韓世忠爲用。世忠辭以兵少，欲摘張俊之將趙密爲助。浚以行府檄俊，俊拒之，謂世忠有見吞之意。浚奏乞降聖旨，而俊亦稟於朝。趙鼎白上曰：「浚以宰相督諸軍，若號令不行，何以舉事。俊亦不可拒，乃責俊當聽行府命，不應尚稟於朝。復下浚一面專行，不必申明，慮失機事。」時議者以爲得體。至是，浚終以俊不肯分軍爲患。鼎謂浚曰：「世忠所欲者趙密耳。今楊沂中武勇不減於密，而所統乃御前軍，誰敢覬覦。當令沂中助世忠，卻發密入衛，俊尚敢爲辭耶。」浚曰：「此上策也。浚不能及。」己卯，新知筠州陶愷送吏部與監當差遣。愷既補外，上謂近臣曰：「愷論事言皆劫持〔二〕，雖灼見懷奸，以其議及祖宗，未欲行出。」言者復奏：「愷所言劫持懷奸，誠如睿旨，而迹其情狀，有不可貸者。元祐之初，哲宗皇帝即位，是時天下士民言新法不便者以千萬計，於是進用司馬光、吕公著等，逐蔡確、章惇之徒，除去新法，盡復祖宗之舊。終元祐九年，天下太平。洎紹聖元年，殿試進士，李清臣撰策題，其略曰：『共惟神宗皇帝憑几聽斷〔三〕，十有九年，禮樂法度所以惠遺天下者甚備。朕思述先志，夙夜不忘。』畢漸對策曰：『陛下亦知有神宗皇帝乎。』既唱名，畢漸第一，於是紹述之論始興。吕大防、蘇轍、范純仁相繼引去，章惇、蔡卞始用事，厚誣宣仁，欺罔哲宗，以神宗爲名劫持上下，盡逐忠良，群小畢進矣。逮太上皇嗣位之初，首召范純仁，忠義之士流竄而尚存，及一時正人公議所屬者，悉皆召用。章惇以策立之際獨建異議，竄責嶺表。蔡卞等亦皆去位。曾未踰時，紹述之論復興，曾布、蔡京用事，亦以神宗皇帝爲名劫持上下。姦人情僞如出一律。方其召范純仁等，曾布乃爲建中之論，以此改元，蓋小人知其當退，遂欲雜用紹聖之臣，兼行紹聖之政，此説既行，則覆出爲惡，得以肆其姦。持大中至正之論，以濟朋比傾邪之術，卒如其計也。蓋自紹聖之後，每爲小人所勝，必假神宗皇帝爲名，始於建中，終於大亂，此已事之驗，可爲痛心疾首者也。恭惟陛下聰明稽古，憲章祖宗，洞見是非真僞之實，深究治亂興衰之源，更修信史，垂示萬世，而愷乃以爲未能平黨與，未能修政，未能用人，是欲以一身爲群姦先驅，鼓惑天下之聽，嘗試朝廷，庶幾僥倖萬一焉。伏望陛下明正典刑，揭示好惡，爲小人漸進之戒。」前二日，輔臣進呈，上曰：「所論甚詳。自當便與之行遣。」又曰：「久不聞如此議論，忽然聞此，甚可怪。」趙鼎欲送吏部與監當，上曰：「甚好。」鼎因言：「愷乃節夫之子，節夫爲蔡京死黨，力主紹述之説。」折彦質曰：「小人姦邪，自有源流。」辛巳，詔自今初磨勘改官人，不許堂除通判差遣。癸未，閭丘降二官取勘。丘爲成都府路轉運副使，怒府吏喬昇，以旋風棒擊之至死。上曰：「若以軍中法而馭吏，則安用三尺，此事雖朕亦不敢。」趙鼎退立曰：「陛下好生之德，天下共聞。」甲申，詔：「命官、諸色人捕獲凶惡强盗，未經結録已前，在獄身死，更不理爲推賞人數。」先是，惠州獲盗四十二人，而獄死者三十四，憲司以爲吏受賕鍛鍊，致脅從之人拘囚至死，遂變换情詞以爲正賊。詔惠州元勘獄官貶秩衝替。丙戌，上不視朝。後二日，趙鼎等問聖體。上曰：「前夜已覺目痛，偶探報叢集，又新令范沖校陸贄奏議，有兩卷未曾看過，三更方看徹，比曉目遂腫痛不能出。」鼎曰：「陛下勤於政事如此，天下幸甚。」乙未，王庶知鄂州。初，庶召還，未見，先獻論十六篇論時事。

夏四月戊戌朔，史館上大元帥府事續十卷〔二〕。上御經筵，給事中兼侍講朱震留身論：「四方奏讞，自王安石開按問之法，及曾布增强盗贓錢，遂皆不死。」翌日，上以語宰執曰：「此極瞰事。若出得一人死罪，雖云陰德，然殺人者不死，亦豈聖人立法之意。」

折彦質曰〔二四〕：「此非陰德，乃長姦爾。」上顧趙鼎曰：「遇有奏案，切須詳之。」辛丑，興化軍免解進士宋藻上所著十君論。上召對，特補右迪功郎。甲辰，僞齊將王威攻唐州，陷之，團練判官扈舉臣、推官張從之皆死。乙巳，詔湖北京西宣撫使岳飛丁母憂，已擇日降制起復。緣見措置進兵渡江，不可等待，令飛日下主管軍馬，措置邊事，不得辭免。飛再辭，上不許，詔飛速往措置調發，毋得少失機會。飛奉詔歸屯。壬子，時正陰雨，上數問輔臣：「不害麥否？」趙鼎曰：「此正接梅雨，大抵江浙須得梅雨乃能有秋，是以多不種麥，然更望陛下誠意感格，天必垂佑。」上曰：「善。」殿中侍御史王縉諫上取青碌、瑇瑁。上諭趙鼎曰：「中間嘗取玳瑁數十兩，止造一帶鞓襯，餘令入藥。兼朕雅不愛此物。」又顧鼎問：「朝廷曾令取青碌否？朕宫中未嘗輒修一椽屋，須此何用之。」明日進呈縉諫疏，鼎因言：「青碌乃是提舉坑冶趙伯瑜起請，令民間從便採取，所得價錢以充銅本。」上曰：「不若別更處置，必是外間已有所議也。」鼎曰：「縉深得諫臣之體，大抵當防微杜漸。」上曰：「前日已嘗再三嘉奬。」甲子，京東淮南東路宣撫處置使韓世忠賜號揚武翊運功臣〔二五〕，加橫海、武寧、安化軍節度使。賞淮陽之捷也。節度開三鎮、大將賜功臣號〔二六〕，皆自此始。丙寅，新除翰林學士范沖改翰林侍讀學士。沖再辭新命，上乃令改命。

五月戊辰朔，輔臣進呈殿中侍御史石公揆論六部不任責事。上曰：「六部長貳，侍從高選，自當一面裁處。豈有不能決斷一部事，而一旦爲執政，使能決斷天下事耶？」辛未，祕書少監吴表臣言：「親民之官，莫重縣令〔二七〕。除授之間，理宜措置。欲望下諸路監司相度，取邑大而事劇、素號難治者，並從朝廷擇有風力、自來作邑有聲者，三年爲任，隨其治狀高下而寵褒之，不任責者罰亦稱是。」事下吏部，其後遂以常熟、山陰等爲四十大邑。吏部侍郎兼侍講劉大中言：「祖宗用人，內外一體。或自州縣入居臺閣，或由侍從出典藩方，因其所長，歷試以事。所以緩急之際，多有可用之材。近世以來，廉恥道喪，既得患失，無復難進易退之規，爲人擇官，寖成內重外輕之弊。與監司、郡守者謂之外，小人挂白簡丹書者乃補外任，非唯待士也賤，蓋亦視民爲輕。若革此風，請自臣始。儻不以臣爲不肖，試以一郡，俾之自效，庶幾稍全臣子進退之節，少革內外輕重之弊。」不許。癸酉，上謂大臣曰：「宮中有金酒器五百餘兩，俟他時有功將帥至，當舉以賜之。近日卻令造得少許漆器，大抵物要適用，何必美觀。」趙鼎曰：「仁宗皇帝用紅漆唾盂、黄紬衾，兩府入對內殿，宮人嫌卧衾舊弊，遽取新易之，亦黄紬也。」上曰：「今則紬亦自難得，朕所服皆黄素羅衾褥。自祖宗以來如此。」折彥質曰：「此正陛下之家法也。」新知鄂州、荆湖北路安撫使王庶復顯謨閣待制。庶既老，愈通習天下事。前二日入對，首言：「今日之患，莫大於士氣之委靡。願振拔名節士起其氣。」又論：「安危在修己，治亂在立政，成敗在用人。」上韙其言。庶因請曰：「臣肝膽未盡吐也，願賜臣間得時，縷數於前。」上乃燕見之，庶言益深，嘗跪而問曰：「陛下欲保江南，無所復事。如曰紹復大業，都荆爲可。荆州左吴右蜀，盡利南海，前臨江、漢，可出三川，涉大河，以圖中原。曹操所以畏關羽者也。」上大異之。癸未，殿中侍御史周祕言：「聞淮南州縣皆有收撮課子之例，夏則撮麥，冬則撮穀。又有所謂助軍米、借牛租者，名色不一，重斂如此，而乃以愛惜民力爲言，使百姓虚被放免之惠。」詔提點司體究改正訖，申尚書省。乙酉，提舉臨安府洞霄宫秦檜充觀文殿學士、知温州。

〔六月丁巳〕〔二八〕右司諫王縉言：「地震駐蹕之所，豈非天心仁愛，著陰盛之戒。女子小人則遠之，奸宄盜賊則備之，是皆陰類也。」戊午，詔兩淮、沿江守臣並以三年爲任。用都督行府同措置營田王弗請也。輔臣進呈，上曰：「朕昔爲元帥時，嘗見州縣官説及，在官者以三年爲任，猶且一年立威信，二年守規矩，三年則務收人情以爲去計矣。況今止以二年者乎。雖有葺治之心，蓋亦無暇日也。弗所論甚當，當如此施行。」辛酉，軍器監丞黄祖舜特引對，乞堂除縣令。上謂大臣曰：「祖舜謂郡守朝廷知所選任矣，獨於縣令皆付之銓曹，專用資格差注。今若且委之郡守，使得澄汰無狀者，亦庶幾也。此論有理，其甄擢之。」癸亥，先是，右僕射張浚密遣人至燕山回，知道君不豫，浚遂奏：「臣近得此信，不勝痛憤，願陛下剛健有爲，成敗利害在所不恤。況孝悌可以格天，推此心行之，臣見其福不見其禍也。」

秋七月壬申，尚書屯田員外郎樊賓行司農少卿，提領營田公事，都督行府同措置營田王弗屯田員外郎、同提舉營田公事，並於建康府置司，仍令行府兼行，俟還闕日罷。癸酉，先是，令僧道輸綾紙工墨錢十千換給度牒〔二九〕，既而不復換，但令輸錢批舊度牒焉。丁丑，賜韓世忠、劉光世詔書獎諭。時右司諫王縉言：「近者淮西以麾下將領有欺隱軍人之券，淮東以幕中參佐有妄具將士之賞，皆能按劾聞奏。望特降詔獎諭，因使今後凡奏功者必以實，而爵賞足以勸有功。凡勘給者必以實，而錢糧之餘足以養戰士。」故有是命。庚辰，幹辦皇城司馮益與在外宮觀，日下出門。初，宰相趙鼎見益稍出鋒鋩，意其未戢，乃言於上前。是日，上謂輔臣曰：「聞益交關外事，寖不可長，宜亟出之。」鼎等再三賀上威斷。上曰：「朕待此曹未嘗不盡恩意，然纔聞過失，亦不少貸也。」甲午，知廣德軍湯鵬舉知饒州。以江東轉運使向子諲言其政績也。已而復詔進鵬舉一官，再任。上諭大臣曰：「近時士大夫數言縣令多有不稱其任者，朕再三思之，亦難盡擇。莫若慎選監司、郡守，以爲要道，正如朕深居九重之中，安能盡知百執事之賢否，但當留意宰相耳。」

臣留正等曰：昔唐開元時，有上書言：「按察使徒煩擾公私，請精擇刺史、縣令，停案使者。」姚崇非之曰：「今止擇十使，猶患未盡得人。況天下三百餘州，縣多數倍，安得刺史、縣令皆稱其職乎。」至哉斯言也，可謂知宰相之體矣。夫設官分職，上下相維，宰相之所宜擇者十使，十使之所宜擇者刺史、縣令。崇專以擇十使爲己任，是乃所以精擇刺史、縣令也。太上皇帝謂縣令難盡擇，而以選監司、郡守爲要道。使當時爲相者如姚崇得奉聖訓，豈非所謂聚精會神、相得益章者乎！

監察御史劉長源應詔上書，言當今之弊凡十有二事：一曰節儉之風不行於臣庶。二曰威福之柄漸移於臣下。三曰禁旅太弱。四曰從官輕去。五曰政令有不審。六曰賞罰有失當。七曰將帥失馭。八曰兵籍虛冗。九曰師旅有法不立。十曰賦斂有取無度。十一曰田荒不勸農。十二曰民困不擇令。淮西安撫使劉光世克壽春府。

八月己亥，新知紹興府秦檜入見，命坐賜茶。吉州萬安縣丞司馬宗召添差兩浙路轉運司幹辦公事。先是，翰林侍讀學士范沖入對言：「司馬光家屬向者伏蒙聖恩，月給錢米，故得存在至今。竊惟光爲國宗臣，華夏蠻貊言及之，則以手加額。功在社稷，澤在斯民。今奉祠乏主，行路之人莫不哀之。宜有以振恤，昭示四方，爲忠義之勸。」故有是命。初，光孫植既死，立其再從孫稹爲嗣，而稹不肖，其書籍生産皆蕩覆之。有得光記聞者，上命趙鼎諭沖令編類進入。沖言：「光平生記録文字甚多，自兵興以來，所存無幾。當時朝廷政事，公卿大夫議論，賓客遊從，道路傳聞之語，莫不記録，有身見者，有得於人者。得於人者注其名字，皆細書連粘，綴集成卷，即未暇照據年月先後、是非虚實，姑記之而已，非成書也。故自光至其子康、其孫植，皆不以示人，誠未可傳也。臣既奉詔，即欲略加删修以進。又念此書已散落於世，今士大夫多有之，删之適足以增疑。臣雖不敢私，其能必人以爲無意哉。不若不删之爲愈也。輒據所録疑者傳疑，可正者正之，闕者從闕，可補者補之，事雖疊書而文有不同者兩存之。」於是沖裒爲十册上之。上因覽沖奏，謂鼎曰：「光字畫端勁，如其爲人，朕恨生太晚，不及識其風采耳。」庚子，左司諫陳公輔入對，上奏曰：「臣聞人君所以得天，莫先於孝，所以得民，莫先於誠。中興根本不出於此。」疏奏，上大感動，詔：「公輔論奏，深得諫臣之體，令尚書省以其奏疏，修寫成圖進入。」饒州童子梁璵賜束帛，免文解一次。璵年十歲，能誦五經及七書，射札六發四中〔三〇〕。癸卯，兩浙都轉運使李迨爲四川都轉運使、都大提舉茶馬。自襄郢便道星夜之任。四川都轉運使趙開俟迨至，將本司財賦文籍交割訖赴行在所。甲辰，手詔曰：「迺者强敵亂常，阻兵猾夏，兩宫北狩，六馭南巡，霜雪十年，關河萬里。朕爲人之子，而雞鳴之問不至，爲人之弟，而鴒原之難不聞。眷言臣子之心，誰無父兄之念，而又干戈未息，疆埸多虞〔三一〕，遣戍經時，不離甲胄，飛芻越險，久棄室家。爾則致忠〔三二〕，朕寧不愧。是用當饋投匕，未明求衣，弗辭馬上之勞，以便軍中之務。諒彼同舟之衆，知吾發軔之情〔三三〕。咨爾有官，各揚其職，布告中外，悉使聞知。」張浚自江上歸，力陳建康之行爲不可緩，朝論不同，上獨從其計。先是，三大帥既移屯，而湖北京西宣撫副使岳飛亦遣兵入僞地。僞知鎮汝軍薛亨素號驍勇，飛命統制官牛皋擊之，擒亨以獻。引兵至蔡州，焚其積聚。眉州布衣師維藩治春秋學，累舉不第，至是走行在，上中興十策，請車駕視師。上下共議於朝，浚以爲可用。會諜報劉豫有南窺之意，趙鼎乃議進幸平江。丁未，新知紹興府秦檜充醴泉觀使兼侍讀、行宮留守，提舉臨安府洞霄宫孟庾提舉萬壽觀兼侍讀、行宫同留守，權許赴尚書省治事。時檜留行在未去也。癸丑，兼都督行府參議軍事郭執中卒。張浚曰：「執中崇寧初以上書邪等禁錮二十年。」上曰：「不知當時入邪等以何事。」趙鼎曰：「凡蔡京、蔡卞所惡者皆入邪等。」折彦質曰〔三四〕：「蔡卞以紹述爲説，其所斥己者盡毁以誣謗先帝。」上愕然曰：「太上皇帝内禪之初，嘗遣梁師成宣諭淵聖皇帝云：『朕聞司馬光爲前朝名相，今日朝廷諸事，但當以光爲法。』然則上皇之意固可知矣。且如朕今所施行，與上皇時豈無修潤者，要之一切從百姓安便而已。百姓安便乃是上皇之意也。」丁巳，詔權罷講筵，俟過防秋日如舊。己未，監察御史劉長源面對，奏疏曰：「臣謂致治之道，莫先於用人。用人之道，莫先於覈實。不可懷愛憎以爲去取，不可徇朋黨以忘賢愚，不可信毀譽以爲進退。或謂應係元符以前人臣之子孫皆可用，臣恐其失近於官人以世，而其人未必皆賢。夫以房元（玄）齡爲賢相〔三五〕，而其子遺愛預叛逆之誅。盧奕爲忠臣，而其子杞居姦邪之列，況不逮元（玄）齡與奕，而可保其子孫盡賢乎。苟曰盡賢，則不賢者冒濫於其間，而人莫敢言矣。或謂應係崇寧以後人臣之子孫皆不可用，臣恐其失近於罰及其嗣，而其人未必皆愚。夫以郤芮有謀弒晉文公之罪，而子缺有獲白狄之大功。李義府有議立武昭儀之姦，而子湛乃復中宗之良佐〔三六〕。況不爲芮與義府而可誣其子孫盡愚乎。苟曰盡愚，則賢者隱晦於其中，而人莫敢舉矣。至若封倫、裴矩，其姦足以亡隋，而其智反以佐唐。李勣、許敬宗在太宗時則致治〔三七〕，而在高宗時則致亂。是所用之人不易，一身可使爲治，可使爲亂，其故何在？茲乃人君善持用人之柄，馭得其道，以君子制小人，而莫不爲吾之用，則其爲治亂又在人君之操術焉。」庚申，趙鼎進呈劉長源奏劄。上曰：「長源昨日多有開陳，至比戰國之士若不用於秦，則歸於楚，論議殊可怪。」鼎曰：「陶愷雖邪論，尚不敢至此。」上曰：「然。」張浚曰：「長源不學無識，至如疏中引證事實，皆非所敢聞者。況元符以後，人臣子孫誰爲可用而不用者？」折彥質曰：「如蔡京、王黼輩，是乃國家之深仇也，罪通於天，幸逃族誅，今日正使子孫真有可用者，猶不當用。」上曰：「長源之罪過於陶愷，當與遠小監當，朝廷明正典刑可也。」於是退而批旨：「長源識趣卑陋，不可置之臺列，送吏部與監當差遣。」庚申，詔職事官月給米三斛。自郎官外，舊止有職錢、添給。至是，始增之。癸亥，左司諫陳公輔請：「奏蔭無出身人，並令銓試經義或詩賦、論策三場，以十分爲率，取五分合格，雖累試不中，不許參選，亦不許用恩澤陳乞差遣。」〔三八〕詔吏部措置。其後，吏部請試律外止益以經義或詩賦一場，年二十五以上，累試不中之人，許注殘零差遣。餘如公輔所奏。從之。詔榷貨三務歲收及一千三百萬緡，許推賞。大率鹽錢居十之八，茶居其一，香礬雜收又居其一焉。遂寧府教授程敦厚應詔上書，且獻所著經世十論曰：畏天，恤民，量敵，核實，正俗，練兵，生財，專任，廣聽，審慮。乃除通判彭州。

九月丙寅朔，上發臨安府，先詣上天竺寺焚香，道遇執黃旗報捷者，乃湖北京西宣撫使岳飛所遣武翼郎李遇。先是，飛遣統制官王貴、郝晸、董先引兵攻虢州盧氏縣，下之，獲糧十五萬斛。戊辰，上次崇德縣，縣令趙涣之入對。上問以民間疾苦，涣之言：「無之。」又問：「户口幾何？」涣之不能對。言者論涣之儲峙擾民。詔轉運副使張滙究實，乃削渙之二資，仍令匯治罪。趙鼎曰：「陛下所以延見守令者，正欲知民間疾苦耳。」上曰：「朕猶恨累日風雨，不能乘馬親往田間問勞父老。」壬申，僞齊故相張孝純遣其客薛筇問道走行在，上書言利害。癸酉，上次平江府。戊寅，詔行在職事官日輪一員面對。庚辰，趙鼎奏：「昨日趙密、巨師古軍中苦重腿之疾者，得陛下所賜藥，皆一服輒愈。」上曰：「朕於醫藥嘗所留意，每退朝後，即令醫者診脉，纔有虧處，便當治之。正如治天下國家，不敢以小害而不速去也。」壬午，翰林侍讀學士兼史館修撰范沖言：「近重修神宗皇帝實録，於朱、墨二本中有所刊定，依奉聖旨，別爲考異一書，明著是非去取之意，以垂天下後世。今來重修哲宗皇帝實録，考其議論多有誣謗，以當日時政記及諸處文字照據甚明，亦乞別爲一書，志其事實，欲以辯誣爲名，每月校勘到卷數，差人吏親事官送至行在，付沖看詳修定，就呈監修相公訖，有合添改去取，却發回史館，庶幾不致妨廢。」從之。新除崇政殿説書尹焞發涪州。初，焞固辭新命。夔州路轉運副使韓固奉詔即所居敦遣，焞始就道。癸未，武舉童子江自昭年十二，能誦兵書及步射。詔賜帛罷之〔三九〕。左司諫王縉入對，以大臣不和爲憂，願戒大臣，俾同心同德，絶猜間之萌，以同濟國事，至再三言之。己丑，建州布衣胡憲特賜進士出身，添差建州州學教授。憲，安國從兄子也，有學行，累召不至。庚寅，張浚復往鎮江視師。初，劉豫因宗維、高慶裔而得立，故每歲皆有厚賂，而蔑視其他諸酋。至是，豫聞上將親征，告急於金主亶，求兵爲援，且乞先寇江上。亶使諸將相議之，領三省事宗磐言曰：「先帝所以立豫者，欲豫闢疆保境，我得安民息兵也。今豫進不能取，又不能守，兵連禍結，愈無休息。從之則豫受其利，敗則我受其弊。況前年因豫乞兵，嘗不利於江上矣。奈何許之。」金主乃聽豫自行。遣宗弼提兵黎陽以觀釁。於是，豫以其子麟領行臺尚書，許清臣權大總管，李鄴、馮長寧參行臺謀議，李成、孔彥舟、關師古爲將，簽鄉兵三十萬，號七十萬，分三路入寇。中路由壽春犯合淝，麟統之。東路由紫荆山出渦口，犯定遠縣，趨宣、徽，以姪猊統之。西路由光州犯六安，彥舟統之。僞詔榜示指斥鑾輿，尤甚於五年淮泗之役。諜報豫挾虜兵來寇，於是分遣諸將以備要害。時江東宣撫使張俊軍盱眙，楊沂中軍泗上，京東淮東宣撫處置使韓世忠在楚，湖北京西宣撫副使岳飛在鄂，聲勢了不相及。獨淮西宣撫使劉光世在當塗。光世遣輕騎據廬，而沿江一帶皆無軍馬，左僕射趙鼎甚憂之。浚乞先往江上視師，至是發行在。壬辰，上諭大臣曰：「資治通鑑首論名分，其間去取有益治道，即知司馬光雅有宰相器。若通鑑正可爲諫書耳。」

龜鑑曰：高宗之崇儒講學，即太宗身屬櫜鞬，風灑露沐而銳情經術，開文學館之時也。況聖訓有曰：「朕之務學，欲知治亂成敗、君子小人之迹。」而他日之讀通鑑且曰：「通鑑去取皆益治道，正可爲一諫書耳。」是則帝王務學也，豈徒誦説云乎哉。

冬十月丁酉，先是，劉麟等令鄉兵僞胡服於河南諸處〔四〇〕，十百爲群，人皆疑之，以爲虜僞合兵而至〔四一〕。劉光世奏禦賊事宜〔四二〕，謂廬州難守，且密干趙鼎〔四三〕，欲還太平州。張俊方駐軍泗州，都督張浚奏虜方疲於奔命〔四四〕，決不能悉大衆復來，此必皆豫兵。而邊報不一，俊、光世皆請益兵，衆情恟懼。議欲移盱眙之屯退合淝之戍，召岳飛盡以兵東下。浚獨以爲不然，乃以書戒俊及光世曰：「賊豫之兵以逆犯順，若不勦除，何以立國，平日亦安用養兵。爲今日之事，有進擊無退保。」而鼎及簽書折彦質皆移書抵浚〔四五〕，欲飛軍速下，且擬條畫項目，請上親書付浚，大略欲退師還江南爲保江之計，不必守前議。於是韓世忠統兵過淮，遇虜騎，與訛里也孛堇等力戰〔四六〕，既而亦還楚州。或請上回臨安，且追諸將守江防海。浚奏：「若諸將渡江則無淮南，而長江之險與虜共。淮南之屯，正所以屏蔽大江，使賊得淮南，因糧就運以爲家計，江南其可保乎。今淮西之寇，正當合兵掩擊。況士氣甚振，可保必勝。若一有退意，則大事去矣。又岳飛一動，則襄陽有警，復何所制。願朝廷勿專制于中〔四七〕，使諸將不敢觀望。」上乃手書報浚：「近以邊防所疑事咨卿，今覽所奏甚明，俾朕釋然無憂。非卿識高慮遠出人意表，何以臻此。」吏部侍郎吕祉亦言：「士氣當振，賊鋒可挫。」上乃命祉馳往光世軍中督師。時劉猊至淮東，阻世忠承、楚之兵，不敢進。麟乃從淮西繫三浮橋而渡。於是，賊衆十萬已次於濠、壽之間。張俊拒之。即詔並以淮西屬俊，楊沂中爲俊統制官〔四八〕。浚遣沂中至泗州與俊合，且使謂之曰：「上待統制厚，宜及時立大功，取節鉞。或有差跌，浚不敢私。」諸將皆聽命。戊戌，沂中及濠州。會劉光世已舍廬州而退，浚甚怪之，即星夜馳至采石遣人喻光世之衆曰：「若有一人渡江，即斬以徇。」且督光世復還廬州。右司諫王縉亦言：「王師有慢令不赴期會者，請奮周世宗、我太祖之英斷，以厲其餘。」上親筆付沂中：「若不進兵，當行軍法。」光世不得已，乃駐兵與沂中相應，遣王德、酈瓊將精卒自安豐出謝步，遇賊將崔皋於霍丘，賈澤於正陽，王遇於前羊市，皆敗之。是日，賊攻壽春府〔四九〕，寄治芍陂水寨，守臣孫暉夜劫其寨，又退之。辛丑，四川制置大使席益薦嘗任知縣人十三員政績。時益所薦士頗衆，而馮時行、樊汝霖爲之最，後皆知名。劉猊以衆數萬過定遠縣，欲趨宣化以犯建康。楊沂中與其前鋒遇於越家坊，敗之。猊孤軍深入，恐王師掩其後，欲會麟於合淝。甲辰，沂中至藕塘與猊遇，賊據山險列陣外嚮，矢下如雨。沂中曰：「吾兵少，情見則力屈，擊之則不可不急。」乃遣摧鋒軍統制吴錫以勁騎五千突其軍，賊兵亂，沂中縱大軍乘之，自將精騎繞出其背，短兵接，即大呼曰：「破賊矣。」賊方愕視，會江東宣撫司統制張宗顔等率兵俱進，賊衆大破。猊以首抵謀主李諤曰：「適見髯將軍鋭不可當，果楊殿前也。」即以數騎遁去，餘黨猶萬計，皆僵立駭顧。沂中躍馬前叱之曰：「爾曹皆趙氏民，何不速降！」皆怖伏請命。官軍獲李謂與其大將李亨等數十人。是役也，通兩路所得賊舟數百艘，車數千兩，器甲金帛、錢米、僞交鈔、告敕、軍須之物不可勝計。於是孔彦舟圍光州，守臣王莘拒之。彦舟聞猊敗，亦引去。北方大恐。丁未，先是，江西制置大使李綱聞上巡幸，遣羅薦可奉表問起居，且請速進兵。又奏陳利害，大略以謂：「竊見間探所報，僞齊乞兵於虜人，頭項頗多，未聞有渡淮而南者。其侵犯淮、淝及光山、六安等處作過，只是李成、孔彦舟叛將簽軍，深慮賊情狡獪，匿重兵於後，而以簽軍來嘗。我師若一勝之後，兵驕氣惰，則爲患有不可勝言者。伏望降詔諸將益務淬礪，以待大敵，仍命朝廷按圖以視諸路，某路固實當設疑以款賊兵，某路空虚當增兵以禦侵掠。使江淮之間，表裏相資，首尾相應。」上以綱所陳利害切中事機，賜詔奬諭。戊申，上謂大臣曰：「近日淮西有警，朕常至夜分方寢，奏報到，又輒披衣以起，或至再三。」趙鼎曰：「致陛下憂勞如此，臣等之罪也。」辛亥，楊沂中捷奏至，俘戮甚衆。上憮然曰：「此皆朕之赤子，迫於凶虐，勉强南來，既犯兵鋒，又不得不殺，念之痛心。」上嘉張浚之功，賜詔略曰：「賊雖犯順，犯壽及濠，卿帥師徒，臨敵益壯，遂使凶渠宵遁，同惡自焚，瘠寐忠勤，不忘嘉歎。」新兩浙東路提點刑獄公事張九成改除直祕閣。九成以貼職太峻，固辭不受。上不許。九成言：「今日辭免非矯激要名，第不欲因九成上紊朝廷紀綱。」上察其意，爲之改命，仍賜詔奬諭。壬子，四川制置大使席益以便宜增印錢引三百萬緡市軍儲。制司增印錢引始此。癸丑，翰林學士朱震、翰林侍讀學士范沖各進官一等。以建國公讀孟子終篇也。庚申，都督行府摧鋒軍效用易青爲廣東賊曾袞所執，青不屈，死之。壬戌，日中有黑子。癸亥，張浚遣行府書寫機宜文字計有功來奏事。初，趙鼎得政，首引浚共事。其後二人稍有異議，及楊沂中奏捷，鼎即求去位。上不許。鼎因曰：「臣始初與張浚如兄弟，近因呂祉輩離間，遂爾睽異。今同相位勢不兩立。陛下志在迎二聖，復故疆，當以兵事爲重。今浚成功淮上，其氣甚鋭，當使展盡底蘊，以副陛下之志。如臣但奉行詔令，經理庶務而已。浚當留，臣當去，其勢然也。」上曰：「朕自有所處，卿勿爲慮。」鼎曰：「陛下即位以來，命相多矣，未有一人得脱者，豈不累陛下考慎之明乎。」上徐曰：「俟浚歸議之。」浚奏：「車駕宜乘時早幸建康。」鼎與折彦質共議回蹕臨安以爲守計。上許之。

大事記曰〔五〇〕：建炎元年〔五一〕，如揚州。二年〔五二〕，幸杭州。此汪、黄爲之也。然未幾而航海幸越，幸平江，亦汪、黄爲之乎。又自紹興八年定都臨安不復進都〔五三〕，此秦檜爲之也。六年，浚獨相，乃有建康之幸。七年〔五四〕，鼎獨相，早有駐蹕臨安之議，亦檜爲之乎。胡寅有言：陛下父兄在虜中〔五五〕，朝夕南望，曰：「吾有子弟爲中國帝王，吾之歸有日矣。」痛惟愁苦艱危之中，發此念，爲此言，於今三年，日迫日切，而獻謀奉慮之人，方欲陛下南狩，日遠日忘，遂無復國之心，别求建都之地，臣所未諭。不得已則如張浚所謂都建康，則北望中原，常懷憤惕可也。今乃立心於一隅，何義乎。

十有一月乙丑朔，玉山進士詹叔霆特免文解一次。叔霆嘗投匭上書，且獻平定策，故旌録焉。戊辰，左宣奉大夫、守尚書右僕射張浚特遷左光禄大夫〔五六〕，以禄秩成書也。浚請回授其兄滉，許之。中興後，諸臣以進書恩回授親屬自此始。庚午，詔張浚召還行在所，令學士院降詔。癸酉，湖北京西宣撫副使岳飛奏：「依奉處分往江州屯駐。」上曰：「淮北既無事，飛自不須更來。」趙鼎曰：「此有以見諸將尊朝廷，爲可喜也。」丁丑，新敕令所删定官鄭剛中引對。剛中言：「陛下臨御六年，寬刑罰，省科徭，戒貪贓，恤饑窮，嚴警備，每一下詔，丁寧懇惻，而德澤未遍者，蓋天下有虚文之弊。臣願爲士大夫下厲精之詔，許自今宣布實德，視斯民利害，如在其家，不得以虚名文具欺罔朝廷，使陛下之誠意〔五七〕，被覆赤子之身，而不在於官府文書之上。」翌日，輔臣進呈，上曰：「近所引對，多是人才。朕雖得珠玉珍玩，不足爲寶，但冀一歲之間得十數輩人物，乃足爲寶也。」又翌日，以其言令學士院降詔，出榜朝堂。遂以剛中充樞密院編修官。戊寅，故左朝議大夫孫諭特贈左中奉大夫。諭爲吏廉，湖北諸司請官其曾孫偉以爲天下廉吏之勸。奏可。庚辰，上諭大臣曰：「司馬光隸字真似漢人，近時米芾輩所不可彷彿。朕有光隸字五卷，日夕置之座右，每取展玩。又所書乃中庸與家人卦，皆修身治國之道，不特玩其字而已。」趙鼎曰：「如光所謂動容周旋中禮，而無纖毫遺恨者也。」壬午，四川制置大使席益上漕運六策，令學士院降詔奬諭。丙戌，起居舍人呂本中兼權中書舍人。時有監階州倉草場苗亘者，以贓獲罪黥之，本中奏曰：「近歲官吏犯贓多抵黥罪，且既名士人，行法之際，宜有所避。況四方之遠，或有枉濫，何由盡知。若遽施此刑，異時察其非辜，雖欲深悔，亦無所及矣。又此刑既用，臣恐後世不幸奸臣弄權，必且借之以及無罪。使國家此刑不絕，則紹聖以來，憸人盜柄，縉紳遭此殆無遺類矣。願酌處常罰〔五八〕，以稱陛下仁厚之意。」疏再上，從之。丁亥，日中黑子没。己丑，故翰林學士王洙之孫楚老獻仁宗所賜飛白字及御書。洙在翰林，仁宗問今歲科舉，内中合要奏告文宣王及諸賢表章。趙鼎奏：「此事不見於他書。」上曰：「祖宗留意人材如此，天下安得不治。」壬辰，上書大成殿榜，賜成都府學官。初，劉麟等既敗歸，金人遣使問劉豫之罪。豫懼，廢猊爲庶人以謝之。於是金人始有廢豫之意矣。

十有二月甲午朔，詔行宮留守秦檜令赴行在所奏事。張浚以檜在靖康中建議立趙氏，不畏死，有力量，可與共天下事。一時仁賢薦檜尤力，遂推引之。趙鼎既與浚不咸，左司諫陳公輔因奏劾鼎〔五九〕，鼎復求去。上愀然不樂曰：「卿只在紹興，朕他日有用卿處。」是日，臨安火，所燔幾萬家。詔以米一千斛賜被火之家貧乏者。戊戌，右司諫王縉入對，論簽書樞密院事折彥質之罪，大略謂：「彥質於賊馬南向之時，倡爲抽軍退保之計，上則幾誤國事，下則離間宰臣，乞賜放絀。」先是，張浚自江上還平江，隨班入見。上曰：「卻敵之功，盡出右相之力。」於是趙鼎皇懼，復乞去。浚入見之次日，具奏曰：「天下之事不倡則不起，不爲則不成。今四海之心，孰不想戀王室。虜叛相結〔六〇〕，脅之以威，雖有智勇，無由展竭，三歲之間，賴陛下一再進撫，士氣從之而稍振，民心因之而稍回，正當示之以形勢，庶幾乎激忠起懦，而三四大帥者亦不敢懷偷安苟且之心。夫天下者，陛下之天下也。陛下不自致力以爲之先，則被堅執銳履危犯險者，皆有解體之意。今日之事，存亡安危所自以分。六飛儻還，則大衆解體〔六一〕，内外離心，日復一日，終以削弱。異日復欲下巡幸詔書，誰爲深信而不疑者。何則？彼知朝廷姑以此爲避地之計，實無意於圖回天下故也。」上翻然從其計，浚因獨對，乞乘勝取河南地，擒劉豫父子。又言：「劉光世驕惰不戰，不可爲大將，請罷之。」上問：「嘗與趙鼎議否？」浚曰：「未也。」浚見鼎具道其故，鼎曰：「不可。豫，机上肉耳。然豫倚金人爲重。不知擒滅劉豫得河南地，可遂使虜不內侵乎？光世，將家子，將帥士卒多出其門下，若無故罷之，恐人心不可。」浚不悦。鼎復言：「强弱不敵，宜且自守，未可以進。」黜鼎〔六二〕，與彥質俱罷之。京東淮東宣撫處置使韓世忠引兵攻淮陽軍，敗之。壬寅，尚書左僕射、同中書門下平章事兼知樞密院事趙鼎充兩浙東路安撫制置大使兼知紹興府，翰林侍讀學士兼史館修撰資善堂翊善范沖提舉江州太平觀。沖再疏求去，乃有是命。甲辰，尚書司封員外郎蘇符兼資善堂贊讀，赴行在。代范沖也。乙巳，上與宰相語唐開元之治，曰：「姚崇爲相，嘗選除郎吏，明皇仰視屋椽，崇驚愕久之。後因力士請問，知帝所以專委之意。人主任相當如此。」張浚曰：「明皇以此得之，亦以此失之。楊、李操柄，事無巨細一切倚仗，馴致大亂。吁，可戒焉。」上曰：「不然。卿知所以失否，在於相非其人，非專委之過也。」浚曰：「明皇方其憂勤，賢者獲進，逮其逸樂，小人遂用，此治亂之所以分。陛下灼見本末，天下幸甚。」趙鼎入辭。鼎既行，上趣令之鎮。鼎力辭新命，詔不許。鼎在越，惟以束吏恤民爲務，每言：「不束吏，雖善政不能行。蓋除害然後可以興利。易之豫『利建侯行師』，乃所以致豫。解『公用射隼於高墉之上』，謂射隼而去小人，乃所以致解。」鼎之學得於易者如此。至是，姦猾屏息。又場務利入之源，不令侵耗，財賦遂足。

丙午，秦檜入見。簽書樞密院事兼權參知政事折彦質提舉臨安府洞霄宫。手詔曰：「朝廷設官分職，本以爲民。比年以來，重内輕外，殊失治道之本。自今監司、郡守秩滿，考其善狀，量與遷擢。治效著聞，即除行在差遣〔六三〕。其郎官未歷民事者〔六四〕，效職通及二年，復加銓擇，使之承流於外，仍令中書、御史臺籍記姓名，俟到闕日檢舉引對，參考善否，取旨陞黜，庶幾天下百姓蒙被實惠，以稱朕意。」時張浚專任國政，首言：「比年以來，内重外輕，又官於朝者不歷民事，利害不明。詔令之行，職業之舉，豈能中理，民多被其害。」遂條具以聞，故有是詔。福建市舶司言：「蕃舶綱首蔡景芳招誘舶貨，自建炎初年至紹興四年共收息錢九十八萬緡。」詔補景芳承信郎。戊申，醴泉觀使兼侍讀秦檜令赴行在所講筵供職，行宫同留守孟庾充行宫留守。己酉，詔目今前宰相到闕，並許張蓋。爲秦檜故也。庚戌，詔：「館職如在職二年以上，知縣資序人，與除大郡通判。通判資序人，除知州軍。任滿到闕，令閤門引見上殿，與參考治狀善否，取旨陞黜。仍令中書省、御史臺籍記姓名。」辛亥，提舉臨安府洞霄宫張守自常州入見，即日除參知政事。壬子，詔張守兼權樞密院事。江州進士孫復禮投匭訟德安令黄覿不法。御筆令監司究實。上諭大臣曰：「復禮亦須知管，如體究所訴不實，即痛與懲戒。鼓檢院止許士庶陳獻利害，儻挾私怨，有所中傷，不惟長告訐之風，亦非求言本意。」乙卯，右司諫王縉言：「風俗頹弊，起於士大夫貪冒無恥。乞明詔大臣，自今除賢能之人宜擢用者待以不次外，其餘並依吏部格法。則各安分守，職業交修，頹風復振，賢才輩出矣。」詔令三省遵守。戊午，詔：「自今吏部注擬知、通、守令，並選擇非老病及不曾犯贓與不緣民事被罪之人。仍申中書門下省審察，旬具注擬人脚色[六五]，關御史臺[六六]，如非其人，許本臺彈奏。」用中書請也。既而行宮吏部請因民事犯徒已上罪人，如今詔。自祖宗以來，以公、私、贓三等定天下之罪，至是，始增民事律焉。己未，左司諫陳公輔言：「自熙、豐以來，王安石之學著爲定論，自成一家，使人同己。仰惟陛下天資聰明，聖學高妙，將以痛革積弊，變天下尚同之俗。然在廷之臣，不能上體聖明，又復輒以私意[六七]，取程頤之説，謂之伊川學，相率而從之。是以趨時競進、飾詐沽名之徒，翕然胥效，倡爲大言，謂堯、舜、文、武之道傳之仲尼，仲尼傳之孟軻，軻傳之頤，頤死無傳焉。狂言怪語，淫説鄙諭，曰此伊川之文也，幅巾大袖，高視闊步，曰此伊川之行也。能師伊川之文、行伊川之行，則爲賢士大夫，捨此皆非也。臣謂程頤尚在，能了國家事乎？且聖人之道，凡所以垂訓萬世，無非中庸，非有甚高難行之説，非有離世異俗之行，在學者允蹈之而已。伏望察群臣中有爲此學，相師成風，鼓扇士類者，皆屏絶之。然後明詔天下，以聖人之道，著在方册，炳如日星，學者但能參考衆説，研窮至理，各以己之所長而折中焉，惟不背聖人之意，則道術自明，性理自得。故以此修身，以此事君，以此治天下國家，無乎不可矣。」可輔臣進呈，張浚批旨曰：「士大夫之學，宜以孔、孟爲師，庶幾言行相稱，可濟時用。可布告中外，使知朕意。」時朱震在經筵，不能静，論者非之。辛酉，詔以山陰至長沙四十縣並從堂除，浙西之邑十四，浙東九，江東八，江西、福建各四，湖南一。僞齊劉豫密知金人有廢己謀，請於金，欲立麟爲太子。金主亶曰：「先帝所以立爾者，以爾有德於河南之民也。爾子還有德耶？徐當咨訪河南百姓以定之。」

校證

〔一〕九　原作「十」，依序當作「九」。

〔二〕往　原作「在」，據再造本、文海本、中興聖政卷一九、繫年要録卷九七校改。

〔三〕累　原作「案」，文海本字難辨，據再造本、中興聖政卷一九、繫年要録卷九七校改。

〔四〕李校改「雪」爲「雷」，謂：原作「雪」，據（繫年）要録卷九十七改。汪按：再造本、文海本、中興聖政一九均作「雪」。校改證據不足。

〔五〕虜　原作「敵」，據再造本、文海本回改。

〔六〕據　原作「拒」，再造本同，據中興聖政卷一九、繫年要録卷九七、朱熹晦庵集卷九五張浚行狀校改。

〔七〕犯法　原作「兵法」，據再造本、文海本、中興聖政卷一九、繫年要録卷九七注引中興聖政「臣留正等曰」校改。

〔八〕拘籍　原作「拘藉」，再造本、文海本同，據中興聖政卷一九、繫年要録卷九八校改。

〔九〕仍　再造本、文海本中興聖政卷一九同，繫年要録卷九八作「依」。作「依」似是。

〔一〇〕紐計　原作「總計」，據再造本、文海本、中興聖政卷一九、繫年要録卷九八校改。

〔一一〕海退　原作「海浪」，再造本、文海本同，繫年要録卷九八作「海道」，據中興聖政卷一九、徐松宋會要輯稿食貨五之二五又六一之一一、宋史卷一七三食貨志農田校改。

〔一二〕孛堇牙合　原作「貝勒牙合」，據再造本、文海本回改。下文「孛堇牙合」同此。「曰」，再造本作「令」。

〔一三〕虜將　原作「金將」，據再造本、文海本回改。

〔一四〕小醜　原作「小國」，據再造本、文海本回改。

〔一五〕虜　此「虜」及以下五「虜」字，原均作「敵」，並據再造本、文海本回改。

〔一六〕間　原作「澗」，據再造本、文海本、中興聖政卷一九、繫年要録卷九八校改。

〔一七〕金人失信　李校：此處有錯簡，「失信」原接「官告綾紙錢」，兹據中興聖政卷十九參要録卷九八改。汪按：四庫本、再造本、文海本均無「金人失信」四字，實爲「中興及」下接「官告綾紙錢」。李校指出此處錯簡正確，今從李校，將「金人失信」以下至「三月戊辰朔，初」共四百一十六字前移，接「中興及」下，使「三月戊辰朔，初」下接「收官告綾紙錢……」。

〔一八〕虜掠　原作「敵掠」，李校改「敵掠」爲「劫掠」，謂：原作「敵掠」，據中興聖政卷十九改。汪按：再造本、文海本均作「虜掠」，「劫」、「敵」係清人因避諱而改用字，今據回改。

〔一九〕黏罕　原作「尼雅滿」，據再造本、文海本回改。

〔二〇〕虜中　原作「北邊」，據再造本、文海本回改。

〔二一〕論事　原作「諭事」，據再造本、文海本、中興聖政卷一九、繫年要録卷九九校改。

〔二二〕共惟　再造本、文海本、中興聖政卷一九同，繫年要録卷九九作「恭惟」。

〔二三〕大元帥府事績十卷　「績」，再造本、文海本同，中興聖政卷一九、繫年要録卷一〇〇、王應麟玉海卷四七藝文均作「迹」。「卷」，再造本、文海本、繫年要録、玉海均同，惟中興聖政作「篇」。

〔二四〕折彦質　「質」字原爲空闕，據再造本、文海本補。下一「折彦質」同此。

〔二五〕揚武翊運　原作「揚政翼運」，再造本、文海本、中興聖政卷一九同，據繫年要録卷一〇〇、宋史卷二八高宗紀卷三六四韓世忠傳、宋會要輯稿禮五九之二五、文獻通考卷六四職官考校改。

〔二六〕功臣　原脱「臣」字，再造本、文海本、中興聖政卷一九同，據繫年要録卷一〇〇補。

〔二七〕縣令　再造本、文海本、繫年要録卷一〇一均同，惟中興聖政卷一九作「縣尹」。

〔二八〕六月丁巳　原脱，據中興聖政卷一九、繫年要録卷一〇二補。

〔二九〕綾紙工墨錢　原作「錢抵工墨錢」，再造本、文海本同，據中興聖政卷二〇、繫年要録卷一〇三校改。

〔三〇〕射札　再造本、文海本、中興聖政卷二〇均作「射親」，繫年要録卷一〇四作「射鵠」，宋人多以「射親」代指射靶，似作「射親」是。

〔三一〕彊場　原作「疆場」，據再造本、文海本、中興聖政卷二〇、繫年要録卷一〇四校改。

〔三二〕致忠　文海本字難辨，再造本、中興聖政卷二〇、繫年要録卷一〇四、潛説友咸淳臨安志卷一行在所録均作「效忠」。

〔三三〕吾　再造本、文海本、中興聖政卷二〇同，繫年要録卷一〇四作「茲」。咸淳臨安志卷一行在所録作「我」。

〔三四〕折彦質　「質」字原爲空闕，據再造本、文海本、中興聖政卷二〇、繫年要録卷一〇四補。下一「折彦質」同。

〔三五〕房玄齡　底本「玄」字闕筆，再造本、文海本、中興聖政卷二〇均作「房元齡」，又下文「元齡」，均應爲撰者避宋諱用字。

〔三六〕中宗　原作「中原」，再造本、文海本同，據中興聖政卷二〇、繫年要録卷一〇四、舊唐書卷九一桓彦範傳、新唐書卷四武則天紀校改。

〔三七〕許敬宗　再造本、文海本、中興聖政卷二〇均作「許欽宗」，應爲撰者避宋諱用字。

〔三八〕差遣　原作「差選」，再造本、文海本同，據中興聖政卷二〇、繫年要録卷一〇四校改。

〔三九〕罷之　李校：繫年要録卷一〇五作「寵之」。汪按：再造本、文海本、中興聖政卷二〇均作「罷之」。

〔四〇〕胡　原作「敵」，據再造本、文海本回改。

〔四一〕虜　此「虜」及下文「虜方疲於奔命」之「虜」，原均作「敵」，並據再造本、文海本回改。

〔四二〕賊　原作「敵」，據再造本、文海本回改。

〔四三〕密干　原作「密于」，文海本同，據再造本、繫年要録卷一〇六校改。國學叢書本繫年要録卷一〇六注引趙甡之中興遺史作「密申」。

〔四四〕虜　此「虜」及下文「遇虜騎」、「與虜共」、「乞兵於虜人」之「虜」，原均作「敵」，並據再造本、文海本回改。

〔四五〕折彦質　「質」字原爲空闕，據再造本、文海本、中興聖政卷二〇、繫年要録卷一〇六宋史卷三六一張浚傳補。下文「折彦質」同此。

〔四六〕訛里也孛堇　原作「額哩頁貝勒」，據再造本、文海本回改。

〔四七〕于中　原作「手中」，據再造本、文海本、中興聖政卷二〇、繫年要録卷一〇六校改。

〔四八〕統制官　原作「統領官」，再造本、文海本同，據下文及中興聖政卷二〇、繫年要録卷一〇六、熊克中興小紀卷二〇、劉時舉續宋編年資治通鑑卷四校改。

〔四九〕賊攻壽春府　「攻」字原脱，據再造本、文海本、中興聖政卷二〇、繫年要録卷一〇六補。

〔五〇〕大事記　原作「史臣記」，據再造本、文海本、中興聖政卷二〇校改。

〔五一〕元年　再造本、文海本、中興聖政卷二〇、繫年要録卷一〇六注引吕中大事記均作「二年」。宋史卷二四高宗紀記宋高宗建炎元年冬十月到揚州。作「元年」符合史情。又下文「如揚州」之「如」，再造本、文海本、繫年要録均作「幸」。

〔五二〕二年　再造本、文海本、中興聖政卷二〇、繫年要録卷一〇六注引大事記均作「三年」。按宋史卷二五高宗紀記宋高宗建炎三年二月至杭州。似作「三年」是。

〔五三〕定都臨安不復進都　李校：原闕「臨安不復進」五字，據中興聖政卷二〇補。汪按：再造本、繫年要録卷一〇六注引大事記此五字均不闕，文海本「臨安」後三字殘闕。

〔五四〕七年　原作「四年」，文海本「七」字殘，據再造本、中興聖政卷二〇、繫年要録卷一〇六注引大事記校改。

〔五五〕虜中　原作「北方」，據再造本、文海本回改。

〔五六〕張浚　原作「張滉」，應係涉下文致誤，文海本字不清，據再造本、中興聖政卷二〇、繫年要録卷一〇六校改。

〔五七〕陛下　原作「惠下」，文海本闕文，據再造本、中興聖政卷二〇、繫年要録卷一〇六校改。

〔五八〕常罰　原作「當罰」，據再造本、文海本、中興聖政卷二〇、繫年要録卷一〇六、李幼武宋名臣言行録別集上卷七吕本中校改。中興小紀卷二〇作「恒罸」，可參。

〔五九〕陳公輔　李校：原作「陳光輔」，據繫年要録卷一〇三、卷一〇六改。汪按：再造本、文海本均作「陳光輔」，中興聖政卷二〇作「陳公輔」。李校是，今從之。

〔六〇〕虜　此「虜」及下文「虜不内侵」之「虜」，原均作「敵」，並據再造本、文海本回改。

〔六一〕大衆　再造本、文海本作「有釋」。中興聖政卷二〇、繫年要録卷一〇七、杜大珪名臣碑傳琬琰之集中卷五五朱熹張浚行狀、晦庵集卷九五張浚行狀均作「有識」。似作「有識」是。

〔六二〕黜鼎　再造本、文海本同，中興聖政卷二〇、繫年要録卷一〇七作「繇是」。

〔六三〕差遣　原作「差之」，據再造本、文海本、中興聖政卷二〇、繫年要録卷一〇七校改。

〔六四〕郎官　原作「即官」，據再造本、文海本、中興聖政卷二〇、繫年要録卷一〇七校改。

〔六五〕旬具注擬人脚色　「旬」原作「旨」，文海本同，據再造本、中興聖政卷二〇、繫年要録卷一〇七校改。「注」原作「往」，文海本作「住」，據再造本、中興聖政卷二〇、繫年要録卷一〇七校改。

〔六六〕臺　原作「住」，據再造本、文海本、中興聖政卷二〇、繫年要録卷一〇七校改。

〔六七〕輒　原爲空闕，據再造本、文海本、中興聖政卷二〇、繫年要録卷一〇七補。

宋史全文卷二十上

宋高宗十

丁巳紹興七年春正月癸亥朔，上在平江。手詔：「將乘春律，往臨大江，駐蹕建康，以察天意。」左司諫陳公輔言：「今日恢復之策，不出攻守二事。攻者，以我攻彼也。守者，防彼攻我也。以我攻彼，其勢在我。防彼攻我，其勢在彼。攻雖爲難，而守之爲尤難。攻雖在所急，而守之尤在所急。今將移蹕建康，則其地尤重於淮東矣。臣愚欲乞措置淮西，先選大臣以臨之，更增兵將以實之，仍令諸大將緩急相援，首尾相應，則雖虜騎之來，不足畏矣。」置御前軍器局於建康府，歲造全裝甲五千、矢百萬，仍隸樞密院及工部。丙寅，上諭大臣曰：「昨日張俊呈馬，因爲區別良否優劣及所産之地，皆不差。」張浚曰：「臣聞陛下聞馬足聲而能知其良否。」上曰：「然。聞步驟之聲雖隔墻垣可辨也。凡物苟得其要，亦不難辨。」浚曰：「物具形色猶或易，惟知人爲難。」上曰：「人誠難知。」浚因奏：「人材雖難知，但議論剛正、面目嚴冷，則其人必不肯爲非。阿諛便佞、固寵患失，則其人必不可用。」上亦以爲然。丁卯，户部員外郎霍蠡自鄂州軍前來奏事，言：「今軍事所須，而病民最甚者，莫如月樁錢。州縣所樁窠名，曾不能給其額之什二三，自餘則一切出於州縣之吏臨時措畫，銖銖而積，僅能充數。一月未畢，而後月之期已迫矣。」詔諸州通判開具申尚書省。龍圖閣直學士汪藻再遷一官，以類編元符庚辰以來詔旨成書也。辛未，中書舍人董弅知衢州，免謝辭。先是，有旨禁伊川學，録黄下禮部。吏部員外郎黄次山欲鏤板。弅曰：「少俟之。」乃以己見求對，次山即申御史臺，謂弅沮格詔令。於是侍御史周祕彈弅，故弅遂罷。新兩浙東路提點刑獄張九成罷。先是，左司諫陳公輔論九成平日所行，無非矯僞，朝廷每因其辭輒復遷擢，彼亦何憚而不辭。詔九成與小郡。九成又辭，乃令主管江州太平觀。壬申，進呈李誼論吏部非次闕不當改爲集注。上曰：「士大夫羈旅之中，有非次闕不得授，又待集注之期，所以衆論以爲非爾。聞每赴部授差遣者，所費極多，何以責其清廉。」

史臣曰：立國以法者，天下之至公。待人以情者，帝王之全度。太祖杖贓吏於朝堂，以至極刑無所容貸。而高宗乃憫其赴部之苛費，集注之淹期，惻然有哀矜之心。二者不同，何也？蓋祖宗建極之初，立萬世之規模，用法不得不盡其嚴。高宗遭多事之時，士大夫流離困厄者衆，故不得不本乎恕。其迹不同，而帝王之度一也。

癸酉，先是，張浚以破賊功遷特進。浚悃辭。上曰：「朕以賞罰治天下，如卿大臣固不俟勸，然賞不行，則四方萬里無由知卿之功。」浚復固辭以富平敗事，受天下之責。上曰：「富平之失，卿以宮祠去位，朕所以示罰也。今日有功，則賞可後乎。卿每有制除，則再三辭避，恐於君臣之義有所未安。」浚恐竦奉詔。翰林學士兼侍講朱震引疾乞在外宮觀〔一〕。不許。先是，董弅免官，震乃白張浚求去。徽猷閣待制胡安國聞之，以書遺其子寅曰：「子發求去晚矣。當公輔之説纔上，若據正論力争，則進退之義明。今不發一言默然而去，豈不負平日所學。惜哉。且復問宰相云某當去否。既數日，又云今少定矣。此何等語。遇緩急則是偷生免死，計豈能爲國遠慮。平生讀易何爲也。」於是安國自上奏曰：「士以孔、孟爲師，不易之至論。然孔、孟之道，失其傳久矣。自程頤始發明之，而後其道可學。而至今使學者師孔、孟而禁不得從頤之學，是入室而不由户也。夫頤之文，於易則因理以明象，而知體用之一原。於春秋則見諸行事，而知聖人之大用。於諸經、語孟，則發其微旨，而知求仁之方，入德之序。鄙言怪語，豈其文哉。頤之行則孝悌顯於家，忠誠動於鄉，非其道義，一介不以取予，則高視闊步，豈其行哉。自嘉祐以來，頤與兄顥及邵雍、張載皆以道德名世，如司馬光、吕公著、吕大防莫不薦之。頤有易春秋傳，雍有經世書，載有正蒙書，惟顥未及著書，望下禮官討論故事，加此四人封爵，載在祀典，比於荀、揚之列，仍詔館閣裒其遺書以羽翼六經，使邪説不得作，而道術定矣。」戊寅，帶御器械劉錡權主管馬軍司並殿前步軍司公事。張浚薦錡文武兩器，真大將材，故有是命。辛巳，韓世忠奏已還軍楚州。上因論：「淮陽取之不難，但未易守。」張浚曰：「淮陽今劉豫要害之地，故守之必堅。」上曰：「取天下須論形勢，若先據形勢，則餘不勞力而自定矣。正如奕棋，布置大勢既當，自有必勝之理。」癸未，翰林學士兼侍講陳與義參知政事，提舉醴泉觀兼侍講沈與求同知樞密院事〔二〕。左修職郎朱倬召對，乞：「申戒有司，勤恤民隱。今西北之民已思見官儀矣。陛下大固其心，勿小小以傷之，天下幸甚。」乙酉，詔：「樞密本兵之地，事權宜重，可依祖宗故事，置樞密副使，宰相仍兼樞密使，其知院以下如舊。」吏部侍郎吕祉在建康，聞禁伊川學，上奏曰：「臣竊惟孔子删詩序書，繫周易，作春秋，明禮樂，與門弟子答問，則見於論語。凡學孔子無如子思、孟子，中庸與七篇之書具存。自漢至本朝，上所教，下所學，鴻儒碩學，端亮閎偉之士接武於時，何嘗不由此道，豈特程頤而後傳也。臣竊詳程頤之學，大抵宗子思中庸篇以爲入德之要。中庸曰：『君子之中庸，時中。』程頤之所得也。近世小人，見靖康以來其學稍傳，其徒楊時輩驟躋要近，名動一時，意欲歆慕之，遂變巾易服，更相汲引，以列於朝，則曰：此伊川之學也。其惡直醜正，欲擠排之，則又爲之説曰：此王氏之學，非吾徒也。號爲伊川之學者，類非有守之士，考其素行，蓋小人之所不爲。有李處廉者，知瑞安縣，專事貨賂，交結權貴，取程頤文並雜説刊板作帙，遍遺朝士。朋比者交口稱譽，謂處廉學伊川。近聞處廉犯入已贓繫獄，罪當棄市，遠近傳笑。此皆子思所謂小人之中庸而無忌憚者也。中庸一也，然有君子之中庸，有小人之中庸，非其學之謬，乃學者之罪也。望將前日聖旨指揮，連臣僚所論，出榜諸路州縣學舍，使學者皆知舊學，而不爲近世小人之所習，以補治化。」從之。丙戌，詔以知州軍、諸郡通判各六十一闕歸吏部〔三〕。用左右司奏也。於是堂除郡守之闕一百九，通判八十。丁亥，閤門祗候充問安使何蘚、都督行府帳前準備差使范寧之至自金國，得右副元帥宗弼書，報道君皇帝、寧德皇后相繼上仙。醴泉觀使兼侍讀秦檜爲樞密使，應干恩數並依見任宰相條例施行。辛卯，四川都轉運使李迨始視事。時茶馬司闕官，命迨兼領。熙、豐以來，成都府、秦州皆有榷茶司〔四〕、買馬監牧司。至是，關陝既失，迨請合爲一司，名都大提舉茶馬司。從之。

二月丙申夜，太平州火。丁酉，鎮江府火。己亥，主管台州崇道觀王倫充迎奉梓宮使，閤門宣贊舍人高公繪副之。河南京西宣撫副使岳飛赴行在。翌日，内殿引對。飛密奏請正建國公皇子之位。上諭曰：「卿言雖忠，然握重兵於外，此事非卿所當預也。」

飛色落而退。辛丑，詔以太陽有異氛，氣四合，令中外侍從各舉能直言極諫之士一人。自復賢良方正科，久未有應者，至是，張浚乞因災異降詔。上從之。壬寅夜，雷聲初發。癸卯，命樞密院計議官李宷往江淮詢究營田利害〔五〕，如有未便於民者，令宷與樊賓、王弗商量，先次改正。夜，大雪。甲辰，輔臣奏事，上曰：「朕常日不甚御肉，多食蔬菜。近日頗雜以豆腐爲羹，亦可食也。水陸之珍兼陳於前，不過一飽，何所復求，過殺生命，誠爲不仁。朕實不忍。」沈與求曰：「陛下舉斯心以加諸彼，天下不難治矣。」先是，太陽有異，張浚奏曰：「臣以非才，備位宰相，致天象如此，罪無所逃。」上曰：「此乃朕不德所致。」浚因引咎，上曰：「應天以實不以文，惟君臣交修不逮，可以消變。」浚曰：「臣等敢不恭承大訓。」丙午，川陝宣撫副使吴玠初置銀會子於河池，迄今不改。己酉，上與輔臣論兵器〔六〕，因曰：「前日岳飛入對，朕問有良馬否。飛奏舊有兩馬，已而亡之，今所乘不過馳百餘里力便乏。此乃未識馬故也。大抵馴而易乘者乃駑馬，故不耐騎而易乏。若就鞍之初不可制御，此乃馬之逸群者，馳驟既遠，則馬力始生。」張浚曰：「人材亦猶是也。但當駕御用之耳。」上曰：「人材若只取庸常易悦者，何以濟天下之事。」浚曰：「既知其可用，則當不責近效，以待有成。」上曰：「飛今見識極進，論議皆可取〔七〕。朕嘗諭之，國家禍變，惟賴將相協力以圖大業，不可時時規取小利，遂以奏功，徒費朝廷爵賞。

須各任方面之責，期以恢復中原，乃副朕委寄之意。昨張俊來覲，亦以此戒之。」

史臣曰：上論人材不取庸常易悦者，以其無補也。唐太宗與臣僚論事，有不出其意者，退而有憂色。人主有大功德及於天下者，其志趣不相遠類此。

庚戌，吏部尚書孫近等請謚大行太上皇帝曰聖文仁德顯孝，廟號徽宗。癸丑，提舉廣南市舶林保進中興龜鑑。是日雨雹。丙辰，知果州宇文彬降一官放罷。去歲果州旱，守臣王隲率民出粟賑貸，會隲滿歲彬代之，乃與通判州事龐信孺繪禾登九穗圖獻於朝。上曰：「此不出誕謾，即諂諛爾。去年四川荒旱，黎民艱食，安有瑞禾。政使偶然有之，何足爲瑞。往年知撫州高衛進甘露圖，朕疾其佞，罷其守符。彬等可降官，仍放罷。」丁巳，湖北京西宣撫副使岳飛爲太尉，賞商、虢之功。翌日，陞宣撫使。飛威名日著，淮西宣撫使張俊益忌之，參謀官薛弼每勸飛調護，而幕中之輕鋭者復教飛勿苦降意，於是飛與俊隙始深矣。飛時留行在，遂衛上如建康。己未，上發平江府，以舟載徽宗皇帝、顯肅皇后几筵而行。庚申，淮西宣撫副使劉光世乞在外宫觀。先是，議者謂：「光世昨退保當塗，幾誤大事，軍律不整，士卒恣横。」張浚亦言：「光世沉酣酒色，不恤國事，語以恢復，意氣怫然。乞賜罷斥，以警將帥。」上然之。光世聞上進發，乃引疾乞祠。上曰：「光世兵比之韓世忠、張俊之軍訓練殊不至，一軍皆驍鋭，但主將不勤耳。月費錢米不貲，皆出民之膏血，而不能訓練，使之赴功，甚可惜也。大抵將帥不可驕惰，若日沉迷於酒色之人，何以率三軍之士。」後三日，乃以親筆荅光世曰：「卿忠貫神明，功存社稷。朕方倚賴，以濟多艱。俟至建康，召卿奏事。其餘曲折，併俟面言。」平江府進士張亨衢進歷代中興論。上讀曰：「肅宗以張后、李輔國之故，不能盡子道於明皇，可以謂之仁孝乎？」辛酉，上次常州，賜無錫知縣李德鄰五品服。初，上引德鄰入對，問以民間疾苦。德鄰對：「民户避役，田土悉歸兼并之家。近者雖令單丁〔八〕、女户募人充役，然每都不得過一名，欲望均爲五人，俾得均濟。」詔付户部。上以德鄰留心民事，故有是賜焉。

三月癸巳朔，上次丹陽縣。韓世忠以親兵赴行在，遂衛上如建康。甲子，上次鎮江府。楊沂中以所部赴行在。詔沂中總領彈壓車駕巡幸一行事務。乙巳，上發鎮江府，乘馬而行，晚次下蜀鎮。上謂張浚等曰：「道中晴明，因閱韓世忠背嵬軍，馬極驍健，事藝比往日益更精强。」浚等因論奏：「諸將才能不同，大要在得士心，則人肯用命。」上曰：「天時地利不如人和。將帥能得士心，則上下和輯，樂爲之用矣。」上次建康府，賜百司休沐三日。甲戌，岳飛朝辭。丙子，召提舉江州太平觀胡安國赴行在。時安國上所纂春秋傳，翰林學士朱震乞降詔嘉獎。上曰：「安國明於春秋之學，比諸儒所得尤邃，向來偶緣留程瑀而出，可令召來。」張浚曰：「若安國乃君子之過，過於厚耳。小人必須觀望求合，豈肯咈旨。」上曰：「安國豈得爲小人，俟其來，當寘之講筵。」故有是命，仍用金字遞行。安國自言所著傳事按左氏義，取公羊穀梁之精者，大綱本孟子，而微辭多以程氏之説爲據，凡三十年乃成。上甚重之。戊寅，同知樞密院事沈與求進知院事。庚辰，行營前護副都統制王彦知邵州。詔彦軍併隸權主管馬軍司公事劉錡。於是，錡始能成軍。辛巳，浙西安撫制置使兼知臨安呂頤浩兼行宮留守。頤浩至臨安，處事甚有緒，豪右莫敢犯禁。淮南西路兼太平州宣撫使劉光世爲少保，充萬壽觀使，奉朝請，封榮國公。時光世入見，再乞罷軍，且以所管金穀百萬獻於朝。乃以其兵屬都督府，而有是命。張浚因分光世所部爲六軍，令聽本府參謀軍事呂祉節制。詔行在職事官令轉對一次。

是春，廣西大饑，斗米千錢，桃李互實皆可食，凡物多類此。

夏四月癸巳，張浚奏：「雨既霑足，又即晴霽，庶於蠶麥不妨。」上曰：「朕宮中亦養蠶兩箔許，欲知民間蠶熟與否。」浚等曰：「陛下敦本憂民如此，天下幸甚。」上又曰：「朕聞祖宗時，禁中有打麥殿。今後圃有水，朕亦令人引水灌畦種稻，不惟務農重穀，示王政所先，亦欲知稼穡之艱難爾。」詔築太廟於建康，以臨安府太廟充本府聖祖殿。甲午，鎮江府進士蔣將上書論十事，詔永免文解。乙未，尚書吏部員外郎黄次山爲荆湖南路提點刑獄公事。次山引疾乞補外，會給事中胡世將舉次山自代，張浚因擬次山修注。上曰：「非告訐董弅者耶，此風不可長。」遂令補外。浚意甚沮。戊戌，御批：鄭諶帶御器械。翌日，上諭宰臣曰：「諶除命未須行。朕宿思之，昨召用徐俯，外議謂諶所薦，朕何嘗容内侍薦人，止緣洪炎進黄庭堅文集，有云徐郎或徐甥者。後因胡直孺薦俯自代，朕問之，始知其人。今諶新命，又恐外間紛紛，不若止與在外宫祠。」張浚等曰：「陛下聖慮如此，敢不奉詔。」庚子，右司諫王縉論江淮營田利害，輔臣進呈，上曰：「營田誠今日大利。如兩淮閒田不可數計，但恐召募不行，而奪見耕之農，則爲民害矣。要須遲以歲月，以漸爲之，第使耕種日廣，便爲大利。」丁未，起復湖北京西宣撫使岳飛乞解官持餘服。飛與宰相張浚異論，歸過江州，上疏自言與宰相議不合，求解帥事，遂棄軍而廬墓。上不許。江南西路安撫制置大使兼知洪州李綱特遷左金紫光禄大夫。時綱遺韓异奉表問上起居，且上疏論時事，略曰：「願陛下益廣聖志，與神爲謀，日新其德，勿以去冬驟勝而自怠，勿以目前粗定而自安。凡可以致中興之治者，無不爲。凡可以害中興之功者，無不去。有所規畫措置，必以天下爲度，必以施於長久、可傳於後世爲法，則中興不難致矣。夫中興之於用兵，止是一事，要以修政事、信賞罰、明是非、别邪正、招徠人材、鼓作士氣、愛惜民力、順導衆心爲先。數者既備，則士奮於朝，農安於野，穀粟充盈，財用不匱，將帥輯睦，士卒樂戰，用兵其有不勝者哉。」疏入，詔綱典藩踰年〔九〕，民安盜息，故有是命。壬子，張浚辭往太平州、淮西視師。沈與求奏：「劉光世嘗語人，以陶朱公自比。」浚等論：「范蠡之賢，人所難及。」上曰：「蠡固賢，朕謂於君臣之義猶有所未盡也。」丙辰，都官員外郎馮康國面對，論蜀中漕運。丁巳，詔送都督府。既而祕書省正字孫道夫轉對，上諭曰：「召自遠方者，朕必詢民間疾苦，至如職事官轉對，即以朝廷闕失訪之，誠欲追法祖宗，不特舉行故事爲文具而已也。卿蜀人，宜知蜀中利害，水運與陸運孰便？」道夫奏曰：「水運遲而省費，陸運速而勞民。」上曰：「水運既便，自當行之。」

五月乙丑，上與輔臣論淮西事，因曰：「兵無不可用，在主將得人耳。趙奢用趙軍大破秦軍〔一〇〕，而趙括將之則大敗。樂毅用燕兵攻齊，而騎劫代之，則爲田單所敗。豈不在主將得人乎？」丁卯，詔江西制置大使李綱趣捕虔、吉諸盜。戊辰，金部員外郎宋棐請詔中外臣僚，採訪勇力權略之士，不時薦舉，以備采擇。從之。壬申，詔禮官條具舉行文宣、武成王、熒惑、壽星、嶽瀆、海鎮、農蠶、風雷、雨師之祀。張浚在廬州，遣計有功赴行在。前二日引對，有功嘗獻所著晉鑒，上曰：「朕乙夜觀之，且爲艱難之戒。」又面問著春秋防微之旨，對曰：「婦笑於齊，六卿分晉。此書之所爲作也。」上首肯之。甲戌，胡安國提舉萬壽觀兼侍讀，疾速赴行在。殿中侍御史石公揆奏：「今以詞賦經義取士，而考校者患不能兼通，升黜安能得實。今歲科場，望令諸路轉運司取經義、詞賦兩等，各差考官。」從之。戊寅，上謂秦檜等曰：「治天下須用恩威賞罰並行。若有恩而無威，有賞而無罰，何以爲治。朕自即位以來，未嘗以私怒降一人官。所以言此者，蓋姑息之風不可長也。楊沂中，朕嘗日撫綏之過於子弟，去年淮西有警，朕親筆戒之，若不便進，當行軍法，沂中震恐承命，遂以成功。」檜曰：「陛下英武如此，中興不難致矣。」既而，給事中兼直學士院胡世將請因此風厲諸將帥〔一〕，各務究心水利，措置營田。從之。己卯，廣西進出格馬，上曰：「此幾似代北所生，廣西亦有此馬，則馬之良者不必西北可知。」上因論：「春秋列國不相通，所用之馬皆取於國中而已。申公巫臣使吴，與其射御教吴乘車，則是雖吴亦自有馬。今必於産馬之地而求之，則馬政不修故也。」詔禮部討論大火之祀。先是，行在多火災，言者論：「國家實感炎德，用宋建號。康定間，因古商邱作爲壇兆，以閼伯配大火之祭。多事以來，地陷賊境。望詔有司，即行在所每建辰戌出納之月〔二〕，設位望祭。」從之。壬午，賜四川都轉運使李迨詔書獎諭，以其能裁抑冗濫，以寬民力故也。甲申，詔以時暑，行在所及行宫御史各一員，慮諸獄囚〔三〕。諸路州軍令監司分詣。初，命學士院策試效士五十三人，得陳壽昌等十人合格。詔優等授官，平等免文解一次，餘皆賜帛罷之。乙酉，手詔：「自今内外臣僚薦士，或不如所舉，及罪當並案者，必罰毋赦。」上以薦舉法壞，甚者以子弟姻戚互相薦論，至犯吏議，則僥倖首免，故條約焉。尚書省言：「自來立法太重，不能必行。」乃詔自今犯贓私罪者，舉主遞降二等。其以子弟親戚互薦者，令臺臣察之。監察御史趙涣乞侍從至職事官，不限資序，各舉才堪大縣者一人。俟二三年之間，按其治狀，同其賞罰。詔行在所侍從官限一月，通舉二十人。丁亥，中書省言：「諸路監司除授依祖宗法，即不避本貫。」詔如故事，仍止避置司州。己丑，張浚奏論史事，因言：「紹聖以舊史不公，故再修，而蔡卞不公又甚，每時以褒貶之語以騁其愛憎，今若不極天下之公，則後人將又不信。」上曰：「謂之實録，但當録其實而褒貶自見。若附以愛憎之語，豈謂之實録。」上又曰：「今日重修兩朝大典，不可不慎。」浚曰：「敢不恭承聖訓。」庚寅，張浚言：「臣先備員川陝宣撫處置使，切見和静處士尹焞〔一四〕，緣叛臣劉豫父子迫以僞命，焞自長安徒步趨蜀，乞食問路，僅獲生全。臣嘗延請至司，與之款接，觀其所學所養，誠有大過人者。紹興甲寅春，被命還朝，蓋嘗以焞姓名達之天聽。今陛下博採群議，召寘經筵，而焞辭免新命，未聞就道。伏望特降睿旨，令江州守臣疾速津遣。」初，焞行至九江，會諫官陳公輔請禁伊川學，復辭曰：「學程氏者焞也。」浚乃顯言其學行，請趣召之，焞猶不至。

六月癸巳，左司諫陳公輔入對，面奏興復之策，因言：「衆論謂南兵不可用。」上慨然曰：「赤壁之役，曹操敗於周瑜，淝水之戰，苻堅敗於謝元（玄）〔一五〕，北人豈常勝哉。越王勾踐卒敗吳王，兵強諸國，亦豈北方士馬邪。」乙未，罷江淮營田司，以淮東轉運判官蔣璨、淮西轉運判官韓璡、江東轉運副使俞俟、兩浙轉運副使汪思温並兼提領本路營田，仍督責州縣當職官接續措置。丙申，御筆：「史館重修神宗皇帝實録，尚有詳略失中，去取未當，恐不可垂信傳後。宜令本館更加研考，逐項貼説進入，以俟親覽。」先是，著作郎何掄乞刊正新録紕繆，至是批出。掄所言，張浚意也。戊戌，詔四川制置大使司津遣隱士張大檝赴行在。大檝，龍水人，隱居翠微巖，知天象，嘗倣唐制爲蓋天圖，謂可置之几案，及備軍幕中候驗。因爲木式以獻。乃詔大檝並賫所藏天文祕書赴行在。壬寅，詔胡安國累上章引疾，可與便郡。以左司諫陳公輔等有言也。乃以安國知永州。戊申，兵部尚書兼都督府參謀軍事呂祉往淮西撫諭諸軍。祉初在建康，每有平戎之志，張浚大喜之。浚以劉光世持不戰之論，欲罷之，參知政事張守以爲不可，浚不從。守曰：「必欲改圖，須得有紀律、問望素高、能服諸兵官之心者一人乃可。」浚曰：「正爲有其人故欲易之也。」時祉亦自謂若專總一軍，當生擒劉豫父子，然後盡復故疆。及光世罷，乃命祉先往淮西。直祕閣詹至聞之，遺浚書曰：「呂尚書之賢，固一時選。然於此軍恩威曲折卵翼成就〔一六〕，恐不得比前人。兼此軍今已付之王德，德雖有功而與酈瓊輩故等夷，恐其下有不能平者。願更擇偏裨素爲軍中所親附者〔一七〕，使爲德副，以通下情。」會祉還朝，而瓊與其下八人列狀訟德於都督府，且乞回避。都督府謂德直，寢不行。瓊等又訟於御史臺，德亦言瓊之過，乃召德還建康，以所部一軍隸都督府，命祉往廬州節制之。祉又辟準備差遣陳克自隨。葉夢得與克厚，謂之曰：「呂安老非馭將之才，子高詩人，非國士也。淮西諸軍方互有紛紛之論，是行也，危矣哉。」弗聽。祉、克皆留其家，乃單騎從軍。詔以欽、廉、邕州去歲大水，米踊貴，令本路常平官蠲賦稅，賑饑乏，其公私欠負皆停之。己酉，皇叔、同知大宗正司士㒟開府儀同三司。士㒟嘗因對，勸上留意恤民。上曰：「朕以干戈未息，不免時取於民。如月椿之類，欲罷未可。一旦得遂休兵，凡取於民者當悉除之。」時建康有積欠左藏庫錢帛，乞免輸。上曰：「建康兵火後，遺民無幾，朕何忍更取積逋耶。可並除之。」因謂輔臣曰：「朕嘗語趙鼎，宣和以前宰輔非其人，費用無節，誅求無藝，四海之民困於科斂，不得安業。朕嗣位以來，思與之休息，又以邊事未靖，軍費之資取辦於諸路者尚多，斯民之災如此，儻他日兵寢，朕當一切蠲罷，雖租賦之常，亦除一二年。朕之此心，天地鬼神實照臨之。」張浚等曰：「陛下聖志如此，天必助順，民之休息固有期矣。他日更在陛下選用大臣，推行德意。」上曰：「然事亦在朕。」秦檜因論及唐太宗不能去封德彝。上曰：「唐太宗用封德彝、宇文士及，朕常以爲恨。既知其奸佞，猶信之不疑。」浚曰：「太宗所謂惡惡而不能去也。」丙辰，尚書省請申命：「舉人程文，許通用古今諸儒之説，及自出己意，但文理優長即爲合格。」從之。乙卯，執政進呈左朝奉大夫蒲贇乞駐蹕江陵。上曰：「荆南形勝，自古吳、蜀必争之地。宜諭王庶益濬治城塹，招徠流移，練兵積粟，爲悠久之計。」張浚曰：「庶在荆南，頗有治行。」上曰：「蜀中多士，幾與三吳不殊。近日上殿如李良臣、蒲贇極不易得。」因論：「士人各隨所習，如蜀中之士多學蘇軾父子，江西之士多學黄庭堅。」浚等曰：「大抵耳目所接，師友淵源，必有所自。」贇，閬中人。浚在閬州引爲主管機宜文字。後六日，遂以贇行尚書兵部員外郎。丁巳，吏部尚書孫近引疾乞奉祠。張守曰：「聞近信命甚篤，以爲自此當有災咎，亟求去位。」〔一八〕上曰：「君相之命〔一九〕，固不當言命。矧近時日者尤不足信，朕未常問也。」〔二〇〕

七月乙丑，知虔州張觷條上措置盜賊事件。張浚等言：「觷有才，必有措置。」秦檜曰：「觷向知南劍州，能平賊，甚有功，而言者以爲多殺平人，毁譽是非不公如此。」上曰：「大凡人爲血氣所使，而愛憎移之，所以毁譽是非不公，在上察之耳。」浚曰：「士大夫少學，故如此。孔子許顏回爲王佐，蓋惟不遷怒、不貳過者，可以爲天下國家也。」上曰：「孔子所許顏回一人而已，可知其難。士大夫少時爲血氣所使，而輕任喜怒，更事既多，若能知悔，則亦少累。朕爲親王時，或因事輕用喜怒，至今不能忘，常自悔責。」

史臣曰：人君過失與常人不同，天下臣民惟以順君爲義，莫或拂之，而亦莫或回之。惟上聖卓然特立，異於常情，乃能自反爾。故以過爲失諱者常千萬[三]，文過以自安者常十百，悔過而能自反者纔千一也。

丙寅，祕書郎張戒提舉福建路茶事。上因論館中人材，以爲戒好資質而未更事任，可令在外作一任，復召用之。戒聞，請補外。後二日，上謂輔臣曰：「士大夫須更歷外任，不必須在朝廷。若既練達而止令在外，則又不盡用材之道。」陳與義進曰：「前日陛下惜張戒人材，除外任以養成之，聖意甚美。」上曰：「中書省可籍記，他日復召用。」丁卯，起復湖北京西宣撫使岳飛遣屬官王敏求來奏事。初，飛請解官，上命參議官李若虛、統制官王貴詣江州敦請飛依舊管軍，如違，並行軍法。若虛等至東林寺見飛，具道朝廷之意。飛堅執不肯出，若虛曰：「相公欲反邪？相公，河北一農夫耳。受天子之委任，付以兵柄，相公謂可與朝廷相抗乎。公若堅執不從，若虛等受刑而死，何負於公。」凡六日，飛乃受詔，赴行在。張浚見飛具道上所以眷遇之意，且責其不俟報棄軍而廬墓。飛詞窮，曰：「奈何？」浚曰：「待罪可也。」飛然之，遂具表待罪。上慰遣之。將行，上謂飛曰：「卿前日奏陳輕率，朕實不怒卿，若怒卿，則必有行遣。太祖所謂犯吾法者，惟有劍耳。所以復令卿典軍，任卿以恢復之事者，可以知朕無怒卿之意也。」飛得上語，意乃安。至是，遣敏求奏事，委曲感恩云：「非官家保全，何以有今日。」翌日，上以其語諭輔臣，秦檜見飛舉趾〔二二〕，已有忿忿之意矣。壬申，張浚以旱乞率從官祈雨。又乞弛役、慮囚等數事〔二三〕。因奏：「如浙西諸郡及宣州、廣德軍地形下，未覺旱〔二四〕。如鎮江、建康地形高，最覺少雨。」上曰：「朕患不知四方水旱之實，宮中種兩區稻，其一地下，其一地高，昨日親閱之，地高者其苗有槁意矣。須精加祈求，庶幾數日得雨也。」時方盛暑，浚一日坐東閣，參知政事張守突入，執浚手曰：「守嚮言秦舊有德聲，今與同列，徐考其人，似與昔異，晚節不免有患失心，是將爲天下深憂。」蓋指樞密使秦檜〔二五〕。浚以爲然。徽猷閣待制邵溥上其父伯温所著辨誣三卷。上曰：「事之紛紛，止緣一邢恕耳〔二六〕。數十年來，士大夫相攻詆，幾分爲國，幾分爲民，皆由私意，託公以遂其事。宣仁之謗今已明白，紛紛之議可止矣。」嗣濮王仲湜薨。仲湜酷好珊瑚，大者一株至數百千。上嘗問仲湜：「墜地則何如？」曰：「墜地則碎矣。」上曰：「以民膏血易此無用之物，朕所不忍也。」仲湜無以對。戊寅，史館校勘張嵲面對。先是，有詔刊修神宗新録訛謬，校勘李彌正、胡珵見張浚，辭史職。既而嵲對罷，申後省以所得聖語云：「范沖、任申先止憑校勘官便以爲是，故實録多舛誤。」彌正、珵再辭史職。從之。辛巳，張浚等奏：「禱雨備至，未獲感應。」上曰：「應天須以實，如恤刑弛役之類，當更有實惠可及民者。朕曉夜思之，如積欠一事，爲民之害甚大，比因移蹕，所過州縣下蠲除之令，民間極喜。可將諸路紹興五年以前稅賦積欠及其他逋負議蠲之，庶幾少蘇民力。」浚等退而條具，悉施行焉。金晉國王宗維卒。癸未，手詔臣民各許實封言事，在外令附驛以聞。旱故也。宰臣張浚、樞密使秦檜已下引咎乞罷黜。詔曰：「亢陽未雨，憂心如熏，咎在一人，非卿等罪，各安乃位，勿復陳詞。夙夜勉旃，以輔台德。」簡州教授黃源應詔上書言：「中興之主，當與創業同。創業當視藝祖，其大計大議取謀於宰相，則趙普等是也。大勳大烈責成於大將，則曹彬等是也。内則講修政事，爲萬世計，外則削平僭僞，爲一統計。今陛下中興十有一年，政事則講修不逮，僭僞則削平不果，何也？無乃隆主勢以論一相，威嚴斷以馭大將，作威作福，直與藝祖不同故邪。」因條六事：一曰躬一德以享天心。二曰正東宫以嗣國統。三曰勵宗親以策勳勞。四曰厚禁旅以鞏宸極。五曰連秦夏以臨三晉。六曰由淮甸以傾全齊。甲申，蠲諸路民户紹興五年以前欠租。上旨也。坊場净利五年正月以前所負亦除之。建康府居民貧病者畀之藥，死者助其葬。丁亥，詔今後士民陳獻利害，令給舍子細看詳，其可採者取旨施行。

八月壬辰，張浚奏：「探報僞齊簽軍自六十以上則減之，十五以上則增之，科調之煩，民不堪命，出軍之際，自經於溝瀆者不可勝計。」上蹙然歎息曰：「朕之赤子至於如此，當思有以拯救之。可諭江淮諸郡，凡歸附者加意撫納，厚與賙恤，勿令失所，以稱朕意。」乙未，江南東路宣撫使張俊爲淮南西路宣撫使，盱眙軍置司，主管殿前司公事楊沂中爲淮南西路制置使，權主管侍衛馬軍司公事劉錡爲淮南西路制置副使，並廬州置司。時呂祉至廬州，而酈瓊等復訟王德於祉。祉諭之曰：「若以君等爲是，則大相詆。然張丞相但喜人向前，儻能立功，雖有大過，彼亦能闊略，況此小嫌疑乎。」於是密奏乞罷瓊及統制官靳賽兵權，乃命二帥往淮西，召瓊等還行在。丁酉，左從事郎朱松特改宣教郎，爲祕書省校書郎。松，熹之父也，以薦得召見。時已用張浚策，進次建康，指授諸將，計日大舉，以復中原。松欲堅上志，即奏言：「陛下當抗志於高明〔二七〕，而輔以睿智日躋之學，垂精延訪，早夜汲汲，以求宗廟社稷經遠持久之計。申明紀律，崇獎節義，而又以民心爲基本，忠良爲腹心，則恢復大功指日可冀矣。」因論：「自古中興之君，惟漢之光武，勤勞不怠，身濟大業，可以爲法。晉之元帝、唐之肅宗，志趣卑近，功烈不終，可以爲戒。」又言：「宜鑒既往之失，深以明人倫、勵名節爲先務，而又博求魁磊骨鯁、純正不回之士〔二八〕，置之朝廷，使之平居無事，正色立朝，則姦萌逆節銷伏於冥冥之中，一朝有緩急，則奮不顧身以抗大難，亦足以禦危辱凌暴之侮，庶幾乎神器尊嚴，而基祚强固矣。」蓋松深病夫士溺於俗學，不明於君臣之大義，是以處於成敗之間者，常有苟生自恕之心，而闕於舍生取義之節，將使三綱淪墜，而有國家者，無所恃以爲安，而發爲是言。上深悦之，諭輔臣曰：「光武固無可議，若元帝僅能保區區之江左，略無規取中原之心，肅宗惑於張后、李輔國之讒，而虧人子之行，此其可戒也。」四川制置大使席益復與都轉運使李迨有違言，交愬於上。詔令學士院賜詔戒諭。戊戌，張浚進呈知荆南府王庶復徽猷閣直學士，上曰：「庶嘗云：『今天下不可專用姑息，要當以誅殺爲先。』謂朕太慈。聞仁宗皇帝嘗云：『寧失之太慈，不可失之太察。』此祖宗之明訓也。今百姓犯罪，自有常法，何以誅殺爲先乎。」浚等曰：「聖人三寶一曰慈，未聞以慈爲戒也。」酈瓊叛，執兵部尚書吕祉。祉簡倨自處，將士之情不達。淮西轉運判官韓璡舊在劉光世幕中，光世待之不以禮。至是諸校或以罪去，祉之乞罷瓊與靳賽也，其書吏朱照漏語於瓊，瓊令人遮置郵盡得祉所言軍兵之罪。瓊等大怨怒。前一日，被旨易置分屯，康淵曰：「歸事中原則安矣。」詰朝，諸將晨謁祉，坐定，瓊袖出文書示中軍統制官張景曰：「諸兵官有何罪，張統制乃以如許事聞之朝廷邪？」祉見之大驚，欲退走不及，爲瓊所執。瓊遂以所部四萬人渡淮降劉豫。壬寅，張浚見上引咎。上曰：「失三萬人不繫國安危，譬猶臨陣折傷，亦是常事，卿等不可以此介意，當益鎮安人心，激厲士氣，以爲後圖。」浚曰：「臣非才誤國，上貽聖慮。今聖志先定，臣復何憂，敢不黽勉以圖報效。」是日，吕祉爲酈瓊所殺。先一日，瓊與其衆擁祉次三塔，距淮僅三十里，下馬立棗林下，謂曰：「劉豫逆臣，我豈可見之。」衆逼祉上馬，祉駡曰：「死則死此，爾等過去，亦豈可保也。」軍士聞之，有傷感咨嗟者。瓊恐摇衆心，乃急策馬先渡淮，至霍丘縣，令統領官尚世元殺祉。世元以刃刺祉，且顧統領官王師晟。師晟不肯，祉駡瓊不已，遂碎首折齒而死。甲辰，御筆：「兩浙東路安撫制置大使兼知紹興府趙鼎充萬壽觀使兼侍讀，疾速赴行在。」是日，張浚留身求去位。上問可代者，浚不對。上曰：「秦檜何如？」浚曰：「近與共事，始知其闇。」上曰：「然則用趙鼎。」遂令浚擬批召鼎。檜謂必薦己，退至都堂，就浚語良久，上遣人趣進所擬文字，檜錯愕而出。浚始引檜共政，既同朝，乃覺其包藏顧望，故上問及之。詔新除崇政殿説書尹焞疾速赴行在。以焞再辭除命故也。丁未，張浚論淮西地勢險阻，可以固守。陳與義曰：「見王德呈淮西圖，道路幾不可方軌。」上曰：「地形雖險，亦在將兵者如何耳。李左車謂井陘之道，車不得方軌，騎不得成列，韓信卒由井陘口以破趙軍。要是險阻不足恃也。」戊申，權禮部侍郎吳表臣言：「比年科舉，校藝詩賦稍優，不復計策論之精粗，以致老成實學之士，不能無遺落之嘆。欲望特降睿旨，今之秋試及將來省闈，其程文並須三場參考，庶幾四方學者不徒事於空文，皆有可用之實。」輔臣進呈，上曰：「文學、政事自是兩科，詩賦止是文詞，策論則須通古今，所貴於學者，修身，齊家，治國以治天下，專取文詞亦復何用。」癸丑，贈呂祉資政殿大學士。時有得祉括髮之帛歸吳中者，其淑人吳氏持之自盡以徇葬，聞者傷之。甲寅，中書言：「命官犯贓抵死，祖宗之時，間有杖脊刺面，係一時酌情斷遣。近來刑部引爲常例，甚非朝廷欽恤之意。」詔自今似此案狀，令刑部更不坐例，止由朝廷酌情斷遣。自是贓吏不復黥配矣。乙卯，御史中丞周祕入對，論：「右僕射張浚輕而無謀，愚而自用，德不足以服人，而惟恃其權。誠不足以用衆，而專任其數。雖本無疑貳者，皆使有疑貳之心。雖本無怨望者，皆使有怨望之意。故酈瓊以此懷疑而叛。願早正其誤國之罪，以爲後來之戒。」丙辰，殿中侍御史石公揆入對論張浚罪。是月，諸路大旱，江湖淮浙被害甚廣。江西制置大使李綱獻言，乞修政事以救今日之弊。大略以謂：「前年江湖閩浙嘗苦大旱，陛下親灑宸翰，勸誘賑濟，至誠感天，報以休應，歲大豐穰，民以安樂。自經一稔之後，上下恬嬉，不復勤恤民隱，朝廷百色誅求。上供不以實數而以虚額〔二九〕，和糴不以本錢而以關子。絲蠶未生已督供輸，禾穀未秀已催裝發，州縣困於轉輸，文移急於星火，官吏愁嘆，閭里怨咨，感動天心，旱灾復作。然則陛下欲銷彌灾異，導迎吉祥，不必他求，但如前日之用心，自然感召和氣，休應立臻，繼旱暵復爲豐年矣。今日之患，欲民力寬則軍食闕矣。欲軍食足則民力乏矣。非有術以權之，使斂不及民而軍食足，不可得而均也。惟陛下留神邦本，天下幸甚。」

九月辛酉，申命吏部審量崇、觀以來濫賞。初，范宗尹既免相，遂罷討論。及是復開坐二十四項〔三〇〕，自是追奪者復衆矣。左正言李誼論張浚，望收還政柄，置之閒慢。乙丑，御史中丞周祕入對，言：「近上殿論宰相張浚失謀誤國，乞正其罪，未蒙付外施行。臣謹摭所聞爲陛下言其二十罪，雖未足以盡浚之所爲，而不達軍情，不恤民力，不用善言，不畏公議，所以至於敗事者，實皆由此。今猶强顏廟堂之上，以淮西之變爲細事，以吕祉之死爲奇節，尚欲文飾其過，以欺聖明，此亦可謂無恥矣。望將浚前後罪狀明正典刑，以爲人臣誤國之戒。」浚聞，復求去，自是不復入對矣。丁卯，京東淮東宣撫處置使韓世忠、淮西宣撫使張俊皆入見，議移屯。秦檜曰：「臣嘗語世忠、俊，主上倚兩大將，譬如兩虎，固當各守藩籬，使寇盜不敢近。」上曰：「此論猶未切，政如左右手，豈可一手不盡力也。」乃命俊將所部自盱眙軍移屯廬州。辛未，江西制置大使兼知洪州李綱奏疏，論淮西兵叛，因勸上以兼聽。上深以爲然，令學士院賜詔獎諭。時綱疏所陳朝廷措置失當者五，深可嘆惜者五〔三〕，及鑒前失以圖將來者五，且言：「天地之變不足爲災，人不盡言，國之大患。侍從者，獻納論思之官也。臺諫者，耳目心腹之寄也。今侍從、臺諫以言爲職，類皆毛舉細故以塞責，至於國家大計，繫社稷之安危、生靈之休戚者，初未嘗聞有一言及之。陛下試察如淮西之變，侍從、臺諫之臣亦有見危納忠爲陛下言之者乎？大臣懷禄而不敢諫，小臣畏罪而不敢言，此最今日之可憂者。」又以書遺張浚言：「自今春閣下專任大政以來，薦進人才，調護將帥，措置邊防，均理財用，皆未卓然有以慰天下之心者。聲譽損於前時，規模爽於舊説，中興氣象，邈未有期，不知何爲而然也。且以近日淮西叛將事觀之，官吏軍民二十餘萬相率而北去，將佐遇害者甚衆，閣下平日信任以爲可屬大事如吕祉者，被執以往，挫威辱國，中外震驚，於誰責而可乎。今有人力足以舉百鈞，而益之以萬鈞，則力必不勝矣。然有可任之理者，與人共之也。今閣下以一人兼將相之權，總中外之任，而無與人共功名之心。軟美者進，鯁諒者疏，逆耳苦口之言不聞，曲突徙薪之謀不至，變生所忽，不足怪也。若因淮西之變痛自懲創，輯睦將帥，博詢衆謀，惟其是之爲從，幡然改圖，則未必不轉禍而爲福也。安危休戚與國家及閣下同之。」和靖處士尹焞言：「誤蒙召命，已及國門，癃老廢疾，委寔可矜，伏望敷奏許之自便。」輔臣進呈，上曰：「尹焞可謂恬退矣。辭免之奏至十數上而未止，可降旨不允。」初，以旱故求直言，而太學生有應詔上書論兵事者，且言：「以淮西一事論之，去歲劉豫力攻淮西，劉光世遂欲南渡爲退保之計，光世之罪天下共欲誅之，酈瓊等兵馬平日驕墮，終不爲用，天下之事有大於此者乎。古中興之世則必有中興之臣，臣觀張浚區區之心實有是念，惜乎才力有限，舉非其人，浚之孤立無一介爲助者，爲陛下自任以天下之責，此亦今日之所難矣。臣願陛下召諸大臣盡赴行在，拜張浚爲大都督，陛下親御戰馬，往來問勞，庶使蓄僞之情不能探伺。臣聞張俊一軍，號曰自在軍，平居無事未嘗閲習，惟韓世忠、岳飛兩軍人馬整肅，願陛下速置諸路都督，以通上下之情，無使諸軍復有淮西之禍也。」壬申，特進、守尚書右僕射、同中書門下平章事兼樞密使都督諸路軍馬、監修國史張浚罷爲提舉江州太平觀。浚爲相凡三年。給事中、直學士院胡世將試尚書兵部侍郎。先是，趙鼎言：「臣蒙恩召還，經惟方再辭，而復遣使宣押，臣無地措足。然先事言之，則不敢昧。蓋進退人才乃其職分，今之清議所與，如劉大中、胡寅、吕本中、常同、林季仲之徒，陛下能用之乎。妬賢黨惡，如趙霈、胡世將、周祕、陳公輔，陛下能去之乎。陛下於此或難，則臣何敢措其手也。」疏入，上爲徙世將，於是公輔等相繼補外。癸酉，湖北京西宣撫使岳飛言：「近傳淮西軍馬潰叛，於國計未有所損，不足上軫淵衷。臣願提全軍進屯淮甸，萬一蕃僞窺伺，臣當竭力奮擊，期於破滅。」詔奬之。右司諫王縉請對，乞留張浚。不從。甲戌，張浚落職，依舊宫觀。浚既罷相，而御史中丞周祕復論浚，望削奪官職，重賜竄責，以爲大臣專權誤國之戒。殿中侍御史石公揆亦論浚罪，請投之遠方，故有是命。乙亥，大理少卿薛仁輔乞：「天下獄有半年未決者，委提點刑獄親問，一年未決者，具因依申省。」張守等奏：「累降旨催諸路決獄，不得淹繫，若如仁輔所奏，則許及半年或一年矣。」上以爲然，且曰：「獄，重事也，朕自即位以來未嘗送一人入獄。」淮西宣撫使張俊言軍中營寨未辦，張守乞增支錢，上因論：「財用皆出民力，若如此之費，實不可已。苟可已者，須極愛惜。張俊嘗奏軍中費卻陛下無限錢糧，朕語之：『朕何嘗有一錢與卿，此皆百姓膏血也。』卿知百姓膏血不可窮竭，務與朝廷爲一體，則中興之功不難致矣。」丙子，萬壽觀使兼侍讀趙鼎守尚書左僕射、同中書門下平章事兼樞密使。前一日，鼎至行在，上召對於内殿，首論淮西事。鼎曰：「臣愚慮不在淮西，恐諸將竊議，因謂罷劉光世不當，遂有斯變，自此驕縱，益難號令。朝廷不可自沮，爲人所窺。」上以爲然。丁丑，上問趙鼎防秋大計。鼎曰：「淮西雖空闕，當以壯根本爲先務。」又問去留如何。鼎曰：「來已失之，遽去不可復爾。今國威少挫，須勉强自振。」上以爲然，且曰：「初聞淮西之報，未嘗輒動。執政奏事皆皇懼失措，反求以安慰之。」鼎曰：「正須如此。見諸將尤須安靖，使之罔測。不然，益增其驕蹇之心矣。仍以控制之事專責之二將，曰光世之兵，本不爲用，我之所賴，惟汝二人。彼必感陛下倚任之重，且不敢以朝廷爲弱也。前此大臣曾以此啓否？」上曰：「彼皆倉皇無地措足，何暇及此。」戊寅，御書羊祜傳賜樞密使秦檜。辛巳，合祀天地於明堂，太祖、太宗並配。張俊至行在，特詔俊赴大禮侍祠。召劉光世、高世則赴行在。權禮部侍郎陳公輔言：「光世之召，乃因大將之言。如是則朝廷威令可否，皆在諸將。今後大將有過，何以處之。張浚之罷，幾於助將帥而罷宰相，何倒置之甚耶！」乙酉，張子儀監登聞鼓院。未上，改軍器監丞。大將子孫除職事官始此。交趾郡王李陽煥薨，子天祚立。丙戌，李處廉除名，新州編管。處廉知永嘉縣，坐以官錢雕伊川集板，及印造與人，并他贓，當絞，特貸死，籍其貲。自是以爲例。丁亥，中書言：「川陝宣撫副使吴玠於梁[三]、洋勸誘軍民營田，今夏二麥并約秋成所收近二十萬石，可省饋餉。」詔奬之。戊子，權主管侍衛馬軍司公事劉錡知廬州，主管淮南西路安撫司公事，仍兼制置副使。張俊既還行在，朝議復遣之。趙鼎顯言於衆曰：「今行朝握精兵十餘萬，何至自擾擾如此。儻有他虞，吾當身任。其責俊軍還，未閱月，乃遽使之復出，不保其無潰亂也。」起居舍人勾濤因薦錡以所部屯合淝。上從之。時淮西制置副使楊沂中亦已還行在，在淮西者錡一軍而已。劉豫使乞兵於金主亶，且請用酈瓊爲鄉導，併力南下。亶陽許之，遣使馳詣汴京，以防瓊詐降爲名，立散其衆。先是，王倫奉使至歸德府，豫遲之不遣彌旬。迓使至，倫始渡河，見魯王昌、瀋王宗弼於涿州，具言劉齊營私、民怨之狀。時金人已定議廢豫，頗納其言。

冬十月庚寅，上謂大臣曰：「向緣亢旱，詔求直言。自是上書者甚多。雖經親覽，猶恐未能詳究利病，可令後省官子細看詳，有可採者，中書條上，取旨行之，庶詔令不爲虛文。」詔依舊間日一開講筵。用右正言李誼奏也。先是，陳公輔建議以爲上日臨講筵，有妨退朝居喪之制，乞令講讀官供進口義。誼奏：「真宗嗣位，首命崔頤正講尚書，英宗嗣位，司馬光首請開講筵。是祖宗三年之制未嘗廢學也。」從之。壬辰，周祕入對〔三〕，論張浚罪，乞更賜貶責。丁酉，新知永州胡安國提舉江州太平觀。從所請也。趙鼎進呈，因言：「安國昨進春秋解，必嘗經聖覽？」上曰：「安國所解，朕置之座右，雖間用傳注，頗能發明經旨，朕喜春秋之學，率二十四日讀一過。居常禁中亦自有日課，早朝退省閱臣僚上殿章疏，食後讀春秋史記，晚食後閱內外章奏，夜讀尚書，率以二鼓罷。」鼎曰：「陛下聖學如此，非異代帝王所及。」上曰：「頃陳公輔嘗諫朕學書，謂字畫不必甚留意。朕以謂人之常情，必有所好，或喜田獵，或嗜酒色，以至其他玩好，皆足以蠱惑性情，廢時亂日。朕自以學書賢於他好，然亦不至廢事也。」戊戌，提舉江州太平觀張浚責授祕書少監分司南京，永州居住。先是，趙鼎奏：「欲降一詔，以安淮西軍民。」上曰：「當以罪己之意播告天下。俟行遣張浚畢降詔。」鼎曰：「浚已落職。」上曰：「浚誤朕極多，理宜遠竄。」鼎曰：「浚母老，且有勤王大功。」上曰：「勤王固已賞之爲相也。功過自不相掩。」於是臺諫周祕等論浚罪未已。石公揆、李誼相繼論列。祕對後四日，夜降祕等各兩章，後批：「浚散官安置嶺表。」至是，鼎封起未即行。翌日，至漏舍，約諸人救解。鼎奏曰：「外頗傳播以謂浚之出，皆諸將之意。今又如此行，外間益疑矣。」上曰：「若宰相出入由於諸將，即唐末五代之風，今幸未至此。」鼎曰：「今謫浚雖非諸將之言，亦少快諸將之意矣。」上曰：「此不恤也。」樞密使秦檜奏曰：「臣等前日不敢言，今日卻當言。」參知政事張守曰：「浚爲陛下捍兩淮，宣力勤勞，前此罷劉光世，正以其衆烏合不爲用，今其驗矣。群臣從而媒孽其短，臣恐後之繼者必指浚爲鑒，孰肯身任陛下事乎？」上顧而不答。鼎又曰：「浚有老母，今過嶺，必不能將母，陛下忍使其子母爲死別乎？」上猶未解。鼎又留身再懇曰：「浚之罪不過失策耳。凡人計謀欲施之豈不思慮，亦安能保其萬全。儻因其一失，便置之死地，後雖有奇謀妙筭，誰敢獻之。此事利害自關朝廷，非獨私浚也。」上意解。鼎朝退召勾龍如淵、馮康國、馮檝至都堂曰：「上憐德遠母老，有復辟功，決不遠謫，無過嶺之患。諸君速以書報上意。」三人退，鼎又目之曰：「鼎不負德遠，德遠負鼎。」又翊日乃有是命。鼎之初相也，上謂曰：「卿既還相位，見任執政去留惟卿。」鼎曰：「秦檜不可令去。」浚既貶，張守、陳與義乞罷，上皆許之。檜亦留身求解機務，上曰：「趙鼎與卿相知，可以少安。」檜退至殿廬，起身向鼎，謂曰：「檜得相公如此，更不敢言去。」江西制置大使李綱上疏言：「臣切見張浚罷相，言者引漢武誅王恢事以爲比〔三四〕，臣恐智謀之士卷舌而不敢談兵，忠義之士扼腕而無所發憤。將士解體而不用命，州郡望風而無堅城，陛下將誰與立國哉。夫張浚措置失當，誠有罪矣。然其區區徇國之心，有可矜者，願少寬假以責來效。」庚子，都官員外郎馮康國乞補外。趙鼎奏：「自張浚罷黜，蜀中士大夫皆不自安。今留行在所幾十餘人，往往一時遴選。臣恐臺諫以浚里黨，或有論列。望陛下垂察。」上曰：「朝廷用人止當論才不才，頃臺諫好以朋黨罪士大夫，如罷一宰相，則凡所薦引，不問才否，一時罷黜，此乃朝廷使之爲朋黨，非所以愛惜人才而厚風俗也。」鼎等頓首謝。壬寅，祕書省正字胡珵、李彌正復兼史館校勘。趙鼎因奏事，議及改修神宗實録。上曰：「止修訛謬，非有所改也。」鼎曰：「所降御筆如此。」上曰：「乃宰相擬定者。」鼎曰：「起居注載著作郎張嵲所得聖語亦然。」上駭曰：「安得有此。」即詔嵲所記勿存留。鼎乃知是事本非上意。鼎又曰：「臣去國半載，今觀聖意稍異前日。」上曰：「尋常造膝，每以孝悌之説相摇撼，其實紹述之謀也。」鼎曰：「秦檜莫有此論？」上曰：「無之。自卿去，惟朱震不改其舊。」鼎曰：「臣觀持中論者皆惑聖聽，乃是沮善之術，故以爲不可太分，當兼收並用，則得人之路廣。臣謂君子小人並進，何以爲治，與其多得小人，寧若少得君子之爲愈也。蓋分善惡惟恐不嚴，稍寬則落其姦便。君子於小人常恕，小人於君子不恕也。」上復以爲然。乃詔：「昨令史館官再加研考新修神宗實録，止緣曾統所進本脱落不全，又九卷不載舊史，理宜修整，别無同異之嫌。元校勘官胡珵、李彌正可依舊校勘。」癸卯，上曰：「昨布衣賴好古上書論虔賊事，頗有理。」趙鼎奏：「大意以招安爲非。」陳與義曰：「招安、討殺不可偏廢。」上曰：「用兵則不免害及良民，止當誅其首惡，餘悉縱之，乃善。」初，京東淮東宣撫處置使韓世忠遣親校温濟來奏事，且圖上淮陽形勢，言賊並淮陽增築堡障，欲遣偏師平之。上戒濟曰：「歸語汝帥，當出萬全，不宜輕動，以貽後悔。」濟既稟命，復要他日將士之賞。上曰：「有功須要賞，但須覈實，然後有功者勸。世忠既以狀來上，則朝廷不欲違其意，但攻淮陽賞一萬七千餘人，人不以爲當也。」濟恐悚奉詔。辛亥，權主管殿前司公事楊沂中乞以諸路所起禁軍弓弩手揀刺上四軍。趙鼎等因論及南兵可教。張守曰：「止是格尺不及耳。」上曰：「人猶馬也，人之有力，馬之能行，皆不在軀幹之大小。故兵無南北，顧所以用之如何耳。自春秋之時，申公巫臣通吳於上國，遂霸諸侯。項羽以江東子弟八千，横行天下。以至周瑜之敗曹操，謝元（玄）之破苻堅，皆南兵也。」甲寅，直祕閣詹大和知江州，仍趣之任。趙鼎進呈除目，因言：「士人有不可爲郡守，而必欲得之者，往往不肯就宫祠。」上曰：「爾則不肯，其如一方赤子何？」鼎對而歎曰：「大哉帝王之言也。」乙卯，上曰：「昨降出劉瑜書，論十事，皆民間疾苦，可擇其當行者行之。」趙鼎等曰：「所論皆善，然法令已詳密，當申嚴行下。」上曰：「若申嚴未必濟事，須去其不便於民者。謂如向來浙右困於水脚錢，其後造成綱船，遂免此患。」瑜以布衣應詔言事，上納用之。丁巳，詔遇六參日，輪行在百官一員轉對。右正言李誼奏：「昨扈從臣僚不多，止令輪對一次。今已輪遍數月矣。望準建隆、天聖故事，日輪一員，俟百官俱集則依舊制。」故有是旨。

閏十月辛酉，知廣州連南夫條上市舶之弊。上曰：「市舶之利最厚，若措置合宜，所得動以萬計，豈不勝取之於民。朕所以留意於此，庶幾可以少寬民力耳。」癸亥，左正言辛次膺論士大夫營私不任事之弊。詔榜朝堂。時趙鼎再相已踰月，未有所施設，朝士或以此責之。鼎曰：「今日事如久病虚弱之人，再有所傷，元氣必耗，惟當静以鎮之。若作措置，焕然一新，此起死之術也。張德遠非不欲有爲，而其效如此，亦足以戒矣。」

趙鼎奏張俊措置河道事。上曰：「俊每事必親臨，所以有濟。」上因言：「朕每論將帥須責其挽弓騎馬，人未知朕意，必謂古有文能附衆、武能威敵，不在弓馬之間，抑不知不能弓馬，何以親臨行陣，而率三軍使之赴難。況今時艱，將帥宜先士卒，此朕之深意也。」

乙丑，上諭大臣曰：「川陝茶當專以博馬，聞吳璘軍前尚或以博馬價珠及紅髮之屬〔三五〕，艱難之際，戰馬爲急，可劄下約束。」丙寅，左宣教郎尹焞爲祕書郎兼崇政殿説書。焞及國門，稱疾未已，上趣起之。既而焞入見，遂就職。焞每當講前夕，必齋戒沐浴，或問之曰：「欲以所言感悟人君，安得不敬。」焞時年六十七矣。焞既至經筵數日，即乞致仕。翌日，趙鼎言：「焞有山林志，不樂居此，願陛下以禮留之。」因加賜賚，焞乃止。其後有言於上者，乃謂其徒相與造謀，欲朝廷見留以爲高云。己巳，上謂大臣曰：「朕思今日安民之要，無過擇監司、郡守而已。其間或有不材之人，奈一方赤子何。可降旨，令侍從官不限員數舉可以爲監司、郡守者。中書置籍，遇有闕，卿等共議差填。朕亦當書之屏風，置諸左右，以時揭貼，見在已差人不任職而無他過，與自陳宮觀。公議亦必以爲是。」上又曰：「謬吏之害民，甚於贓吏。贓吏一身取錢爾，謬吏爲州則一州之胥吏皆取錢，爲縣則一縣之胥吏皆取錢，其害民豈不甚於贓吏也。」秦檜曰：「向令內外侍從舉知縣，而有互舉其子者，其子又皆貪贓。」上曰：「侍從官，朕之所取信也，而其任私欺謾如此，朕當時不知，若知之，當竄之嶺表。」庚午，詔侍從官各選可爲監司、郡守之人，不限員數，具名以聞，務令實惠及民，不爲文具。辛未，詔堂除吏部窠闕，並依去年十二月丙午指揮已前舊制施行。自張浚獨相，欲革内重外輕之弊，乃詔郎官、館職二年並補外。又取寺監丞以下至外州學官送部者百闕，而取知縣堂除者四十處。未幾，郎曹、館職請外者衆，終不克行。至是，又復其故焉。詔史館見修徽宗皇帝日曆，以「實録」爲名。庚辰，韓世忠乞統制官許世安功賞。上曰：「世安雖勇果不及呼延通等，而平隱曉事過之，平居議論多有補於世忠。」上於諸將偏裨其才性短長亦照臨無遺如此。辛巳，江南西路安撫制置大使兼知洪州李綱提舉臨安府洞霄宮。時趙鼎、秦檜已協議回蹕臨安〔三六〕，綱聞之，上疏諫，大略謂：「自昔用兵以成大業者，必先固人心，作士氣，據地利而不肯先退，盡人事而不肯先屈。是以楚、漢相距於滎陽、成皋間，高祖雖屢敗不退尺寸之地，既割鴻溝，羽引而東，遂有垓下之亡。曹操、袁紹戰於官渡，操雖兵弱糧乏，荀彧止其退師。既焚紹輜重，紹引而歸，遂喪河北。由是觀之，今日之事，豈可因一叛將之故，望風怯敵，遽自退屈。果出此謀，恐六飛回馭之後，人情動摇，莫有固志，士氣銷縮，莫有鬭心。我退彼進，使賊馬南渡，得一邑則守一邑，得一州則守一州，得一路則守一路，亂臣賊子黠吏姦氓從而附之，虎踞鴟張，雖欲如前日返駕還轅，復立朝廷於荆棘瓦礫之中，不可得也。」既而具防冬畫一事件言之，遂忤當路意。時江西大旱，而綱課民修城，民不以爲便。侍御史石公揆因劾綱妄自尊大，肆行煩擾。殿中侍御史金安節、左正言李誼、右正言辛次膺亦論綱困苦士民，毒流一路，乞賜黜責。三省乃檢會綱累乞宫祠奏章行下。未有代者。綱懲靖康之謗，乃且以本司積蓄錢穀之數聞於朝，自是不復出矣。壬午，趙鼎等奏：「榷貨務出賣度牒，而遠方不能就買，欲量付諸路。」上曰：「如此則州縣將科敷於百姓矣。」鼎等奏：「不責以限數則無科敷之弊。」上曰：「宜嚴爲約束，毋使民受其患。」户部侍郎王俣乞：「令從官所舉監司、郡守，必取曾經治縣、聲績顯著之人。」從之。戊子，詔：「應淮西脱歸使臣，不候整會去失，並先次支破本等請給。如有冒濫，即坐如法。」〔三七〕初，淮西軍中諸使臣爲酈瓊劫去，至是，復歸者甚衆。有司以文券不明，例降所給。趙鼎密白於上，曰：「此曹去僞歸正，當優假之。今乃降其所請，反使棲棲有不足之歎。」上即批出，各還其本等，於是人心欣然，來者相繼。

十有一月甲午，用户部尚書章誼請，置贍軍酒庫於行在。其後歲收息錢五十萬緡。淮西宣撫使張俊入見，爲上言：「劉光世罷軍政閒居，自有登仙之嘆。」上不樂，謂俊曰：「卿初見朕何官？」曰：「副使。」「是時家貲如何？」曰：「貧甚。從陛下求戰袍以禦寒。」上曰：「今日貴極富溢，何所自耶？」曰：「皆陛下所賜。」上曰：「然則卿宜思所以自效，物，而有羨於光世，何耶？」俊皇恐謝。丙申〔三八〕，川陝宣撫副使吳玠遣使臣呂政求犒軍物，上召政諭之曰：「歸語吳玠，玠自小官拔擢至此，皆出於朕，非由張浚也。大丈夫當自結主知，何必附託大臣而後進。所須犒軍物，已支百五十萬緡，非因浚進退有所厚薄也。宜以此諭之。」丁酉，執政擬臨安火禁條約，凡縱火者從軍法〔三九〕，遺火延燒數多者罪亦如之。上曰：「遺火豈可與縱火同罪。且立法太重，往往不能行。」趙鼎曰：「遺火數多者取旨可也。」上曰：「止於徒足矣，庶可以必行，兼刑罰太重亦非朝廷美事。」戊戌，江東宣撫司幹辦公事王繆上六朝進取事類〔四〇〕，詔與陞擢差遣。庚子，四川安撫制置大使席益以母朱氏憂去官。壬寅，上謂大臣曰：「張俊事上御下，慮事臨敵，皆不易得。獨好廣邸地〔四一〕、營土木，朕數鐫諭，莫能改也。比因其入對，面諭以朕來建康，行宮皆因張浚所修，朕不免葺數間小屋〔四二〕，爲燕居及宮人寢處之地，當與卿觀之。初不施丹雘，蓋不欲勞人費財也。俊曰：『略加粉飾，不過二三千緡。』朕語以：『國用艱窘之時，以二三千緡崇土木之飾，亦所不忍也。』俊感嘆而去。」乙巳，金右副元帥宗弼執僞齊尚書左丞相劉麟於武城。於是，尚書省上豫治國無狀。金主亶下詔責數之，略曰：「建爾一邦，逮兹八稔。尚勤吾戍，安用國爲。寧負而君，無滋民患。」丙午，詔：「潯州編管內侍李綱留滯衢、撫州，踰年不去。令兩路憲臣體訪押赴貶所。」趙鼎曰：「陛下於近習不少假貸如此。」上曰：「小事便須繩治，無使滋長。童貫、梁師成豈是一日至此，要在不可假以事權爾。」是日，金人廢劉豫爲蜀王，囚於金明池。

龜鑑曰：方逆豫之陸梁也，群盜縱横，蹂踐京汴。凶雛狂悖，子麟、姪猊擾動江淮〔四三〕，其鋒不易當也。李横之謀復東京，而豫之氣已折。岳飛之收復襄陽，而豫之鋒已摧。内有趙鼎贊親征之謀，外有張浚董督師之事。張、韓、劉、岳又從而諸道進兵，自是而凶酋授首，强虜悔禍〔四四〕。六年而廢豫之謀定，金虜廢豫，自麟、猊敗之後，廢豫爲庶人。蓋自建炎四年僭僞〔四五〕，至紹興七年敗走，凡八年而後平云。

己酉，殿中侍御史金安節言：「諸路和糴米收耗太多。」上曰：「郡守當痛與懲戒。」趙鼎等奏：「江東郡守有掊斂不恤民者。」上曰：「郡守以字民爲職，掊斂不恤，朕何賴焉。當悉罷，與宫觀，選除循吏，如周綱、陳槖之流，使罷者不失宫觀之禄，而民被實惠，實爲兩得。」上論諸軍使臣猥多，歲增俸廩，因曰：「大將奏功，率以所愛褊裨多轉官資，而出戰士卒往往不及，不惟無以勸有功，兼亦蠹國用。朕嘗謂行賞當先自下，行罰當先自上。」鼎曰：「聖慮高遠，豈諸將可及。」庚戌，初，修武郎朱弁既爲金人所拘，遣李發歸報粘罕等相繼死亡〔四六〕。上曰：「藝祖皇帝兵不血刃而得天下，故福祚悠遠。自古帝王未聞窮兵黷武而能長久者。金人連破大國，而兵弗戢，不亡何待。來春當極力經理中原。」辛亥，右迪功郎李時雨獻玉壘忠書三十篇，詔特循二資。壬子，樞密院計議官呂稽中、司農寺丞蓋諒並罷。二人皆爲都督府官屬，故侍御史石公揆論之。趙鼎等開陳稽中、諒之爲人。上曰：「用人不須太速，須使名實加於上下，然後無異論。賢士大夫衆所未知，驟加拔擢，一遭點污，則爲終身之累，非所以愛惜人才也。」丙辰，上與大臣言嗣濮王仲湜酷好珊瑚。趙鼎因言：「頃到蔡行家，見其奢麗可駭，如卧榻亦以滴粉銷金等爲飾。」上曰：「朕頃在藩邸，猶用黑漆床。渡江以來，止用白木，上施蒲薦、素黃羅爲褥，素黃羅被三條而已。睡後豈復知有華好也。」新知台州秦梓主管台州崇道觀。先是，殿中侍御史金安節論：「梓人品凡下，附麗匪人，討論之法獨不行於梓。郡守，民之師帥，風化所繫，而梓之所履如此，難以望其化民成俗矣。」疏入不報。安節又言：「近降聖旨，欲實惠及民，不爲文具。臣之區區必欲罷梓所授者，蓋欲使郡守之選自此加重〔四七〕，以稱陛下及民之意也。」梓聞，乞宮觀，乃有是命。樞密使秦檜深恨之。荆湖南路提點刑獄司幹辦公事胡銓充樞密院編修官〔四八〕。

十有二月庚申，禮部尚書劉大中言：「浙東之民有不舉子者。臣嘗承乏外郡，每見百姓訴丁鹽紬絹最爲疾苦，蓋爲其子成丁則出紬絹，終其身不可免。愚民寧殺子，不欲輸紬絹。又資財嫁遺力所不及，故生女者例不舉，誠由賦役煩重，人不聊生所致也。」趙鼎進呈，上曰：「可嚴行禁止。朝廷法令備具，往往不能奉行。如銷金鋪翠，立法甚嚴，禁中有犯，罰俸三月，無一人敢犯者。而聞士民之家，尚有服用。如鋪翠一事〔四九〕，非特長奢侈之風，而殘害物命不知其數。且行下廣南、福建，禁採捕者。」鼎退而批旨，以大中所言送吏部措置。癸亥，禮部侍郎常同奏奉詔舉可爲監司、郡守之人。輔臣進呈，上曰：「朕已令書於屏，今後監司、郡守有闕，有已差人不足任，皆當用所薦人填闕。雖不滿一人所欲，而千里之民休戚所繫，當權輕重而處之。」庚午，樞密院進呈：「先得旨，令京東宣撫處置使韓世忠移司鎮江府，留兵以守楚州。世忠上奏極論虜情叵測〔五〇〕，其將以計緩我師，乞獨留此軍，遮蔽江淮，誓與敵人決於一戰。」上賜札曰：「朕得所奏，益見忠誠，雖古名將亦何以過。古人有言，閫外之事，將軍制之。今既營屯安便，控制得宜，卿當施置自便，勿復拘執。至於軍餉等事，已令三省施行。」乙亥，上謂宰執曰：「聞三省文書極繁，卿等省閱，日不暇給，皆由六部官不任責，事事申明故也。豈有爲尚書不能任一部之事，朕若擢爲執政，便可裁天下之務。」趙鼎曰：「承平時，朝廷尊嚴，上下有分。昨一小使臣馬前喧呼，臣恐其訴冤，乃求差遣爾。政由臣等不才，致朝廷之勢陵夷。」上曰：「此須與行遣，天下事賞罰而已，若有罪不罰，漸成姑息之風，誠爲不便。」乃命六部措置，條具申省。金人徙劉豫於上京，後封曹王。乙亥，戶部尚書章誼入對，上諭曰：「天下苗米須與措置〔五一〕，其不熟處除檢放外〔五二〕，止令輸錢，仍運錢於豐熟之地糴米，如此則公私兩利矣。」癸未，有司奉九廟神主還浙西。徽猷閣待制王倫、右朝請郎高公繪還自金國。初，劉豫廢，左副元帥昌乃送倫等歸，曰：「好報江南，既道塗無壅〔五三〕，和議自此平達。」倫言虜人許還梓宫及皇太后，又許還河南諸州。上大喜，賜予特異。初，知泗州劉綱乞調滁州千夫修城〔五四〕，有旨從之。言者以爲非是。甲申，上謂宰執曰：「百姓誠不可勞，但邊城利害至重，天下之事亦權輕重而爲之〔五五〕，朕愛民力，一毫不敢動，惟此役不得已也。」趙鼎曰：「昨得旨，已令優給錢米矣。」以王倫爲徽猷閣直學士，充奉迎梓宫使，高公繪爲右朝奉大夫充副使。

校證

〔一〕侍講　李校：（繫年）要録卷一〇八作「侍讀」。汪按：再造本、文海本、中興聖政卷二一均作「侍講」。

〔二〕侍講　李校：（繫年）要録卷一〇八作「侍讀」。汪按：再造本、文海本均作「侍講」，宋史卷三七二沈與求傳、熊克中興小紀卷二一、徐自明宋宰輔編年録卷一五均作「侍讀」，似作「侍讀」是。

〔三〕李校改「各」爲「任」，謂：據（繫年）要録卷一〇八改。汪按：再造本、文海本、中興聖政卷二一均作「各」，且作「各」文字較順，故李校不當，今不從。

〔四〕榷茶司　原作「擢茶司」，再造本、文海本同，「擢茶司」不文，據中興聖政卷二一、宋史卷三七四李迨傳校改。繫年要録卷一〇八作「權」，似亦爲「榷」之訛。

〔五〕詢究　原作「訊究」，據再造本、文海本、中興聖政卷二一、繫年要録卷一〇九校改。

〔六〕兵器　李校：原作「共器」，據（繫年）要録卷一〇九改。汪按：再造本、文海本、中興聖政卷二一均作「共器」，然作「共器」不文，今從李校。

〔七〕飛今見識極進論議皆可取　再造本、文海本、中興聖政卷二一同。繫年要録卷一〇九作：「飛今見之，所進論議皆可取」。

〔八〕單丁　原作「軍丁」，文海本同，據再造本、中興聖政卷二一、繫年要録卷一〇九校改。

〔九〕典藩　原作「典簿」，據再造本、文海本、中興聖政卷二一、繫年要録卷一一〇校改。

〔一〇〕秦軍　原作「奏軍」，據再造本、文海本、中興聖政卷二一、繫年要録卷一一一校改。

〔一一〕此風　原作「北風」，據再造本、文海本、中興聖政卷二一、繫年要録卷一一一校改。

〔一二〕建　再造本、文海本、中興聖政卷二一、繫年要録卷一一一、文獻通考卷八〇郊社考、章如愚群書考索卷三三禮禘祫同。王應麟玉海卷一〇一郊祀祠壇作「遇」。

〔一三〕慮諸　原作「慮諳」，據再造本、文海本、中興聖政卷二一、繫年要録卷一一一校改。

〔一四〕和静處士　再造本、文海本、中興聖政卷二一、繫年要録卷一一一均同，然宋史卷二三欽宗紀、卷四二八道學傳尹焞，中興小曆卷二一及繫年要録卷九〇、九三、九五、九九、一〇一、一一四及本書卷一九、二〇等均作「和靖處士」，又陳振孫直齋書録解題卷一八載尹焞文集爲尹和靖集，則似以「和靖處士」爲是。

〔一五〕苻堅敗於謝元　「苻堅」，原作「符堅」，再造本、文海本、中興聖政卷二一同，據繫年要録卷一一一、晉書卷一一三苻堅載記校改。「謝元」，本應作「謝玄」，此爲撰者避宋諱，故不改。

〔一六〕卯　原作「卬」，據再造本、文海本、繫年要録卷一一一校改。

〔一七〕偏裨　原作「徧裨」，再造本、文海本、中興聖政卷二一作「徧」，據繫年要録卷一一一、中興小紀卷二一、張栻南軒集卷三九詹至墓誌校改。

〔一八〕當有災咎亟求去位　再造本、文海本同，中興聖政卷二一作「當有災咎，故亟求去位」，繫年要録卷一一一作「當有災，故亟求去位」。

〔一九〕君相之命　再造本、文海本、中興聖政卷二一同，繫年要録卷一一一作「君相造命」。「君相造命」爲宋人所常講，疑作「君相造命」是，句子亦較通順。

〔二〇〕間　原作「聞」，再造本、文海本作「間」，作「間」不通，據中興聖政卷二一、繫年要録卷一一一校改。

〔二一〕以過爲失諱者　再造本、文海本同，中興聖政卷二一作「以過爲諱失者」，繫年要録卷一一一引中興聖政「史臣曰」作「以過失爲諱者」。

〔二二〕舉趾　再造本、文海本、中興聖政卷二一同，繫年要録卷一一二作「舉止」。

〔二三〕等　原作「筭」，再造本、文海本、中興聖政卷二一同，作「筭」文不通，據繫年要録卷一一二校改。

〔二四〕未覺　李校：原作「禾覺」，據（繫年）要録卷一一二改。汪按：再造本、文海本作「禾覺」，中興聖政卷二一作「未覺」，可作校改依據。作「未覺」是，今從李校。

〔二五〕指　字原脱，再造本、文海本、中興聖政卷二一同，據繫年要録卷一一二、中興小紀卷二一、李幼武宋名臣言行録別集上卷一張守文靖公，宋宰輔編年録卷一五補。

〔二六〕一邢恕　原作「士刑恕」，再造本、文海本、中興聖政卷二一作「士邢恕」。據繫年要録卷一一二、中興小紀卷二二校改。

〔二七〕抗志　再造本、文海本、中興聖政卷二二同，繫年要録卷一一二無此段文字，朱松韋齋集卷七論時事劄子、朱熹晦庵集卷九七朱松行狀均作「抗聖志」。

〔二八〕純正　再造本、文海本、中興聖政卷二二同，繫年要録卷一一二無此段文字，韋齋集卷七論時事劄子、晦庵集卷九七朱松行狀均作「沈正」。

〔二九〕實數　原作「官數」，文海本字模糊難辨，據再造本、中興聖政卷二二、繫年要録卷一一三、李綱梁谿集卷九八乞益修政事劄子校改。

〔三〇〕開坐　原作「開生」，文海本同。據再造本、中興聖政卷二二、繫年要録卷一一四校改。

〔三一〕嘆惜　再造本、文海本同，中興聖政卷二二作「嘆息」，繫年要録卷一一四、梁谿集卷九九論淮西軍變劄子作「痛惜」。

〔三二〕宣撫副使　「使」原誤「史」，據再造本、文海本、中興聖政卷二二、繫年要録卷一一四校改。

〔三三〕周祕　李校：原作「周禧」，據（繫年）要録卷一一五、會要禮五九之一七改。汪按：再造本、文海本、中興聖政卷二二均作「周禧」。然除此處外，不見別處有關於「周禧」的記載，故暫從李校，以待詳考。

〔三四〕王恢　原作「王壅」，據再造本、文海本、中興聖政卷二二、繫年要録卷一一五、梁谿集卷一〇〇奏陳利害劄子校改。

〔三五〕尚或以博馬價珠及紅髮之屬　再造本、文海本同，中興聖政闕頁，繫年要録卷一一六作「向或以博馬價易珠玉之屬」。徐松宋會要輯稿兵二二之二四作「尚或以博馬價珠及紅髮之類」。另可參同書職官四三之一〇四至一〇五。

〔三六〕秦檜　「秦」，原作「奏」，據再造本、文海本、中興聖政卷二二、繫年要録卷一一六校改。

〔三七〕如法　再造本、文海本均同，中興聖政卷二二、繫年要録卷一一六作「以法」。

〔三八〕李校改「甲申」爲「丙申」，謂：「據（繫年）要録卷一一七改。」汪按：再造本、文海本、中興聖政卷二二均作「甲申」，然依時序，作「丙申」是，今從李校。

〔三九〕從軍法　再造本、文海本均同，中興聖政卷二二、繫年要録卷一一六作「行軍法」。

〔四〇〕宣撫司　再造本、文海本、中興聖政卷二二均同，惟繫年要録卷一一七作「安撫司」。

〔四一〕廣邸地　再造本、文海本、中興聖政卷二二同。繫年要録卷一一七作「廣邸第」。

〔四二〕不免　原作「不允」，文海本字不清。據再造本、繫年要録卷一一七、中興小紀卷二三、周應合景定建康志卷一建康留都録校改。

〔四三〕猊　原作「倪」，據下文及本書卷一九下、繫年要録卷一〇五、宋史卷二八高宗紀等校改。

〔四四〕虜　原作「敵」，下文「金虜」，原作「金人」，並據再造本、文海本回改。

〔四五〕蓋自　原作「而廢」，再造本、文海本同，作「而廢」不通，據繫年要録卷一一七引何俌龜鑑校改。

〔四六〕粘罕　原作「尼堪」，據再造本、文海本回改。

〔四七〕自此加重　「此」原作「比」，據再造本、文海本、中興聖政卷二二、繫年要録卷一一七校改。

〔四八〕胡銓　原作「胡鈴」，再造本、文海本同。據中興聖政卷二二、繫年要録卷一一七校改。又宋史卷三七四胡銓傳載胡銓紹興八年前恰任樞密院編修官。

〔四九〕尚有服用如鋪翠一事　「服用如」三字原脱，據再造本、文海本、中興聖政卷二二、繫年要録卷一一七補。

〔五〇〕虜情叵測　「虜情」原作「敵情」，下文「虜人」，原作「金人」，並據再造本、文海本回改。「叵測」原作「巨測」，據再造本、文海本、繫年要録卷一一七校改。

〔五一〕苗米　原作「苗禾」，據再造本、文海本、中興聖政卷二二、繫年要録卷一一七校改。

〔五二〕檢放外　原作「檢於外」，再造本、文海本同，作「檢於外」文不通，據中興聖政卷二二、繫年要録卷一一七校改。

〔五三〕無壅　原作「無恢」，據再造本、文海本、中興聖政卷二二、繫年要録卷一一七校改。

〔五四〕滁州　原作「除州」，文海本同。據再造本、中興聖政卷二二、繫年要録卷一一七校改。

〔五五〕權輕重而爲之　「爲之」二字原脱，據再造本、文海本、中興聖政卷二二、繫年要録卷一一七補。

宋史全文卷二十中

宋高宗十一

戊午紹興八年春正月戊子朔，上在建康。癸巳，言者請：「今後從官作守，不許銜見任人。」趙鼎曰：「祖宗以來如此。」上曰：「若遇從官無異庶官，宰執無異從官，則非朝廷之體。」丙申，御史中丞常同言：「自大臣用事以來，沮抑言路，喜怒好惡一出私意，臺諫章疏多不報行，或加節貼，文理不通，殆非所以明是非、公賞罰、肅紀綱、廣言路也。道揆法守，不宜分彼此之嫌。進賢黜姦，當共守至公之道。言章若實，使天下知朝廷議罪之當。若其不實，亦使被罪者異時得以自明。欲望特降處分，隨事劄下報行，以稱陛下無偏無黨之意。」從之。戊戌，參知政事張守知婺州。初，上將還臨安，而守謂：「建康自六朝爲帝王都，江流險闊，氣象雄偉，且據會要，以經理中原，依險阻以捍禦强敵，可爲別都以圖恢復。」每對必爲上言之。及將下詔東歸，守與趙鼎議於都省不合，又謀諸朝，上顧守曰：「何如？」守曰：「昨日都省已與趙鼎言之，陛下至建康席未及煖，今又巡幸，百司六軍有勤動之苦，民力邦用有煩費之憂。願少安於此，以繫中原民心。」鼎不可，守引疾求去，故有是命。乙巳，趙鼎言：「士大夫多謂中原有可復之勢，宜便進兵，乞召諸大將問計。」上曰：「不須恤此。今日梓宮、太后、淵聖皇帝皆未還，不和則無可還之理。」丙午，左正言辛次膺提點荆湖南路刑獄公事。次膺嘗論，王仲嶷〔一〕，王喚之父，在建炎中皆嘗投拜，喚不當與郡，仲嶷不當復官。二人，樞密使秦檜妻黨也。檜力營救，次膺乃併劾之，曰是將有蔽朝之漸。時檜議復遣王倫使北請和，次膺力言國恥未雪，義難請好。面陳及上疏者六七，不從，乃以母疾求去。故有是命。丁未，召新知眉州邵溥赴行在。上謂趙鼎曰：「朕於知名士大夫皆欲識之，獨未識溥。」宰執大閱張俊軍馬於城西。翌日，趙鼎奏：「器甲精明，照耀廣川，軍馬之盛，至於如此，皆陛下留意所致。」上曰：「前日俊來奏事，具言近來軍中製造兵器，已無遺功。朕因諭之，國家之力亦盡於此矣，但欠一事爾。俊曰：『不知欠何事？』朕曰：『所欠力戰而已。』俊悚息對曰：『他日若遇敵，臣當盡死以報國家。』」戊申，尚書兵部侍郎胡世將爲四川安撫制置使兼知成都府。

二月戊午，知廬州〔二〕、主管淮西安撫司公事劉錡對於内殿。錡言：「淮北兵歸正者不絕，今歲合淝度可得四五萬衆。」翌日，上謂趙鼎等曰：「朕每慮江上諸將控扼之勢未備，若上流有警，岳飛不可下，則江、池數百里邊面空虛，得錡一軍，遂可補此闕矣。」〔三〕鼎曰：「更須措置荆南事，若就緒，則沿流上下形勢相接，不同前日矣。」〔四〕上曰：「如此經營，人事既成，若功有不成，則天也。」夔州教授李昌言應詔撰成中興要覽十篇。詔本州取索，實封投進。壬戌，湖北京西宣撫使岳飛乞增兵。上曰：「上流地分誠闊遠，寧與減地分，不可添兵。今日諸將之兵已患難於分合，與其添與大將，不若別置數項軍馬，庶幾緩急之際易爲分合也。」飛又奏爲湖北轉運判官夏珙等陞職進官。上曰：「可作直旨行下，監司、守臣朝廷所用，不當令盡歸大將。」上召淮西宣撫使張俊至宫中，從容與論邊事。俊曰：「臣當與岳飛、楊沂中大合軍勢，期於破敵，以報國家。」上諭之曰：「卿能如此，甚副朕意。朕更有一二事戒卿。卿在此毋與民争利，勿興土木之功。」俊悚息承命。俊見地無磚面，再三歎息。上曰：「朕爲人主，雖以金玉爲飾，亦無不可。若如此，非特一時士大夫之論不以爲然，後世以朕爲何如人主也。」癸亥，上發建康府。甲子，殿中侍御史張絢乞車駕所過州縣，量免租税。上曰：「自古人主所過，皆有蠲復，當議使實惠及之。」絢又乞疏決，上曰：「此事則不須，父老望幸之意不可不有以慰之。若罪人有罪無可恤也。」丙寅，提舉江州太平觀胡安國充寶文閣直學士，賜銀、帛三百匹、兩。安國以衰疾乞致仕，上將許之，乃詔以安國解釋春秋成書，進職加賜。翌日，詔安國進一官致仕。命未下而安國卒矣。安國風度凝遠，言必有教，動必有法，燕居獨處，未嘗有怠慢。而與人談論，氣恬詞簡，若中無所有。性本剛急，晚更沖澹，年浸高，加以疾病，而謹禮無異乎平時。家居食不過兼味，病中值歲大旱，所居岑寂，膳羞不可致，子弟或請稍近城郭，便藥餌。安國曰：「死生有命，豈以口體移不貲之軀哉。」雖轉徙屢空，取舍一介必度於義。少從游酢、謝良佐、鄒浩游，與向子韶、曾開、唐恕、朱震情義最篤。震被命召，問出處之宜，安國曰：「世間惟講學論政，則當切切詢究。若夫行己大致去就語默之機，必自斟酌，不可決諸人，亦非人所能決也。」由中興以來，諸儒之進退最合於誼者，安國與尹焞而已。乙亥，四川都轉運使李迨罷，用宣撫副使吳玠奏也。時宣撫司參議官陳遠猷已兼轉運副使，乃命主管茶馬張深兼權副使，與遠猷共事。戊寅，上至臨安府。壬午，祕書郎尹焞試祕書少監，仍兼崇政殿說書。

三月己丑，中書門下省檢正諸房公事林季仲主管洪州玉隆觀。以御史中丞常同言其貪惏邪佞故也。季仲嘗因對上奏曰：「臣聞古語有曰：『乳彘搏虎，伏雞搏狸。』夫彘非虎之敵，雞非狸之敵，其能搏之者，發於感憤之誠也。金人肆爲貪虐，以吞噬中夏，自今觀之，誠强矣。然中原之地尚數千里，帶甲之士無慮百萬，亦何至如是之弱哉。嘗試號於衆曰：『金人殺而父兄，繫而妻子，燔而廬舍，奪而財寶，是爲不共戴天之讎，必思有以報之。』則俯仰之間，氣必百倍，以此衆戰，誰能禦之。今世之説者不然，曰：『天命如此，其如彼何。』而釋老報應之説，又從而蠱之。縉紳士大夫率以爲然，往往束手受囚，引頸待刃，爲之甘心焉。嗚呼，能洗是恥，猶有餘恥，能雪是冤，猶有餘冤。若歸之命而聽其自爾，可謂善自寬矣。且人事盡而後可以言命，四夷交侵，必因小雅之廢，小雅之廢，命耶？人耶？外攘夷狄，必由政事之修，政事之修，命耶？人耶？如以命而已矣，則賢才不必求，政刑不必用，將帥士卒不必選練，車馬器械不必修備，以待命之將興，斯可也。故李泌以謂君相不可言命，惟當修人事而已矣。區區吴越，激於感憤，猶能以危爲安，以亡爲存，況以天下之大億兆之衆，乘其怒心而爲之，何遽不爲福乎。克復宗社，取舊物以還中原，夫亦何難之有。」既而同又請黜季仲職名，以戒作僞之士。季仲坐奪職。庚寅，禮部尚書劉大中參知政事，兵部尚書王庶充樞密副使。庶爲尚書時，嘗論：「制夷狄之道在於愛民，兵書無不本於愛民者。今縉紳無一言及民，何也？古之已衰而興者，未有不由於威令行、紀綱立。既盛而衰者，未有不由於威令不行、紀綱不立。群臣有言：『慮合聖心者，顧略煩文爲簡易，與反復圖成敗。』」〔五〕上嘆曰：「大臣才也。」遂有是除。庶私念：「軍不可專，專則難制。兵不可驕，驕則不用命，賞罰不可不公，不公則人不服，今世可爲乎〔六〕。我於爵賞不濫，人多以我爲吝。於罪無所貸，人多以我爲刻，今此可行乎。」辭其位者三，不聽，遂論：「江西、淮南、廣東盜發四十餘輩，出於凍餒，宜蠲平賦役，治部使者、守令貪虐，以慰安其心。」且曰：「負陛下恩德，壞陛下天下者，彼則去矣。陛下爲宗廟社稷主，何所之乎。」其言激切類此。壬辰，樞密使秦檜守尚書右僕射、同中書門下平章事兼樞密使。前一日，趙鼎留身奏事，上曰：「秦檜久在樞府，得無怨望否？」鼎曰：「檜大臣，必不爾。然用之在陛下爾。」是夕鎖院，制下，朝士皆相賀，惟吏部侍郎晏敦復退而有憂色，曰：「姦人相矣。」給事中張致遠、祕閣修撰魏矼聞之〔七〕，皆以敦復言爲過，其後乃服。甲午，參知政事陳與義知湖州。己亥，制授故南平王李陽煥嗣子天祚静海軍節度使、安南都護〔八〕，封交趾郡王，如陽煥初封故事。壬寅，詔故相韓忠彦配享徽宗皇帝廟庭。用從官議也。丙午，趙鼎奏：「近積雨，恐傷蠶麥，欲詣天竺寺祈晴。」上曰：「朕於宮中亦養蠶一箔，要知農桑之候，久雨葉濕，豈有不損也。」戊申，王次翁爲吏部員外郎〔九〕。秦檜所引也〔一〇〕。

四月庚申，初置户部和糴場於臨安。其後又增於平江，歲糴米六十萬石。壬戌，命樞密副使王庶暫往沿江及淮南等處措置邊防〔一一〕。上戒以張浚待諸將多用數〔一二〕，且狎昵，自取輕侮。吕祉以傲肆自大取敗，皆可爲戒。上因論：「王、伯之道不可兼行，當以三王爲法。今之諸將不能恢復疆宇，他日朕須親行，不殺一人，庶幾天下可定。」自酈瓊叛，張俊擅棄盱眙而歸，諸將稍肆。庶素有威嚴，臨發勞師於都教場，軍容嚴整，庶便服坐壇上，自楊沂中而下悉以戎服步由轅門庭趨，受命拜賜而出，莫敢仰視。自多事以來所未有。庚午，徽州布衣王悱獻孝經解義，詔賜帛三十匹。壬申，祕書少監兼崇政殿說書尹焞留身求去。時已詔焞免兼史事（四月甲子）〔一三〕，上曰：「待與卿在京宮觀。」焞力辭，且云：「士人若不理會進退，安用所學。」翌日，上以諭輔臣，參知政事劉大中曰：「焞未問所學淵源〔一四〕，足爲後進矜式。班列中若得老成人爲之領袖，亦是朝廷氣象。」乃以焞直徽猷閣、主管萬壽觀，留侍經筵。戊寅，詔尹焞解論語書成，特賜六品服。壬午，命翰林學士朱震知貢舉，是歲，增參詳官二員。是日〔一五〕，王倫見金左副元帥昌於祁州。

五月丙戌，何鑄行祕書郎。秦檜薦之也。戊子，監察御史張戒入對，因言諸將權太重。上曰：「若言跋扈則無迹。兵雖多，然聚則强，分則弱。雖欲分未可也。」戒曰：「去歲罷劉光世，致淮西之變。今雖有善爲計者，陛下必不信。然要須有術。」上曰：「朕今有術，惟撫循偏裨耳。」戒曰：「陛下得之矣，得偏裨心，則大將之勢分。」上曰：「一二年間自可了。」戒曰：「陛下既留意，臣言贅矣。」庚寅，詔衢州布衣柴宗愈與免文解一次。宗愈獻中興聖統，大略謂夏少康、漢光武可爲標準，周宣王、漢宣帝、唐元（玄）宗憲宗可爲鑒戒。故有是命。丙申，詔韓愈昌黎集中有佐佑六經，不牴牾於聖人之道者，許依白虎通説文例出題以取士。用翰林學士、知貢舉朱震等請也。丁酉，御史中丞常同言劉子羽十罪。詔落職。戊戌，知廬州劉錡奏：「使臣張括等三人，自言在西京關師古手下，師古遣來，申奏朝廷，乞赦其罪，自效來歸。」上曰：「昨背叛從僞之人，若能束身自歸，無功者朕以不死待之，若能立功自效，即隨高下推賞。」趙鼎、秦檜退而嘆曰：「大哉王言，此漢光武之略也。」庚子，詔州縣鄉村五等、坊郭七等以下貧乏之家，生男女而不能養贍者，每人支免役寬剩錢四千，守令滿替並以生齒增減爲殿最之首〔一六〕。用劉大中請也。辛丑，提舉江州太平觀胡安國上遺表，謚文定。後數月，詔曰：「安國所進春秋解義，著王之大法〔一七〕，朕朝夕省覽，以考治道，方欲擢用，遽聞淪亡。可撥賜銀、帛三百四、兩，令湖南監司應副葬事，賜田十頃，以給其孤。」壬寅，提舉台州崇道觀張燾試尚書兵部侍郎。燾召還引對，上慰勞久之。因問：「朕圖治一紀於茲，而收效蔑然，其弊安在？」燾曰：「自昔有爲之君，未有不先定其規模，而能收效者。臣紹興初始蒙召對，首以治道當先定其規模爲言。臣竊觀方今朝廷施設之方，朝令夕改，其事大體重不可輕舉者，莫如六飛之順動。往者前臨大江，繼又退守吳會，曾未期月，而或進或卻，豈不爲黠虜所窺乎〔一八〕。此無他，規模不素定故也。陛下之所朝夕相與斷國論者，一二三大臣而已，而一紀之間，命相之制凡十有四下，執政遞遷者亦無慮二十餘人。非規模不定，任之不一，責之不專，致此紛紛乎。日月逝矣，大計不容復誤，願陛下以先定規模爲急。規模既定，未有治效不著。」上歎息曰：「此誠方今急務。朕非不欲立定規模，緣宰輔數易，未有定論爾。」提舉江州太平觀劉子羽責授單州團練副使，漳州安置。御史中丞常同以十事論子羽故也。丁未，先是，王倫既見魯國王昌，昌遣使偕倫見金主亶，首謝廢豫，然後致上旨。金主始密與群臣定議許和。至是，遣倫還，且命烏凌思謀〔一九〕、石慶充來議事〔二〇〕。樞密副使王庶條上淮南耕種等事。上曰：「淮南利源甚博，平時一路上供內藏細絹九十餘萬，其他可知。以此知淮甸不可不措置葺理。」湖北京西宣撫使岳飛聞庶行邊，遺庶書曰：「今歲若不出師，當納節請閒。」庶稱其壯節。戊申，命刑部員外郎李彌遜馳勞北使於平江。翌日，上謂輔臣曰：「館待之禮，宜稍優厚。若事有商量，早遂休兵，得免赤子肝腦塗地，此朕之本意也。」趙鼎曰：「若用兵，不知所費多少，比之館待之費，殊不侔矣。」上慨然嘆曰：「當時若無軍旅之事，使朕專意保民，十數年間，豈不見效。」鼎與秦檜同對曰：「陛下爲此言神明感格，必有平定之期矣。」辛亥，改命王倫充館伴使。初，命權吏部侍郎魏矼館伴，矼言：「頃任御史〔二一〕，嘗論和議之非，今難以專對。」秦檜招矼至都堂，問其所以不主和議之意。矼具陳虜情難保〔二二〕。檜謂之曰：「公以智料敵，檜以誠待敵。」矼曰：「相公固以誠待敵，第恐敵人不以誠待相公耳。」檜不能屈，乃改命焉。既而又辭，遂命給事中吳表臣，而倫往來館中計事〔三〕。時左宣議郎王之道亦遺矼書，言：「國家自靖康以來，失於議和，致兩宫北狩，萬乘東巡，百姓墮於塗炭，迨今十有四年，尚未覺誤。復縱王倫賣國，引賊入家，頃年章誼、孫近使虜，餘人盡留南京，惟誼與近得至軍前稟議。今虜使之來，自合用此例，留餘人於韓世忠軍中，令其使副造朝，不惟有以褫鳥獸之魄而奪之氣，亦足計示朝廷之尊。乃若和議則有九不可而一可。所謂一可者，今虜誠欲還二帝六宫與祖宗之故地，爲德於我，而無所事賄，夫誰曰不可。爲今日計，當以此明告使者，而俾復命焉。苟惟不從，是虜無意於盟，我何罪也。」

六月乙卯朔，知信州程邁爲江淮荆浙閩廣等路經制發運使，專掌糴事。禮部貢院奏試博學宏詞，合格中等詹叔義、陳巖肖，下等王大方。詔叔義、大方並與堂除，巖肖賜同進士出身。敕令所請福建路人户以子孫或同居緦麻以上親與人，雖異姓及不因饑貧，並聽收養，即從其姓，不在取認之限。著爲本路令。其江、浙、湖、廣州縣有不舉子風俗處，令憲臣體究申明，依此立法。從之。壬戌，衍聖公孔玠避亂寓衢州，詔即賜田五頃。癸亥，尚書左僕射監修國史趙鼎、史館修撰勾濤、祕書少監尹焞、著作郎兼校勘張嵲、佐郎胡珵、校勘鄧名世、朱松、李彌正、高閌、范如圭等上重修哲宗皇帝實録。九月，書成，凡百五十卷。乙丑，御史中丞常同言：「近關報〔四〕，曾惇進曾祖曾布著三朝正論真迹，轉右承議郎。臣聞昔者神宗皇帝切於求治，鋭然更化，付王安石以政事。安石孤負委任，創爲新法，布於是時實爲腹心，其政皆出於布之謀，其法皆成於布之手。故自海州懷仁縣令，一年半間，十三遷而至知制誥。安石嘗語人曰：『終始言新法不便者，司馬光也；終始言便者，曾布也；其餘出入而已。』逮紹聖初，布與章惇、蔡卞同秉大政，元祐之法度委如弁髦，元祐之人才弃如斷梗。布内愧於私心，外迫於清議，乃間出一善言，引一善士，以求自異於衆。既欲取高位於當年，又欲掠美名於後世。首鼠兩端，馴致建中之事，遂致蔡京得以乘間而入，貽禍邦家。而朝廷尚尊其説，須其書於史官，號曰正論，臣竊惑焉。臣願宣諭史官，筆削之際，毋惑其説以至亂真，庶幾一代之典足以垂信後世。」詔付史館。戊辰，接伴官范同言：「虜使已至常州。」〔三五〕王庶時在合淝，上疏有曰：「彼之議和割地，不過以畫河、畫淮二者而已。若曰畫淮，則我之固有，而淮之外，亦有見今州縣所治，如泗州、漣水軍是也。既爲我有，安用和爲。若曰畫河，則東南數千里荆棘無人之地，儻欲宿兵守之，財賦無所從出，彼必厚索歲幣以重困我矣。不如拘其使而怒之。」疏入不報。辛未，監察御史張戒言：「今日議和，理有可得者，有必不可得者。畫大河爲界，復中原，還梓宫，歸淵聖，此必不可得者也。各務休兵，音問往復，或歸吾太后，此或可得者也。復中原，還梓宫，歸淵聖，臣子之心孰不願。然以兵取之則可，以貨取之則不可，非惟不可，亦必不得。設或得之，不過如童貫買燕雲之地，虜人暫去復來，財與地卒兩失之爾。自古豈有兵不能勝，而貨財可以卻敵復國者。」壬申，上特御射殿，引見禮部合格舉人黃公度以下，遂以南省及四川類試合格舉人黃貢等共三百九十五人〔二六〕，參定爲五等，賜及第、出身、同出身，奏名林恪以下出身至助教〔二七〕。

癸酉，樞密副使王庶自淮西還行在。先是，庶將還朝，未至，復上疏言：「商之高宗，三年不言，其在諒闇，言猶不出，其可以見外夷之使乎。先帝北征而不復，天地鬼神爲之憤怒，能言之類，孰不痛心。陛下抱負無窮之悲，將見不共戴天之讎，其將何以爲心，又將何以爲容，又將何以爲說。」又言：「臣蒙陛下親擢，備位兵本，國之大事，不敢隱默。故重爲陛下陳其三策：上策莫如拘其使者，彼怒，必加兵，我則應之，所謂善戰者致人而不致於人是也。虜人强大自居，一日或拘其使，出於意表，氣先奪矣，負敗可立而待。其次，願陛下念不共戴天之讎，堅謝使人，勿與相見，一切使指令對大臣商議，然後徐觀所向，隨事酬應。最其次姑示怯弱，待以厚禮，俟其出界，精兵躡之，所謂掩其不備，破之必矣。」丙子，初，行朝聞思謀之來，物議大訩，群臣登對，率以不可深信爲言。上意堅甚，往往峻拒之，或至震怒。趙鼎因請間，密啓上曰：「陛下與金人有不共戴天之讎，今乃屈體請和，誠非美事。然陛下不憚爲之者，凡以爲梓宮及母兄耳。群臣憤懣之辭，出於愛君，非有他意，不必以爲深罪。群臣以陛下孝誠如此，必能相亮。」上以爲然，群議遂息。丁丑，金使烏陵思謀、石慶充入見。翰林學士兼侍讀翊善朱震疾亟，上奏乞致仕，且薦尹焞代爲翊善。夜，震卒，年六十七。中夕奏至，上達旦不寐。戊寅，輔臣奏事，上慘然曰：「楊時既物故，胡安國與震又亡，同學之人，今無存者，朕痛惜之。」趙鼎曰：「尹焞學問淵源可以繼震。」上指奏牘曰：「震亦薦焞代資善之職，但焞微瞶，恐教兒童費力，俟國公稍長則用之。」乃詔國公往奠，賜其家銀、帛二百匹、兩，例外官子孫一人。癸未，户部侍郎向子諲入見，因論京都舊事，其言頗及珍玩。中書舍人潘良貴，故善向子諲，至是，攝起居郎，立殿上，聞其言甚怒。既而子諲反復良久，良貴不聞其餘語，怒甚，徑至榻前，厲聲曰：「向子諲以無益之言，久勞聖聽。」上語未竟，子諲不爲止，良貴叱之退者再焉。上驚而怒，欲抵良貴罪。甲申，子諲請致仕，右正言李誼亦奏良貴罪。御史中丞常同奏：「良貴疾子諲曼詞，衆以爲直，不可罪之。願許子諲補外。」上詰問曰：「子諲之貳版曹，乃卿所薦，今良貴犯分沽激，復上章稱述，何也？」於是上欲並逐。同權禮部侍郎張九成爲上言，上意稍解，九成因曰：「近朱震死，陛下命國公往奠，又命子諲治其喪，尊師重道，天下歎仰。且士大夫所以嘉子諲者，以其能眷眷於善類也。今以子諲之故逐柱史，又逐中司，非所以愛子諲也。」上批諭同，同言不已，於是二人卒俱罷。

秋七月乙酉朔，詔王倫假端明殿學士，爲奉迎梓宫使，陳括假徽猷閣待制副之。殿中侍御史張戒復上疏：「請外則姑示通和之名，内則不忘决戰之意，而實則嚴兵據險以守。」又曰：「自古能守而能和者有矣，未有不能戰不能守而能和者也。使真宗無撻覽之捷〔二八〕，仁宗非慶曆之盛，雖有百曹利用、百富弼，豈能和哉。」又曰：「苟不能戰不能守，區區信誓豈足恃也。」丁亥，知閤門事藍公佐假慶遠軍承宣使，充奉迎梓宫副使，代陳括也。樞密副使王庶言：「陛下當北狩之役，龍飛睢陽，匹馬渡江，扁舟航海，以至苗、劉之變，艱難萬狀，終無所傷。天之相陛下厚矣。至今雖未尅復故疆，鑾輿順動，而大將互列，官軍雲屯，百度修舉，較前之日可謂小康，何苦不念父母之讎，不思宗廟之恥，不痛宫闈之辱，不恤百姓之冤，逆天違人以事夷狄乎。」戊子，王庶因留身論事，上宣諭曰：「朕歷覽前古治道，三五恐未易及，如漢文景、唐太宗當力行之，或可庶幾。」奏曰：「以陛下聖學高妙兼睿斷如此，天下安得不治。」丁酉，虜使入辭〔二九〕。進士及第黄公度爲左承事郎，簽書平海軍節度判官廳公事。禮部言：「祖宗故事，不策試則榜首補兩使職官。」上特命受京官。自是以爲例。戊戌，王倫辭行。倫至都堂稟所授指二十餘事：一，議和後禮數。趙鼎答以上登極既久，四見上帝，君臣之分已定，豈可更議禮數。二，割地遠近。鼎答以大河爲界，乃淵聖舊約，非出今日，宜以舊河爲大河。二事最切，或不從，即此議當絶。倫受之而去。辛亥，詔殿前司策選鋒軍統制吴錫還行在。上曰：「錫有膽勇心計，然不可獨用，可趣歸，令楊沂中別遣軍代之。」趙鼎等退而語，咸服上知人善將將之明焉。

八月乙丑，江淮荆浙等路經制發運使程邁入見，言：「劉晏爲九使，財賦悉歸於一，國朝始分爲二，而三司使居中，發運使居外，相爲表裏。今租庸分於轉運司，常平分於提舉司，鹽鐵分於茶鹽司，鼓鑄則有坑冶司，平準則有市易司，總之以户部，而發運使徒有其名。臣恐未及施爲，而議論蜂起，上瀆聖聽。」上乃督邁使亟行，且諭以置場和糴，無甚賤傷農。邁曰：「臣敢不遵聖意。」於是降本錢四百萬緡，令於六路豐熟之地置場和糴焉。丙寅，詔侍讀曾開讀三朝寶訓，侍講吴表臣講孟子，張九成講春秋，吕本中講左氏傳，崇寧殿説書尹焞講尚書。既而本中辭兼局，乃命中書舍人勾龍如淵兼侍講。

九成在經筵，一日，論日食，奏曰：「日食之變，本於惡氣。惡氣之萌，本於惡念。不芟夷藴崇之，絶其根本，將奔騰四達，上觸乎天，則日月薄蝕，五星失序。下觸乎地，則菑及五穀，怪妖迭見。中觸乎人，則爲兵爲火，札瘥備至。則惡念之起，可不應時撲滅乎。」上聳然曰：「誠在朕念慮間，當爲卿戒之。」九成進講畢，上嘗論王道曰：「易牛，微事耳，孟子遽謂是心足以王，朕竊疑之。」九成曰：「陛下不必疑，疑則心與道二，不忍一牛，仁心著見，此則王道之端倪。推此心以往，則華夏蠻貊、根荄鱗介，舉天下萬物皆在陛下仁政中，豈非王道乎。」他日，上謂近臣曰：「朕於張九成所得甚多。」丁卯，知臨安府張澄陞徽猷閣待制。時臨安守臣任同京邑，而澄有治劇之才，甚得時譽。己卯，進擬柳州、南雄州知州。上曰：「廣南去朝廷遠，守臣尤得遴擇〔三〇〕。前日連南夫奏，廣南盜賊殺戮過多，要降詔。朕以謂盜賊固當殺戮，只恐害及平人，有傷和氣。若得守令平日存撫，使不爲盜，乃上策也。如江西州縣長吏或昏繆不職，或貪贓害民，豈可不問。」壬午，祕書省著作郎何掄罷。殿中侍御史張戒言〔三一〕：「張浚欲竄易舊史，掄首附其意，凡所籤貼，自云改字舛訛，然頗主異議。浚罷，掄不自安，遂撤去前日籤貼焚之。」乃出掄知邛州〔三二〕。御筆：「和州防禦使璩除節鉞，封國公。」執政聚議，樞密副使王庶大言曰：「並后匹嫡，古以爲戒，此豈可行。」左僕射趙鼎謂右僕射秦檜曰：「鼎前日負曖昧之謗，今不敢奏，須公開陳。」檜無語。翌日進呈，鼎奏曰：「今建國在上，名雖未正，恩數宜小異。」又曰：「建國名雖未正，天下之人皆知陛下有子矣。以前後恩數並同皇子。又昨幸平江及謁太廟，兩令建國扈蹕，國人見者恣嗟太息，此社稷大計，蒼生之福也。在今日禮數不得不異，蓋以繫人心，不使之二三而惑也。」後數日，參知政事劉大中奏事，亦以爲言，命遂寢。權禮部侍郎兼侍講張九成兼權刑部侍郎。先是，刑部吏斷天下死囚不以情，自九成莅職，有情輕免死甚衆。一日，法寺以成案上大辟。九成閲始末得其情，因請覆實，囚果誣服者也。奏黜之。時法官抵罰，而朝論欲以平反爲賞。九成辭曰：「職在詳刑，而賣衆以邀賞可乎。」

九月丁亥，侍御史蕭振劾參知政事劉大中：「身爲大臣，而不以孝聞於中外，乞賜罷斥。」振本趙鼎所薦，後以秦檜引入臺，其劾大中，蓋以摇鼎也。甲午，史館上續修哲宗實録。乙巳，上諭大臣曰：「近張戒有章疏論備邊當以和爲表，以備爲裏，以戰爲不得已，此極至之論也（李心傳曰：戒本鼎客，故主守）。」丁未，尚書左僕射趙鼎遷特進，以哲宗實録成書也。中書舍人兼直學士院吕本中草制，有曰：「謂合晉、楚之成，不若尊王而賤霸。謂散牛、李之黨，未如明是而去非。惟爾一心，與予同德。」右僕射秦檜深恨之。戊申，宰執言：「自時多艱，朝廷思屈群策以濟庶務，緣此法度多有改易。」上因曰：「經久之制不可輕議。古者利不百不變法〔三三〕。卿等以蕭規曹隨爲心，何憂不治。」壬子，上諭輔臣曰：「昨日浙東漕粱澤民奏今秋糴買事，朕嘗諭以『錢給之於民，宜戒減剋，穀輸之於倉，無取羨餘』，則公私兩便。」

冬十月丙辰，主管太極觀邵博賜同進士出身〔三四〕，除祕書省校書郎。詔：「博祖父雍，道德學術爲萬世師。父伯温，經明行潔，博趣操文詞，不忝祖父。」故有是命。丁巳，參知政事劉大中知處州。辛未，上諭大臣曰：「江西盜賊在朝廷可治者三：一擇帥臣以壓服其心〔三五〕，二任守令以勸課其業，三蠲科役以優給其力。如此尚或爲盜，朕未之聞也。」甲戌，特進、尚書左僕射、同中書門下平章事兼樞密使趙鼎罷爲兩浙東路安撫制置大使兼知紹興府。時檜力勸上屈己議和，鼎持不可，繇是卒罷。鼎入辭，從容奏曰：「臣昨罷相半年，蒙恩召還，已見宸衷所以與鄉來稍異〔三六〕。臣今再辭之後，人必有以孝悌之説脅制陛下矣。臣謂凡人，中無所主而聽易惑，故進言者得乘其隙而惑之。陛下聖質英邁，洞見天下是非善惡，謂宜議論一定不復二三。然臣甫去國，已稍更改，如修史本出聖意，非群臣敢建言，而未幾復修，此爲可惜〔三七〕。臣竊觀陛下未嘗容心，特既命爲相，不復重違其意，故議論取舍之間，有不得已而從者。如此乃宰相政事，非陛下政事也。」鼎行，檜奏乞同執政往餞，樞密副使王庶謂鼎曰：「公欲去，早爲庶言。」鼎曰：「去就在樞密，鼎豈敢與。」檜至，鼎一揖而去，自是檜益憾之。

大事記曰：惜乎僞齊入寇之時，鼎獨建保江之計，而與浚不合。浚自出師以來，獨主幸建康之議，而與鼎不合。故沂中捷至，鼎即求去，且曰：「陛下以兵事爲重，今浚成功，浚當留，臣當去。」雖上有「卿且在紹興，朕自有用卿」之諭，而浚爲檜所欺，遂引之爲副使矣。雖浚與檜共事，始知其暗，去位之時，力薦鼎相，而檜之憾已深矣。雖鼎再相力能護浚，而檜黨百計摇撼，鼎已不自安矣。中興之功所以垂成者，張、趙之勢合也。中興之功所以隨壞者，張、趙之隙開也。君子之隙既開，小人之勢遂合，故八年十月鼎罷而檜之和議遂成。天下之事變矣，惜哉。

丁丑，京東淮東宣撫處置使韓世忠乞赴行在奏事。先是，王倫既與烏陵思謀至虜庭〔三八〕，金主亶復遣蕭哲等爲江南詔諭使，使來計事。世忠聞之，上疏曰：「金人遣使前來，有詔諭之名，事勢頗大，深恐賊情繼發，重兵壓境，逼脅陛下別致禮數。今當熟計，不可輕易許諾。其終不過舉兵決勝，但以兵勢最重去處，臣請當之。」因乞赴行在奏事，馳驛以聞。上不許。戊寅，樞密副使王庶言：「間者虜使之來〔三九〕，臣忠憤所激，屢奏封章，力請謝絕，專圖恢復。臣謀不逮遠，知昧通方，伏望速賜降黜。或以適此執政闕員，未便斥去，即乞特降處分，遇有和議文字許免簽書〔四〇〕，庶逃前後反覆、有失立朝之節。」己卯，詔不許。庶復上言：「臣生於陜西，其風氣漸染，耳目所聞見者莫非兵事。禍亂以來，常欲以氣吞強虜，則所謂講和者，非臣之所能也。」又言：「臣備數樞庭，自合辭職，不合辭事，乞除臣一近邊州郡，願效尺寸。」不許。辛巳，秦檜奏北使約中冬上旬至泗州。上曰：「所議殊未可解，但可和即和，不可和即否，兵備不容少弛，可遍諭諸將以爲之備。」中書舍人兼直院呂本中罷。用侍御史蕭振奏也。

十一月甲申，翰林學士孫近參知政事。殿中侍御史張戒面對，言：「王倫遽回，虜使遂有江南詔諭使及明威將軍之號〔四一〕。不云國而直云江南，是以我太祖待李氏晚年之禮也，曾不得爲孫權乎。一則詔諭，一則明威，此二者何意。虜云詔諭，臣不知所諭何事。」又曰：「臣謂爲國只當自勉，不可僥倖偷安。果得偷安猶可，但恐屈辱已甚，而偷安亦不得耳。」疏入，秦檜怒，愈有逐戒之意矣。丙戌，權尚書禮部侍郎兼侍讀張九成罷。初，趙鼎之未去也，九成謂鼎曰：「虜失信數矣，盟墨未乾，以無名之師掩我不備，今實厭兵，而張虛聲以撼中國。彼誠能從吾所言十事，則與之和，當使權在朝廷，可也。」鼎既免，秦檜謂九成曰：「且同檜成此事，如何？」九成曰：「事宜所可，九成胡爲異議。時不可輕易以苟安耳。」他日，與吕本中同見檜，檜曰：「大抵立朝須優游委曲，乃能有濟。」九成曰：「未有枉己而能正人。」檜爲之變色。會檜聞九成在經筵講書，因及西漢災異事，大惡之。既而九成再章求去，上命以次對出守，檜必欲廢置之，奏除提舉江州太平觀免謝辭。戊子，殿中侍御史張戒爲司農少卿。己丑，詔：「張戒爲耳目之官，附下罔上，可與外任。」坐前奏疏乞留趙鼎也。庚寅，上謂大臣曰：「王倫使回，金人頗有善意。若上天悔禍，虜肯革心，休兵之後，一切從節省，雖常賦亦蠲減以寬百姓。」丙申，王倫至行在，令日下赴内殿奏事。戊戌，太常少卿兼崇政殿説書尹焞稱疾在告，遂卧家不出。己亥，王倫充國信計議使，蘇符充副使。符稱疾不受。庚子，參知政事孫近兼權同知樞密院事。以樞密副使王庶累章求去故也。辛丑，詔：「大金遣使至境，朕以梓宮未還，母后在遠，陵寢宮闕久稽汛掃，兄弟宗族未聞會聚，南北軍民十餘年間不得休息，欲屈己就和。在廷侍從、臺諫之臣，其詳思所宜，條奏來上。限一日進入。」先是，禮部侍郎兼侍讀曾開上疏言：「女真和議，稽諸前古爲可憂，考之今事爲難信。而朝廷不思有以伐其謀，方且忘大辱，甘臣服，貶稱號，捐金帛，以難得之時，爲無益之事，可不爲痛哭流涕哉。伏望陛下無忘大恥，無惑和議，堅心定志，一於自治，使政事修於內，兵將强於外，則將不求而自和矣。臣竊謂虜使之來，所繫甚大，內外臣寮章疏，願陛下使大臣集從官豫加熟議，庶無後悔。」權吏部尚書張燾亦請詢可否於衆。檜乃白上，下此詔焉。京東淮西宣撫處置使韓世忠言：「伏讀宸翰，鄰邦許和。臣愚思之，若王倫、藍公佐所議講和、割地、休兵、息民事迹有實，別無扶合外國〔四二〕、誑賺本朝之意，二人之功雖國家以王爵處之，未爲過當。欲望聖慈各令逐人先次供具委無反覆文狀於朝，以爲後證。」先是，世忠數上疏論不當議和。上賜以手劄。世忠既而受詔〔四三〕，乃復上此奏，詞意剴切。由是秦檜惡之。壬寅，兵部侍郎兼權吏部尚書張燾言：「傳曰：『天將與之，誰能廢之。』臣請考人事以驗天意。陛下飛龍濟州，天所命也。虜騎屢犯行闕，卒以無虞，天所保也。歲在甲寅，一戰而敗虜師，天所贊也。歲在丙辰，再戰而卻劉豫，亦天所贊也。歲在丁巳，酈瓊雖叛，乃爲僞齊廢滅之資，亦天所贊也。是蓋陛下躬履艱難，側身修行，布德立政，上當天意，而天祐之之所致也。臣以是知上天悔禍，蓋有日矣。中興之期亦不遠矣。伏願陛下益務自修，益務自治，益務自强，以享天心，以聽天命，以俟天時。時之既至，吉無不利，則何戰不勝，何攻不克，何爲不成，何功不立，梓宫何患乎不還，淵聖何患乎不返，母后何患乎不歸，宗族何患乎不復，宗廟陵寢何患乎不能繕修，南北之民何患乎不能混一。今此和議，姑爲聽之而無必信可也。伏願陛下毋取必於虜〔四〕，而取必於天，若乃略國家之大恥，置宗社之深讎，躬率臣民屈膝夷虜，北面而臣事之，以是而覬和議之必成，非臣所敢知也。」上覽奏愀然變色曰：「卿言可謂盡忠，然朕必不至爲虜人所紿，方且熟議，必非詐謞，然後可從。如其不然，當再遣使審問虛實，而拘留其使人。」燾頓首謝。吏部侍郎晏敦復言：「今所遣使以詔諭爲名，儻欲陛下易服而拜受，還可從乎？又欲與陛下分庭而抗禮，還可從乎？設或如此等事從其一二，則與上下之分已大定矣。自此之後，可以號令我矣。彼或又行詔令，授陛下一兩鎮節鉞，封陛下一王號，還可從乎？又或下令，將本朝大臣諸將盡行封拜，還可從乎？又或下令，因彼年號正朔，還可從乎？又或下令，盡遣西北人歸鄉里，還可從乎？姑略舉此數事，則過此以往，可推而知也。陛下欲屈己就和，願周思而熟慮之，謹擇而善處之。若已屈之後，必不致有如臣前所陳之禍患，陛下小屈以就大事可也。」權吏部侍郎魏矼言：「臣素不熟虜情，不知使人所須者何禮，陛下所謂屈己者何事。方今宗廟社稷惟陛下是依，天下生靈惟陛下是賴，陛下既欲爲親少屈，更願審思宗社安危之機，與夫天下治亂之所繫，考之古誼，酌之群情，擇其經久可行者行之，其不可從者，以國人之意拒之，庶幾軍民之心不至懷憤，且無噬臍之悔也。」癸丑，知平江府向子諲致仕。時金人所遣詔諭使將入境，子諲不肯拜虜詔，乃上章乞致仕。秦檜許之。甲辰，樞密副使王庶知潭州。庶論敵不可和，於道上疏者七，見帝言者六，秦檜方挾虜自重，以爲功，絀其說。庶語檜曰：「公不思東都抗節存趙時，而忘此虜耶？」檜大恨。庶又抗章求去，乃有是命。檜進呈，上因言〔四五〕：「近日士大夫好作不靖，胥動浮言，以無爲有，風俗如此，罪在朕躬，卿等大臣亦與有罪。」檜曰：「臣等實任其責。」孫近曰：「他時疆事稍定，當須明政刑以示勸懲，庶幾丕變。」中書舍人兼直院勾龍如淵試御史中丞。時秦檜方主議和，力贊屈己之說，而外論群起。如淵言於檜曰：「何不擇人爲臺官，使盡擊去，則相公之事遂矣。」檜大悟，遂擢如淵中司，人皆駭愕。魏良臣行尚書吏部員外郎。

朱勝非閒居録曰：撻懶統兵犯淮甸〔四六〕，朝廷遣魏良臣奉使，數問秦檜，仍稱其賢。乃知檜初相時，所陳二策出於虜意也。逮其再相，力薦良臣入爲都司，繼除從官，欲弭其言耳。

丁未，樞密院編修官胡銓上疏曰：「臣謹按，王倫本一狹邪小人，市井無賴，頃緣宰相無識，遂舉以使虜〔四七〕，專務詐誕，欺罔天聽，驟得美官，天下之人切齒唾駡。今者無故誘致虜使，以詔諭江南爲名，是欲臣妾我也，是欲劉豫我也。劉豫臣事醜虜〔四八〕，南面稱王，自以爲子孫帝王，萬世不拔之業。一旦豺狼改慮，猝而縛之〔四九〕，父子爲虜，商鑒不遠。而倫又欲陛下效之。夫天下者，祖宗之天下也。陛下所居之位，祖宗之位也。奈何以祖宗之天下，爲犬戎之天下〔五〇〕，以祖宗之位爲犬戎藩臣之位。陛下一屈膝，則祖宗廟社之靈盡污夷狄〔五一〕，祖宗數百年之赤子，盡爲左衽，朝廷宰執盡爲陪臣，天下士大夫皆當裂冠毀冕變爲胡服〔五二〕。異時稱其無厭之求，安知不加我以無禮，如劉豫也哉。夫三尺童子至無知也，指犬豕而使之拜〔五三〕，則佛然怒。今醜虜則犬豕也〔五四〕。堂堂大朝，相率而拜犬豕，曾無童稚之羞，而陛下忍爲之邪？倫之議迺曰：我一屈膝則梓宮可還，太后可復，淵聖可歸，中原可得。嗚呼，自變故以來，主和議者，誰不以此說啗陛下哉，然而卒無一驗，則虜之情僞已可知矣〔五五〕。陛下尚不覺悟，竭民膏血而不恤，忘國大讎而不報，含垢忍恥，舉天下而臣之，甘心焉。就令虜決可和，盡如倫議，天下後世謂陛下何如主也。況醜虜變詐百出，而倫又以姦邪濟之，則梓宮決不可還，太后決不可復，淵聖決不可歸，中原決不可得，而此膝一屈不可復伸，國勢陵夷不可復振，可爲痛哭流涕長太息者矣。向者陛下間關海道，危如累卵，當時尚不忍北面臣虜，況今國勢稍張，諸將盡鋭，士卒思奮，只如頃者醜虜陸梁，僞豫入寇，固嘗敗之於襄陽，敗之於淮上，敗之於渦口，敗之於淮陰，校之前日蹈海之危，已萬萬不侔。儻不得已至於用兵，則我豈遽出虜人下哉。今無故而反臣之，欲屈萬乘之尊，下穹廬之拜，三軍之士不戰而氣已索，此魯仲連所以義不帝秦，非惜夫帝秦之虚名，惜夫天下大勢有所不可也。今内而百官，外而軍民，萬口一談，皆欲食倫之肉。謗議洶洶，陛下不聞，正恐一旦變詐，禍且不測。臣切謂不斬王倫，國之存亡未可知也。雖然，倫不足道也，秦檜以腹心大臣而亦爲之，陛下有堯舜之資，檜不能致陛下如唐虞，而欲導陛下爲石晉。近者，禮部侍郎曾開等引古誼以折之，檜乃厲聲責曰：『侍郎知故事，我獨不知！』則檜之遂非狠愎已自可見，而乃建白，令臺諫、侍臣簽議可否，是蓋畏天下議己，而令臺諫、侍臣共分謗爾。有識之士皆以爲朝廷無人。吁，可惜哉！孔子曰：『微管仲，吾其被髮左衽矣。』夫管仲，霸者之佐耳，尚能變左衽之區而爲衣裳之會，秦檜大國之相也，反驅衣冠之俗而歸左衽之鄉，則檜也不惟陛下之罪人，實管仲之罪人矣。孫近傅會檜議，遂得參知政事，天下望治，有如饑渴，而近伴食中書，謾不敢可否事。檜曰：『虜可講和。』近亦曰：『可和。』檜曰：『天子當拜。』近亦曰：『當拜。』臣嘗至政事堂，三發問而近不答，但曰：『已令臺諫、侍從議之矣。』嗚呼，參贊大政，徒取充位如此。有如虜騎長驅，尚能折衝禦侮耶。臣切謂秦檜、孫近亦可斬也。臣備員樞屬，義不與檜等共戴天，區區之心，願斷三人頭竿之藁街，然後羈留虜使，責以無禮，徐興問罪之師，則三軍之士不戰而氣自倍。不然，臣有赴東海而死耳，寧能處小朝廷求活耶。」辛亥，祕書省正字范如圭獻書於秦檜曰：「禮經有曰：父母之讎不與共戴天。寢苫枕干，誓死以報。春秋之法，讎不復，賊不討，則不書葬。葬者，臣子之事也，不書葬，以爲無臣子也。天下之痛，莫甚於不得其死。君親不得其死，而不復讎，不討賊，雖得梓宮而葬之，於臣子之心能安否乎！古之人有命將出師，誓滅鯨鯢，以迎梓宮者矣。雖其力小勢窮，不能有濟，而名正言順，亦可以無愧於天下後世。未聞發幣遣使，祈哀請命，以求梓宮於寇讎之手者也。女真用是知我無復讎之心，可以肆爲玩侮，乃示欲和之意，使倫歸報，交使往來，至於再至於三，其謀益深，言益甘，我之信彼益篤，禮益恭，墮其計中不自知覺，雖三尺童子皆爲朝廷危之。春秋之法，凡中國諸侯與夷狄盟會者，必謹志而深譏之。女真自海上結盟，借助於我以滅契丹，契丹既滅，遂犯汴梁，其不可信一也。既爲城下之盟，講解而退矣，曾不旋踵復圍太原，其不可信二也。自時厥後，和使項背相望，而侵犯之兵無歲不有，其不可信三也。既破京城，乃始斂兵議和，誘我二帝出郊，劫之而去，其不可信四也。劉豫其所立也，事之無所不至，一旦執之，如探囊中物，其不可信五也。彼包藏姦詭，不可測度如此，何爲一旦與我如此之厚哉。聞其使稱詔諭，挾策命而來，要主上以下拜之，禮果有之乎？其無之也。果可從乎？其不可從也。反面事讎，匹夫猶不肯爲，忍以堂堂之宋，君臣相率而拜不共戴天之人哉。主上哀疚在躬，孝友天至，必曰：『吾爲梓宮屈，爲皇太后屈，爲淵聖皇帝屈，何不可之有？使子弟之情獲伸於一日，志願足矣，遑恤其他？』相公何不以必然之理，開陳於咫尺之前乎？誠使一旦拜受女真之詔册，則將行女真之命令，頒女真之正朔，普天之下，莫非女真之土，率土之濱，莫非女真之臣，我宋君臣上下雖欲求措身之所且不可得，無乃違主上聖孝之心，失相公大忠之節乎！昔漢高祖責數項羽，兵不少解，卒免太公於俎上。晉大夫征繕以輔孺子〔五六〕，使惡我者懼，卒能歸惠公於彊秦。此古人已試之明驗也。相公不用此策，以慰我主上孝弟之念，奈何欲誤主上，舉祖宗二百年之天下委而棄之哉。設若敵擁梓宮、母后、淵聖於大江之外，下一紙詔，召吾君相以下來迎於境，我若從之，立有禍變，如其不從，彼將責我曰：『吾歸而父母之喪，歸而親，歸而兄，有大造於而國，乃違我之命不肯來迎，是不孝於父母，不恭於兄，不忠於我也。』聲罪來寇，將何以待之。主上南面而君天下十有二年矣，其即位也，由天下軍民推戴，所迫不得已而從之。至於今日，天下軍民豈肯聽吾君北面而爲仇賊之臣哉。主上以思念君父母兄之故，不憚於屈己，天下軍民以愛君之故，不肯聽主上之辱身，用此拒敵，不爲無辭者。若其舉兵而來，適足以激怒吾衆，我以大義明詔天下，率勵瘡疾之餘，共雪父兄之恥，乃不可失之機會也。相公若必欲拂天下之情，贊成主上受此屈辱，有如姦雄。因衆心之憤，擁數十萬之衆，仗大義以問相公之罪，則將何辭以對。相公嘗自謂：『我欲濟國事，死且不恤，寧避謗怨。』相公之心則忠矣，使殺身而有益於君，志士仁人之所願爲也。若犯衆怒，陷吾君於不義，政恐不惟怨謗而已，將喪身及國，毒流天下，遺臭萬世。苟非至愚無知，自暴自棄，天奪其魄，心風發狂者，孰肯爲此。若曰聖意堅確，臣下莫之能回。此非所望於相公也。」檜不答。是日，樞密院編修官胡銓昭州編管。銓之上書也，都人喧騰，數日不定。上語秦檜曰：「朕本無黃屋心。今横議若此，據朕本心，惟應養母耳。」於是秦檜等乃擬昭州編管。時銓妾孕臨月，遂寓湖上僧舍，欲少遲行。而臨安已遣人械送貶所。祕書省正字范如圭與敕令所删定官方疇同見吏侍晏敦復，爲銓求援。敦復曰：「頃嘗言秦檜之姦，諸公不以爲然。今方專國便敢如此，此人得君，何所不爲。」敦復即往見守臣張澄，語之曰：「銓論宰相〔五七〕，天下共知。祖宗朝言事官被謫，開封府必不如是。」澄愧謝曰：「即追還矣。」壬子，胡銓送吏部，與廣南監當。銓既竄斥，秦檜、孫近又奏：「銓所上封章，言及臣等，若重加竄責，於臣等分誼有所不安。」臺諫勾龍如淵、李誼、鄭剛中亦共救解之，乃以銓監昭州鹽倉。銓之行也，監登聞鼓院陳剛中以啓送之曰：「屈膝請和，知廟堂禦侮之無策。張膽論事，喜樞庭謀遠之有人。身爲南海之行，名若泰山之重。」又曰：「知無不言，願借上方之劍。不遇故去，聊乘下澤之車。」秦檜大恨之，尋貶剛中令安遠，死焉。

十二月丙辰，秦檜恐言者不已，白上下詔，以銓上書狂悖戒諭中外。戊午，提舉臨安府洞霄宮李綱言：「臣竊見朝廷遣王倫使金國，奉迎梓宮，往返屢矣。今倫之歸，與虜使偕〔五八〕，乃以詔諭江南爲名，不著國號，而曰江南，不云通問，而曰詔諭，此何禮也？以愚意料之，虜爲此名以遣使，其邀求大略有五：必降詔書，欲陛下屈體降禮以聽受，一也。必有赦文，欲朝廷宣布，頒示郡縣，二也。必立約束，欲陛下奉藩稱臣，稟其號令，三也。必求我賂，廣其數目，使我坐困，四也。必求割地，以江南爲界，淮南荆襄四川盡欲得之，五也。此五者，朝廷從其一，則大事去矣。金人變詐不測，貪惏無厭，縱使聽其詔令，奉藩稱臣，其志猶未已，必繼有號召，或使親迎梓宮，或使單車入覲，或使移易將相，或使改革政事，或竭取賦稅，或朘削土宇，從之則無有紀極，一不從則前功盡廢，反爲兵端。以謂權時之宜，聽其邀求，可以無後悔者，非愚則誣也。」試禮部侍郎曾開知婺州。先是，秦檜嘗因語和議事曰：「此言大繫安危。」開於座中抗聲曰：「丞相今日不當説安危，止合論存亡爾。」檜矍然警其言而罷。遂命出守。開辭，改提舉江州太平觀。己未，吏部尚書李光參知政事。秦檜與光初不相知，特以和議初成，將揭榜，欲藉光名以鎮壓耳。乙丑，詔紹興府南班不帶遥郡宗室十八員，歲撥上供米五百斛。以同判太宗正事士㒟言宗室俸薄，不足於糴故也。丙寅，新知潭州王庶落職，提舉臨安府洞霄宫。以中丞勾龍如淵論其罪故也。詔祕書省校書郎許忻入對，奏疏言：「金人始入寇也，固嘗云講和矣。靖康之初，約肅王至大河而返，已而挾之北行，訖無音耗。河朔千里焚掠無遺，復破威勝、隆德等州，淵聖嘗降詔書，謂金人渝盟，必不可守。是歲又復深入，朝廷措置失宜，都城遂陷。虜情狡甚，懼我百萬之衆，必以死争也，止我諸道勤王之師，則又曰講和矣。乃邀淵聖出郊，次邀徽宗繼往，追取宗族殆無虚日，傾竭府庫靡有孑遺。公卿大臣類皆拘執，然後僞立張邦昌而去。則是金人所謂講和者，果可信乎？此已然之禍，陛下所親見。今徒以王倫繆悠之説，誘致虜人，責我以必不可行之禮，而陛下遂以屈己從之，臣是以不覺涕泗之横流也。」樞密院編修官趙雍上書，略曰：「天子之孝與臣庶不同，報難報之恨，雪難雪之恥，精變天地，誠動金石，震國威，立法制，爲匹夫匹婦復讎，而朝四夷於明堂，此陛下之職，而群公所當盡心也。爲今日之計，當以講和爲中國一事，不必張皇委宰相平見使者，遣使臣再議，直俟梓宫已還，母兄相見，然後徐議稱號，折中典禮，南北兄弟自有故事。願陛下少抑一身孝愛之情，俯徇天下至正之論。」丁卯，王楊英爲太常博士。楊英獻所著黼扆箴十二篇，上召對，而有是命。戊辰，湖北京西宣撫使岳飛乞差胡邦用知靖州。上曰：「郡守牧民之官，亦藩屏所寄，當自朝廷選差，若皆由將帥辟置，非臂指之勢也。」庚午，殿中侍殿史鄭剛中言：「今日之勢，尤急於邊郡。如楚、泗、通、泰、滁、濠、江、鄂以至荆襄、關陝之地，不過二十餘郡，願詔大臣精選二十餘輩，分而布之，使其招徠牧養，朝廷又時遣使按行，無狀者易之，處處得人，則須以持久，增秩賜金之事可行矣。」從之。辛未，參知政事李光言月樁錢之害、常平之利。上曰：「月樁事朕數爲趙鼎言之，不以爲意。常平司當復置，三省可條具取旨。」癸酉，祕書省著作郎胡珵、尚書司勳員外郎朱松、祕書省著作佐郎張廣（擴）凌景夏〔五九〕、祕書省正字常盟范如圭上書曰〔六〇〕：「臣聞主憂臣辱，主辱臣死。前者，上皇訃聞，陛下方宅大憂，天下受其辱矣。今者，聞諸道路口語籍籍，審如是，將辱在陛下之身，臣等得其死爲有名之時也。人誰無死，爲君父死之，爲有宋宗社死之，爲古今臣子忠孝大訓死之，豈爲無名乎。虜人方據中原，吞噬未厭，何憂何懼，而一旦幡然與我和哉？蓋其狃於荐食之威，動輒得志，而我甚易恐，故常喜於和之説以侮我。又慮我訓兵積粟，蓄鋭俟時，而事有不可測知者，故不得不爲和之説以撓我耳。蓋虜之和使，即秦之衡人，兵家用之，百勝之術也。六國不悟衡人割地之無饜，以亡其國。今國家不悟虜使請和之得策，其禍亦豈可勝言哉。彼以和之一字得志於我，十有二年矣，以覆我王室，以弛我邊備，以竭我國力，以解體我將帥，以懈緩我不共戴天之讎，以絶望我中國謳吟思漢之赤子。奈何至今而猶未悟也。信如道路之言，則虜人之要我，至不遜也，至無稽也。是坐而約降我也。艱難以來，彼苟可以毒我者，無遺力矣。獨欠約降一事爾。陛下奈何不顧祖宗社稷二百年付託之重，將不慮而從之。以萬乘之尊，冒險而僥倖彼犬羊者〔六一〕，苟獲其不遜無稽之謀〔六二〕，而藉躙以逞〔六三〕，將焉避之哉。」如圭又言：「今女真之使，以詔諭江南爲名，要陛下以稽首之禮，自公卿大夫以至六軍萬姓，莫不扼腕忿怒，豈肯聽陛下北面而爲仇賊之臣哉。豈如今日痛憤肝膽之際，明諭虜使而謝遣之，然後詔在廷之臣與守邊之將，講明戰守之策，日夜飭厲，常若臨敵，表裏江淮，必足以防侵軼之患。願陛下枕戈嘗膽，深思此策而力圖之，則梓宫終有山陵之期，母后終有東朝之養，淵聖終免鴒原之難，陛下終得遂孝悌之心，而天下臣子亦得伸眉吐氣，食息世間，俯仰無所愧怍。與夫忍恥事讎，榮辱禍福，相去萬萬矣。」時士大夫皆以和爲不可，而如圭與王庶、曾開、户部侍郎李彌遜、監察御史方庭實言之尤力。庭實疏言：「臣自靖康以至今日，每論議和之無益，徒竭民膏血，坐困中國，沮將士之氣，啓姦雄之謀，此臣愚陋自守所見，而不敢附會其説以欺陛下。今使人以江南詔諭爲名，或傳陛下欲屈膝受詔，則臣不知所謂也。嗚呼！誰爲陛下謀此也。天下者，中國之天下，祖宗之天下，群臣萬姓三軍之天下，非陛下之天下。陛下躬聰明勇智之資，傳嗣正統，有祖宗積累之基，有長江之險，有甲兵之衆，群臣萬姓三軍皆一心欣戴陛下，如子弟之從父兄，手足之扞頭目。陛下縱未能率勵諸將，尅復神州，尚可保守江左，何遽欲屈膝於虜乎！陛下縱忍爲此，其如中國何，其如先王之禮何，其如天下之心何！」甲戌，提舉萬壽觀韓肖胄簽書樞密院事。乙亥，以肖胄爲大金奉表報謝使，樞密副都承旨錢愐副之。丙子，金國詔諭使張通古、簽書宣徽院事蕭哲至行在，言先歸河南地，徐議餘事。以左僕射府館之。監察御史施庭臣爲侍御史。庭臣抗章力贊和議，故有是除。命下，中外駭愕。丁丑，起居郎劉一止試中書舍人，司農寺丞莫將賜同進士出身，除起居郎。都省翻黄下吏部。兼權吏部尚書張燾、試吏部侍郎晏敦復言：「仰惟陛下聖孝天至，痛梓宫之未還，念兩宫之未復，不憚屈己與虜議和，夙夜焦勞懇切，孜孜汲汲，惟恐後時，特以衆論未同，故未敢輕屈爾。幸而日者上自朝廷，下逮百執事之臣，小大一心，無復異議，朝夕進退，從容獻納，庶幾天聽爲回，卒不致屈，此宗社之福也。彼施庭臣乃務迎合〔六四〕，輒敢抗章力贊此議，姑爲一身進取之資，不恤君父屈辱之恥，覈實定罪，殆不容誅，乃由察官超擢御史。夫御史府，朝廷紀綱之地，而陛下耳目之司也。前日勾龍如淵以附會此議而得中丞，衆論固已嗤鄙之矣。今庭臣又以此而躋横榻，一臺之中，長貳皆然，既同鄉曲，又同腹心，惟相阿附，變亂是非，豈不紊國家之紀綱，蔽陛下之耳目乎。衆論沸騰，方且切齒，而莫將者又以此議，由寺丞而擢左史。如淵、庭臣，庸人也，初無所長，但知觀望，而將姦人也，考其平昔，奚所不爲，陛下奈何遽與此輩斷國論乎。至於議和，則王倫實爲謀主，彼往來虜中至再四矣。今其爲言，自已一二事之倪端蓋亦可見。自朝廷有屈己之議，上下皆已解體，儻成屈己之事，則上下必至離心。人心既離，何以立國。伏願陛下戒之重之，所有施庭臣、莫將除命，更合取自聖旨指揮。」於是將、庭臣皆不敢拜。時張燾既力詆拜詔之議，秦檜患之，燾亦自知言切，恐得罪，遂託疾在告。檜使樓炤諭之曰：「北扉闕人，上欲以公爲直院，然亦假途耳。公疾平宜早出。」燾大駭曰：「果有是言，愈不敢出。」燾乃不主和議者，若使中草國書，豈能曲循意旨哉。燾嘗思之，不過一去，今日之事其去在我，一受遷官，他日以罪去，則事由人矣。」檜不能奪，遂止。己卯，吏部侍郎晏敦復、户部侍郎李彌遜、梁汝嘉、權吏部尚書張燾、給事中兼直院樓炤、中書舍人兼翊善蘇符、權工部侍郎蕭振、起居舍人薛徽言同班入對，上奏曰：「臣聞與衆同欲，是以濟事。自古人君施設注措，未有不以從衆而成，違衆而敗者。伏見今日屈己之事，陛下以爲可，士大夫不以爲可，民庶不以爲可，學士不以爲可，如是而求成，臣等竊惑之。臣等竊聞虜使入境，伴使北向再拜，問虜酋起居〔六五〕，此故事也。然軍民見者，或至流涕。夫人心戴宋如此，雖使者一屈猶爲之不平，況肯使陛下不顧群議，斷而行之，萬一衆情不勝其忿，而王雲、劉晏之事，或見於今日，陛下始有追悔之心，恐亦晚矣。傳曰：『衆怒難犯，專欲難成。合二難以安國，危之道也。』臣等職在論思，竊聞輿議，不敢緘默。伏望聖慈俯同衆情，毋遂致屈而緩圖之，不勝幸甚。」奏，燾所草也。新除權禮部侍郎兼侍講尹焞言：「伏見本朝戎虜之禍，亘古未聞，中國無人，致其滑亂〔六六〕，乃再啓和議於今日，意欲僭圖混一，臣妾中國，使人之來，以詔諭爲名，以割地爲要，欲與陛下抗禮於庭，復使陛下北面其君，則降也，非是和也。今以不共戴天之讎，與之和且猶不可，況實降乎。」時近臣皆入，焞以疾固辭新命，乃上此疏，又移書秦檜，言及：「虜使在庭，天下憂憤。若和議一成，彼日益强，我日益怠，則中國號令皆從虜出，國事廢置皆從虜命，侵尋朘削，天下有被髮左衽之憂，譏間疑貳，將帥有誅戮奪權之害，姦宄生心，大勢奈何。今之上策，莫如自治，自治之要，內則進君子而遠小人，外則賞當功而罰當罪。使主上之孝悌通於神明，主上之道德成於安强。勿以小智孑義而圖大功，不勝幸甚。」檜得其書已不樂，讀至「小智孑義」之語，大怒之。庚辰，尚書右僕射秦檜見金國使人於其館，受國書以歸。前一日，從官既對，上乃召王倫責其取書事。倫見北使張通古，以一二策動之，通古亦恐，遂請用明日。或曰：時欲行此禮，檜未有以處，因問給事中樓炤，炤舉書「高宗諒陰三年不言」之句以對，檜悟，於是上不出而檜攝冢宰受書。通古猶索百官備禮迎其書。檜乃命三省、樞密院吏朝服乘馬導從。時上特以皇太后故俯從虜約，而檜必欲屈己，天下咎之。

大事記曰：建炎之初，內有綱，外有澤，此可爲之一機也，而汪、黄以主和失之。紹興之間〔六七〕，內有鼎，外有浚，此又有爲之一機也，而秦檜以主和失之。失此二機，天地之大義不立，使我高宗抱終天之痛，可勝惜哉〔六八〕。蓋當時大臣任事者張、趙、朱、吕數人，惟浚在外，鼎在內，至公血誠，相與扶持此義〔六九〕。然浚終始主戰，鼎始主戰終主守，則鼎之規模已與浚少異。若頤浩、勝非雖內有平賊之功，而外但爲避狄之謀，則皆不知此義者也。大將用命者張、劉〔七〇〕、韓、岳數人。張浚謂諸大將惟飛〔七一〕、世忠可倚大事，而二人必欲掃强敵，壞和議，則真知此義。若光世之沈酣酒色，不喜恢復，每每退屯，而俊不受行府之命，不與劉錡共功，不與世忠同謀，但與沂中爲腹心，以附秦檜之和議而已，則皆不知此義者也。是則諸臣之不知義者多矣。而南渡百年，公論獨切齒於一檜者，何也？蓋汪、黄壞之於事勢未定之時，而檜壞之於事機垂成之日，爲可恨也。諸公之言和者，依違於其間，而檜獨斷然爲南自南、北自北之説也。他相或一年，或二年，或不數月，而檜獨相二十年之久也。方其入相之初，朝士皆動色相賀，惟晏敦復目之爲姦人。然向子忞於紹興之初，與胡安國論曰：「與檜同時被執軍前鮮有生者，獨檜盡室而歸，非大姦能如是乎。」當時安國猶以爲忠，其子寅猶以子忞之言爲過，則檜之姦可以欺賢人君子也如此。方檜之初主和曰：「我有二策可以聳動天下，今無相不可行。」及再主和也，曰：「臣恐亦有未便，欲望更思慮三日。」又三日，曰：「臣恐別有未便。」知上意堅確不移，乃乞決和議，不許臣下干預。則檜之姦足以欺聖主也。如此，檜雖以和議斷自聖衷，而人心公議終不可遏。争之者，臺諫則張戒、常同、方庭實、辛次膺，侍從則梁汝嘉〔七二〕、蘇符、樓炤、張九成、曾開、張燾、晏敦復、魏矼、李彌遜，郎官則胡珵、朱松、張廣（擴）、凌景夏，宰執則趙鼎、劉大中、王庶，舊宰執則李綱、張浚，其他如林季仲、范如圭、常明、許訢〔七三〕、潘良貴、薛徽言、尹焞、趙雍、王時行〔七四〕、連南夫、汪應辰、樊光遠，交言其不可，大將岳飛、韓世忠亦深言其非計。而胡銓乞斬王倫、秦檜、孫近一疏，都人喧騰，數日不定，人心亦可知矣。諸公之議，憤激懇切，而終不足以折檜者，則有説矣。謂梓宮不可還今還矣，謂太后不可復今復矣，謂陝西、河南之地不可得，今可得矣，謂敵不可信，今可信矣。此檜之所以能排衆議也。然不能復讎雪恥，而使吾君抱終天之痛，以爲孝悌；不能自復土宇，而乃乞丐於仇讎之戎狄，以立國家。此如圭所謂相臣以爲忠而不知身陷於大不忠，主上以爲孝而不知身陷於大不孝。樊光遠所謂金人詭詐不足憂，而信實深可懼，其可信愈甚，則其可懼愈甚。皆至論也。一人之私不能以勝千萬人之公，雖檜亦末如之何也。

初，鄜延既陷[七五]，第六將李世輔爲宗弼所喜，累遷知同州。及虜廢僞齊，世輔乃與其徒王世忠、頓遇等潛謀[七六]，遣使臣白彥忠等持書抵川陝宣撫副使吴玠，使出兵爲外應。是冬，左監軍撒離曷自大同之陝西[七七]，見左都監拔束議割地事，比過同州，世輔乃僞稱足疾，伏兵州廨，因犒其從者，醉而悉殺之，遂縛撒離曷，上馬欲以南歸。虜騎追及之。世輔等數十人決圍而出，且戰且前，至五丈原[七八]，追騎益衆。世輔度衆寡不敵，乃解撒離曷縛，折箭爲誓，縱之使去。洛水溢，世輔無舟不得渡，虜人又會兵斷其歸路，世輔遂奔夏州，其家皆爲虜所殺。

校證

〔一〕王仲嶷　原作「王仲疑」，下文即有「〔王〕仲嶷」，查宋元文獻中，代指同一人的「王仲疑」、「王仲嶷」都出現多次，大抵「王仲嶷」多於「王仲疑」，本書暫統一作「王仲嶷」，待詳考。

〔二〕廬州　「廬」原作「盧」，據再造本、文海本、中興聖政卷二三、繫年要録卷一一八校改。

〔三〕此闕　「闕」原作「門」，據再造本、文海本、中興聖政卷二三、繫年要録卷一一八校改。

〔四〕矣　此字原脱，再造本、文海本作「亦」，據中興聖政卷二三、繫年要録卷一一八補。

〔五〕與反復圖成敗　再造本、文海本、中興聖政卷二三同，繫年要録卷一一八、李幼武宋名臣言行録別集上卷三王庶「與」後有「之」字。

〔六〕今世　再造本、文海本、中興聖政卷二三均同，繫年要録卷一一八作「今此」。

〔七〕魏矼　「魏矼」二字原脱，據再造本、文海本、中興聖政卷二三、繫年要録卷一一八補。

〔八〕安南　李校：原脱「南」字，據繫年要録卷一一八補。汪按：再造本、文海本、中興聖政卷二三均不脱，應作校改依據。

〔九〕吏部員外郎　再造本、文海本、中興聖政卷二三同，繫年要録卷一一八作「兵部員外郎」。

〔一〇〕秦檜　原作「奏檜」，據再造本、文海本、中興聖政卷二三、繫年要録卷一一八校改。

〔一一〕沿江　原作「松江」，據再造本、文海本、中興聖政卷二三、繫年要録卷一一九校改。

〔一二〕多用數　再造本、文海本、中興聖政卷二三均同，繫年要録卷一一九作「多用術數」。

〔一三〕四月甲子　此四字原爲正文，再造本、文海本、中興聖政卷二三同，繫年要録卷一一九爲注文。作正文，則「四月」重出不當，據文義，作注文是，今依繫年要録改注文。

〔一四〕未問所學淵源　再造本、文海本、中興聖政卷二三均同，惟繫年要録卷一一九作「所學淵源」。又宋史卷四二八尹焞傳作「未論所學淵源」，熊克中興小紀卷二四作「學有淵源」。

〔一五〕是日　再造本、文海本、中興聖政卷二三均同，繫年要録卷一一九作「是月」。

〔一六〕生齒　原作「生處」，文海本同。據再造本、中興聖政卷二三、繫年要録卷一一九校改。

〔一七〕著王之大法　再造本、文海本同；中興聖政卷二三「著」作「者」，從上讀；繫年要録卷一一九作「著百王之大法」。

〔一八〕黠虜　原作「驍敵」，據再造本、文海本回改。

〔一九〕烏陵思謀　原作「烏凌阿思謀」，據再造本、文海本回改。

〔二〇〕石慶充　再造本、文海本、中興聖政卷二三、宋史卷二九高宗紀均同，繫年要録卷一一九、徐夢莘三朝北盟會編卷二二三作「石慶克」。

〔二一〕頊任　「頊」原作「項」，據再造本、文海本、中興聖政卷二三、繫年要録卷一一九校改。

〔二二〕虜　此「虜」與本月下文四「虜」字，原均作「敵」，據再造本、文海本回改。

〔二三〕倫往來　原作「倫充來」，文海本作「倫在來」，據再造本、中興聖政卷二三、繫年要録卷一一九校改。

〔二四〕闢報　再造本、文海本、繫年要録卷一二〇均同，惟中興聖政卷二三作「閱報」。

〔二五〕虜　此「虜」與本月下文二「虜」字，原均作「敵」，並據再造本、文海本回改。

〔二六〕四川　原作「四州」，文海本同，據再造本、中興聖政卷二三、繫年要録卷一二〇校改。

〔二七〕林恪　再造本、文海本、中興聖政卷二三均同，繫年要録卷一二〇作「林格」。「林格」似誤。

〔二八〕撻覽　原作「達蘭」，據再造本、文海本回改。

〔二九〕虜使　原作「北使」，據再造本、文海本回改。

〔二〇〕尤得遴擇　再造本、文海本、繫年要録卷一二一注引中興聖政均作「尤當遴擇」，中興聖政卷二三作「尤當選擇」。

〔二一〕張戒言　再造本、文海本、中興聖政卷二三均同，惟繫年要録卷一二一謂以下爲侍御史蕭振所言。

〔二二〕邛州　再造本、文海本、中興聖政卷二三、中興小紀卷二五均同，惟繫年要録卷一二一作「知邛州」。

〔二三〕利不百不變法　「不變法」原作「年變法」，據再造本、文海本、中興聖政卷二三、繫年要録卷一二二校改。

〔二四〕主管　李校：原作「主觀」，據繫年要録卷一二二改。汪按：再造本、文海本、中興聖政卷二三均作「主管」，應作校改依據。

〔二五〕擇帥臣以壓服其心　再造本、文海本、中興聖政卷二三同，繫年要録卷一二二作「擇帥憲以厭服其心」。

〔二六〕所以與鄉來稍異　再造本、文海本同，中興聖政卷二三、繫年要録卷一二二作「所向與鄉來稍異」，中興小紀卷二五作「所嚮與向來稍異」。

〔二七〕此爲可惜　原作「此可爲惜」，據再造本、文海本、中興聖政卷二三、繫年要録卷一二二、中興小紀卷二五、宋名臣言行録別集下卷四趙鼎校改。

〔三八〕烏陵思謀　原作「烏凌阿思謀」，「虜」原作「敵」，並據再造本、文海本回改。

〔三九〕虜　此「虜」與下文「强虜」之「虜」，原均作「敵」，並據再造本、文海本回改。

〔四〇〕和議　原作「和義」，據再造本、文海本、中興聖政卷二三、繫年要録卷一二二校改。

〔四一〕虜　此「虜」原作「北」，下文「虜云詔諭」、「虜失信數矣」、「虜肯革心」、「虜使之來」「虜騎屢犯行闕」、「一戰而敗虜師」之「虜」，原均作「敵」，並據再造本、文海本回改。

〔四二〕扶合　再造本、文海本、中興聖政卷二四均同，惟繫年要録卷一二三作「符合」。

〔四三〕既而受詔　文海本同，再造本「而」字空闕，中興聖政卷二四、繫年要録卷一二三均無「而」字。

〔四四〕虜　此「虜」與下文「屈膝夷虜」、「爲虜人所紿」、「不熟虜情」、「不肯拜虜詔」、「挾虜自重」、「忘此虜耶」之虜，原均作「敵」，並據再造本、文海本回改。

〔四五〕言　此字原脱，李校補「曰」字，謂：原脱此字，據文意補。汪按：再造本、文海本、中興聖政卷二四、繫年要録卷一二三均作「言」，李校僅憑臆想補「曰」字不妥，今不從。

〔四六〕撻懶　原作「達蘭」，據再造本、文海本回改。

〔四七〕虜　此「虜」與下文「舉以使虜」、「誘致虜使」、「父子爲虜」之「虜」，原均作「敵」，並據再造本、文海本回改。

〔四八〕醜虜　原作「金人」，據再造本、文海本回改。

〔四九〕猝　再造本、文海本同，繫年要録卷一一三、宋史卷三七四胡銓傳、三朝北盟會編卷一八六、胡銓澹庵文集卷二上高宗封事均作「捽」。

〔五〇〕犬戎　原作「仇敵」，據再造本、文海本回改。下一「犬戎」同此。

〔五一〕夷狄　原作「草萊」，據再造本、文海本回改。

〔五二〕胡服　原作「異服」，據再造本、文海本回改。

〔五三〕犬豕　原作「讎敵」，據再造本、文海本回改。下文二「犬豕」同此。

〔五四〕醜虜　原作「金人」，下文「醜虜變詐」之「醜虜」，原作「醜類」，「醜虜陸梁」之「醜虜」，原作「北敵」，並據再造本、文海本回改。

〔五五〕虜　此「虜」與下文「虜決可和」、「北面臣虜」、「出虜人下」、「虜可講和」、「虜騎長驅」、「羈留虜使」之「虜」，原均作「敵」，並據再造本、文海本回改。

〔五六〕征繕　原作「征績」，再造本、文海本同，據左傳僖公十五年、中興聖政卷二四、繫年要録卷一二三、三朝北盟會編卷一八七、劉時舉續宋編年資治通鑑卷二校改。

〔五七〕銓　原誤「詮」，再造本、文海本同，據中興聖政卷二四、繫年要録卷一二三、宋史卷三七四胡銓傳、中興小紀卷二五校改。

〔五八〕虜　此「虜」與本月下文計二十一「虜」字，原均作「敵」，并據再造本、文海本回改。

〔五九〕張廣　再造本、文海本、中興聖政卷二四、繫年要録卷一二四均同，然宋史卷二九高宗紀作

「張擴」，「張擴」當是本名，「張廣」當是避宋諱所改。陳騤南宋館閣録卷七官聯及張擴東窗集可參。下文引吕中大事記内「張廣」同此。

〔六〇〕常盟　再造本、文海本同，中興聖政卷二四、繫年要録卷一二四作「常明」。宋元文獻中「常明」多見，「常盟」罕見，似作「常明」是。

〔六一〕犬羊　原作「敵國」，據再造本、文海本回改。

〔六二〕苟獲其　再造本、文海本、中興聖政卷二四均同，繫年要録卷一二四作「苟或濟其」，後者似較通。朱熹晦庵集卷九七朱松行狀作「得濟其」，可參。

〔六三〕藉躪　再造本、文海本、中興聖政卷二四均同，繫年要録卷一二四作「蹂躪」。

〔六四〕施庭臣　原作「施廷臣」，文獻中「施庭臣」、「施廷臣」互見，難定孰是，本書暫統作「施庭臣」。

〔六五〕虜酋　原作「金帥」，據再造本、文海本回改。

〔六六〕致其滑亂　中興聖政卷二四闕文，再造本、文海本、宋史卷四二八道學尹焞傳、尹焞和靖集卷一諫講和劄子、三朝北盟會編卷一八九均作「致其猾亂」，繫年要録卷一二四作「致以擾亂」。

〔六七〕紹興之間　再造本、文海本、繫年要録卷一二四注引大事記均同，中興聖政卷二四作「紹興之初」，趙鼎任相，張浚知樞密院事在紹興四年，紹興共三十二年，似「之初」更準確。

〔六八〕可勝惜哉　原作「可深惜哉」，據再造本、文海本、中興聖政卷二四、繫年要録卷一二四注引吕中大事記校改。

〔六九〕此義　原作「此議」，再造本、文海本同，據類編皇朝中興大事記講義卷一、中興聖政卷二四、繫年要録卷一二四注引大事記及本書前後文校改。

〔七〇〕劉　原作「趙」，再造本、文海本同，按南宋初期大將無趙姓者，「張、劉、韓、岳」當指張俊、劉光世、韓世忠、岳飛，故據中興聖政卷二四、繫年要録卷一二四注引大事記校改。

〔七一〕諸大將　「大」原作「六」，再造本、文海本同，據中興聖政卷二四、繫年要録卷一二四注引大事記校改。

〔七二〕梁汝嘉　「梁」原作「桑」，再造本、文海本、中興聖政卷二四，然當時侍從大臣未見有「桑汝嘉」，今從類編皇朝中興大事記講義卷一〇、繫年要録卷一二四注引大事記校改。

〔七三〕許訢　再造本、文海本、繫年要録卷一二四注引大事記同，中興聖政卷二四闕頁，按「許訢」應即「許忻」，有宋史卷四二二許忻傳，其他文獻也多有記載。

〔七四〕王時行　再造本、文海本、繫年要録卷一二四注引大事記均同，類編皇朝中興大事記講義卷一〇作「馮時行」。「王時行」他處未見記載，馮時行，字當可，著有縉雲集。繫年要録卷一二〇記馮時行接受宋高宗召見，言「金人議和何足深信……」力主抗戰。卷一七六載馮時行因「不附和議爲秦檜所惡，坐廢者十八年」。故疑作「馮時行」是。

〔七五〕鄜延　李校：原作「鄜延」，據文意改。汪按：再造本、文海本、繫年要録卷一二四均作「鄜延」不誤，應作校改依據。中興聖政卷二四闕頁。

〔七六〕頓遇　再造本同，文海本字模糊難辨，中興聖政卷二四闕頁，繫年要録卷一二四作「領遇」，然宋名臣言行録别集下卷一一李顯忠、杜大珪名臣碑傳琬琰之集下卷二四張掄李顯忠行狀均作「頓遇」，可知作「領遇」誤。

〔七七〕撒離曷　原作「薩里罕」，據再造本、文海本回改。下文二「撒離曷」同此。

〔七八〕五丈原　名臣碑傳琬琰之集下卷二四張掄李顯忠行狀同，再造本、文海本、繫年要録卷一二四均作「五交原」。

宋史全文卷二十下

宋高宗十二

己未紹興九年春正月乙酉，新監昭州鹽倉胡銓簽書威武軍節度判官廳公事。宰相秦檜、參知政事孫近言：「銓昨上書專詆臣等，若不陳乞稍加甄叙，則是臣等身爲輔弼，區區與小官校曲直，失大臣體。」故有是命。丙戌，以金人來和，大赦天下。赦文曰：「乃上穹開悔禍之期，而大金報許和之約，割河南之境土，歸我輿圖，戢宇内之干戈，用全民命。」提舉臨安府洞霄宮徐俯上表賀曰：「禍福倚伏，情僞多端。恐未盡於事機，當復勞於聖慮。」湖北京西宣撫使岳飛表曰：「救暫急而解倒垂，猶之可也。欲長慮而尊中國，豈其然乎。」又曰：「謂無事而請和者謀，恐卑辭而益幣者進。願定謀於全勝，期收地於兩河，唾手燕雲，終欲復讎而報國，誓心天地，尚令稽首以稱藩。」飛幕客張節夫之文也。秦檜讀之大怒。提舉醴泉觀王倫賜同進士出身，除同簽書樞密院事，充迎奉梓宮、奉還兩宮、交割地界使，知閤門事藍公佐副之。許歲貢銀絹共五十萬匹兩。戊子，先是，秘書省正字范如圭轉對，言：「兩京版圖既入，則九廟八陵相望咫尺，而朝修之使未遣，何以仰慰神靈，下遂民志。」上悽然曰：「非卿不聞此言。」遂命遣使。秦檜以如圭不先白己，始怒之。知廣州連南夫上封事曰：「臣竊惟大金素行凶詐，比年以來，兩國皆墮其術中。大概彼以和議成之，此以和議失之。今陛下果推赤心信之，以其割河南之地遂恩之乎。陛下於太上有終天之別，於金人有不戴天之讎，方且許還河南之地，彼其計實老子所謂將欲取之必固予之，兵法所謂不戰而屈人兵之術也。誰不怒髮衝冠，握拳嚼齒而痛憤哉。陛下方感其恩，遂無赫怒整旅之志。蓋用心不剛，則四肢委靡，將士雖欲斷髮請戰，有不可得，誰爲陛下守四方者。是陛下十有餘年寵將養兵，殫財曲意之計，一旦積於空虛不用之地，倒持太阿，交手而付之矣。臣伏讀正月五日赦文曰：『戢宇内之干戈。』又奉聖旨，不得詆斥大金。如此直墮其術中，使忠義之士結舌而不得伸，忠良之將縮手而不爲用。臣恐將士解體，魚潰獸散，如張良所謂誰與取天下者。陛下方遣侍從宗臣祗謁宫廟陵寢，將親見宫室之禾黍，陵寢之盜掘，此政詩人彷徨不忍去之憂也。恐有扶老攜幼，感泣而聽語者。少者之哭，哭其父與兄也。老者之哭，哭其子也。陛下追悼其因，是誰之過歟。河南之民，何啻百萬，昔日樂生，今日效死，因民之欲，北嚮爲百姓請命，而以王師甲兵之衆隨之，河北之人必有簞食壺漿以迎王師，此臣所以願陛下因而圖之也。」南夫又爲表賀曰：「雖虞舜之十二州，昔皆吾有，然商於之六百里，當念爾欺。」秦檜大惡之。己丑，北使張通古與韓肖胄先行，韓世忠伏兵洪澤鎮，詐令爲紅巾，俟通古過則劫之，以壞和議。世忠將郝抃密告其事，故通古自真、和由淮西以去。通古性聰敏，秦檜以胡銓封事示之，通古一覽即能誦。庚寅，責授祕書少監、永州居住張浚復提舉臨安府洞霄宫。浚上疏言：「燕雲之舉，其鑒不遠。虜自宣和以來〔一〕，挾詐反覆，傾我國家，蓋非可結以恩信，事以仁義者。蓋自堯、舜以來，人主奄有天下，非兵無以立國，未聞委質夷狄可以削平禍難。遠而石晉，近而叛豫，著人耳目，歷歷可想。戰國之時，楚懷王入覲於秦，一往不返，逮今千載之下爲之痛心，由辨之不早也。」新除權尚書禮部侍郎兼侍講尹焞爲徽猷閣待制、提舉萬壽觀兼侍講。焞以議和不合力辭新命，章十上，乃有是旨。焞五辭不拜。乙未，監明州比較務楊煒獻書於參知政事李光，論和戎事，大略以謂：「屬者黠虜求和〔二〕，乃遣詔諭使，至以無禮臣我，舉國諠譁，議論不一。閤下召來造朝，遽復合爲一黨，寂然無聲，有識者謂閤下非不知利害之曉然，所以然者，賣諂取執政爾。黠虜割中原爲一大餌以釣江南，今欲竭一方求實中原，不知空空之地，孱老孤寡既不可賦，所謂按月所支，一切調度，何從出乎？加之供奉禮物，動計百萬，異時以有限之財，充無厭之虜〔三〕，是以江海實漏巵爾。日者乃始揭榜都城，有曰虜人並無須求，煒所不識也。諸公蒙蔽天聽，是何異掩耳竊鍾也哉。丞相秦公專誤國之謀，傾心黠虜，參政孫公平生齪齪謹畏，天下初不以此責之。如閤下姑欲愛惜名位，隨群而入，逐隊而趨，亦以謂虜必可信，和必可講，則請直以此書上之天子，置以典憲，煒所不辭。」丙申，金右副元帥宗弼始以割地詔下宿州。丁酉，詔發運經制司去「發運」二字，以户部長貳一員兼領。戊戌，同簽書樞密院事王倫爲東京留守兼權開封尹，提舉醴泉觀郭仲荀副留守。己亥，萬壽觀使雍國公劉光世爲陝西宣撫使，川陝宣撫副使吴玠爲四川宣撫使，内陝西路階、成等州聽節制如舊。上諭輔臣曰：「河南新復境土，所命守臣，專在拊循遺民，勸課農桑，各使因其地以食，因其人以守，不可移東南之財力，虚内以事外也。」祕書省正字汪應辰上疏言：「和議既諧，則因循無備之可畏。臣願陛下痛心嘗膽以圖中興，勿謂和好之可以無虞，而思患預防，常若敵人之至也。何至以中國之大，而下爲讎人役哉。」辛丑，詔内侍省副都知藍安石賜贈保寧軍節度使，可特與賜謚。渡江後宦者賜謚始此。夏國主乾順以李世輔爲鄜延岐雍等路經略安撫使。

二月癸丑，京城副留守郭仲荀乞兵與糧。上曰：「朕今日和議，蓋欲消兵，使百姓安業。留司豈用多兵，但得二三千人彈壓内寇足矣。至如錢糧，亦只據所入課利贍養官兵，他日置榷場，不患無錢，豈可虚内以事外耶。」新除左通直郎尹焞固辭待制、侍講之命，且言：「臣職在勸講，蔑有發明，期月之間，病告相繼，坐竊厚禄，無補聖聰。比嘗不量分守，輒及國事，識見迂陋，已驗於今，迹其庸愚，豈堪時用。伏望檢會累奏，放歸田里。」詔焞日下供職。秦檜讀焞奏，見「時用」二字，深銜之。戊午，新除太常少卿謝祖信復爲殿中侍御史。前一日，上諭秦檜曰：「朕欲用祖信爲臺官，恐祖信不知朝廷今日事機，卿等可召赴都堂，與之議論。」檜奏：「臺諫乃天子耳目，朝廷闕失所當論列，恐呼召至廟堂，然後除授，不能無嫌。」上曰：「大臣朕股肱，臺諫朕耳目，本是一體。若使臺諫幾察大臣，豈朕責任之意耶。」然檜卒不召。己未，尚書右僕射秦檜上徽宗皇帝陵名曰永固。詔恭依。主管台州崇道觀王銍言〔四〕：「後周叱奴皇后陵實以爲名，不可犯。且叱奴皇后夷狄也，尤當避。」檜大怒。提舉臨安府洞霄宫李綱知潭州，提舉臨安府洞霄宫張浚知福州。時浚未聞命，又上疏言：「竊惟今日事勢，處古今之至難，一言以斷之，在陛下勉强圖事而已。」又具劄子曰：「自陛下回駐臨安，甫閲歲時，聖心之所經營，朝論之所商確，專意和議，莫不幸其將成矣。臣意虜力弱未暇〔五〕，姑借和以怠我之心，勢盛有餘，將求故以乘吾之隙，理既甚明，事又易見。料虜上策，還梓宫，復母后，與地來歸，不失前約，結懽篤好，以怠我師。遲遲數年，兵無戰意，然後遣一介之使，持意外之詔，假如變置大臣，更立后妃，將何以塞請。虜出中策，則必重邀求，責微禮，失約爽信，近在期年。中原之地，將有所付。敵出下策，怒而興師，直臨江表，勢似可愕，而天下之亂，或從此而定矣。」新除徽猷閣待制尹焞固辭新命，且言：「臣前所陳述，乃事君之大義，人臣之常分，盡出誠實，非爲矯僞。」上察其誠，以焞提舉江州太平觀。焞又請追還職名，不許。壬戌，新知福州張浚復資政殿大學士，充福建路安撫大使兼知福州。癸亥，御史中丞勾龍如淵、起居郎施庭臣並罷。其後，秦檜擬如淵知遂寧府。上曰：「此人用心不端。」遂已。己巳，判大宗正事士㒟、兵部侍郎張燾辭往西京朝謁陵寢。壬申，醴泉觀使趙鼎知泉州。鼎寓居會稽，秦檜猶忌其逼，乃以遠郡處之。己卯，臨安府火。庚辰，日中見黑子，月餘乃沒。吉州免解進士周南仲上書，言：「臣於去年奏陳十事，陛下既賜召命，又取十事而行其一二矣。臣不避斧鉞，採取天下輿論，有五不可、三急務，以爲今日獻。」所謂五不可者：欲雪前羞，不可主和議；欲務萬全，不可失機會；欲復中原，不可居東南；欲馭諸軍，不可不將將；欲得賢才，不可廢公論。所謂三急務者：一曰重國柄，二曰蓄邊略，三曰擇守令。

三月丙申，知漳州廖剛試御史中丞。剛首奏：「臣職在搏擊姦邪，當思大體，若乃捃摭細故，矜一得於狐兔之微，則非本心。」他日入對，又言：「今經費不支，盜賊不息，事功不立，命令不孚，及兵驕官冗之弊，蓋不一，其原則在於人主之一身。若意誠心正，以照臨百官，則是非不紊，姦邪洞見，天下之弊可次第革矣。」中書言：「昨修執政拜罷録詳略失中，本末差舛。」詔史館重行編修。秦檜之初免相也，上以御劄斥其罪，而一時制詔拜罷録具焉。檜欲滅其迹，故有是請。丁亥，和州防禦使璩爲保大節度使，封崇國公。甲午，詔璩赴資善堂聽讀，禄賜如建國公例。

四月己未，新荆南路安撫大使李綱提舉臨安府洞霄宫。初，綱奏辭新命，又上疏言：「臣迂疏，無周身之術，動致煩言，亟奮亟躓，上累陛下知人任使之明，實有關於國體。」故有是命。甲子，孟庾爲河南府路安撫使兼知河南府，充西京留守。路允迪爲應天府路安撫使兼知應天府，充南京留守。戊辰，上謂大臣曰：「韓世忠欲獻駿馬，朕命留以備用。世忠曰：『今和議已定，豈復有戰陣事。』朕曰：『不然。虜雖講和〔六〕，戰守之備何可少弛。朕方復置茶馬司，若更得西馬數萬匹，分撥諸將，乘此閒暇廣武備以戒不虞，足以待强敵矣。和議豈足深恃乎。』」庚午，上謂秦檜曰：「陝西諸將既叛復來，緩急金人敗盟，難以責任。朕謂中原尚可從容圖治，至如陝西五路，勁兵良將所出，他時當用腹心之臣可也。」乙亥〔七〕，詔韓世忠、張俊及隨行將佐並賜燕臨安府治。上以世忠持身廉，特賜建康永豐圩田千頃。世忠辭不受。司農卿莫將論財用五説曰：冗官濫費，権法虛文，名色輕隱，錢幣輕荒，儲積不固。詔權户部尚書梁汝嘉與將同措置。

五月甲申，太常少卿周葵守殿中侍御史。趙鼎之始相也，葵在臺中，嘗連章極論趙子渲不可用，語侵鼎，坐是不得其言而去。逮秦檜獨相，意葵必憾鼎，再引入臺。一日，内降差除四人。葵言：「願陛下以仁祖爲法，大臣以杜衍爲法。」檜始不樂。戊子，判大宗正事士㒟、兵部侍郎張燾朝謁永安諸陵。前二日，士㒟等至河南，民夾道懽迎，皆言久隔王化，不圖今日復得爲宋民，有感泣者。陵下石澗水，自兵興以來久涸。二使到，水即日大至。父老驚嘆以爲中興之祥。甲午，尚書都官員外郎丁則知道州，秘書省正字汪應辰通判建州，樞密院編修官趙雍通判瀘州，皆以論事忤秦檜，故出之。樞密院計議官曾紳提舉淮南東路茶鹽公事。自淮南復置監司，而鹽事以漕臣兼領。至是，復置官提舉。壬寅，詔自今百官並久任，有如僥冒陳乞之人，取旨黜責。時殿中侍御史周葵論：「自頃大臣市恩而不任怨，爵賞輕而人有奔競之心，刑罰弛而下無畏服之意。風俗不靖，職此之由。」左迪功郎張行成獻詢蕘書二十篇〔八〕，其首曰定謀，次曰審勢，次曰議都三篇，次曰議地二篇，次曰議蜀二篇，次曰立志，次曰遣使，次曰任相，次曰蓄力，次曰建親，次曰蒐奇，次曰省官，次曰惜穀，次曰實内二篇。

六月辛酉，權吏部侍郎謝祖信知潭州。祖信既力論趙鼎落節〔九〕，於是章氏諸孫咸集闕下，再謀理訴，並及史事。上偶知之，謂執政曰：「聞章惇家有人欲陳訴，以趙鼎去，便謂事有更變，此事乃出朕意，鼎何豫聞。有從官爲之主議者。」執政奏：「謝祖信，章氏子婿也。」遂命出守。宰臣秦檜乞以上所賜御書真草孝經刻之金石，以傳示後世。上曰：「十八章世人以爲童蒙之書，不知聖人精微之學不出乎此也。朕宮中無事，因學草聖，遂以賜卿，豈足傳後。」檜請再三，乃從之。甲子，提舉江州太平觀胡交修兼翰林學士。中興後學士三入者，自此始。己巳，士㒟、張燾自西京朝陵還，入見。燾奏疏言：「夷虜之禍，上及山陵，瞻望柏城，至於慟哭。雖誅討殄滅之，未足以雪此恥而復此讎也。祖宗在天之靈，震怒既久，豈容但已。異時躬行天罰，得無望於陛下乎。伏望益修武備，以俟釁隙，起而應之，電掃風驅〔一〇〕，雲徹席捲，盡俘醜類，告功諸陵。如是然後盡天子之孝，而爲人子孫之責塞矣。」〔一一〕上問諸陵寢如何。燾不對，惟言「萬世不可忘此賊」。上黯然。

　　龜鑑曰：痛哉，張燾之謁陵寢也。上問如何，燾不對，惟言「萬世不可忘此賊」。石澗水至之祥，父老驚嘆，而西京遺民夾道懽迎，皆言久隔王化，不圖今日復得爲宋民者。乘此機也，撫定遺民，汛掃舊物，修車備器，以侈宣王東都之會〔一二〕，庶幾可也。夫何敵去而舞，上恬下愉，惟曰韓肖胄等充報謝使而已。秦檜加少保，加國公而已。大赦天下，誇示奇功，而長安咫尺，王曰遄歸，故老含涕而絶望，黄河嗚咽以流悲，檜之肉其可食乎。此紹興八年、九年之間，虛老歲月，坐失機會，秦檜主和之議沮之也。

燾又言：「頃劉豫初廢，人情洶洶，而我斥堠不明，坐失機會。今又聞虜於淮揚作筏及造繩索甚多〔二三〕，諸將以朝廷嘗有不得遣間探指揮，遂不復遣。虜人姦猾，廣置耳目，我之動息彼無不知，虜之情狀我則漠然不聞。臣又見黄河船盡拘北岸，悉爲虜用，往來自若。此無一人敢北渡者。」又言：「鄜瓊部伍皆西陲勁兵，今在河南，尚可收用。新疆賦租已蠲，而使命絡繹，推恩支費，猶用兵興時例，願加裁損，非甚不得已，勿遣使以寬民力。」又論：「陝西諸帥皆不相下，動輒喧争。請置一大帥，使之節制。」燾所言皆切中時務，而秦檜方主議和，惟恐少忤虜意，故事皆不行。四川宣撫使吴玠薨於仙人關治所，年四十七。訃聞，詔輟朝二日，贈少師，賻帛千匹。玠御下嚴而有恩，故士樂爲之死。其後，制置使胡世將問玠所以勝於其弟璘。璘曰：「虜令酷而下必死，每戰，非累日不決。然其弓矢不若中國之勁。吾常以長技洞重甲於數百步外。又據其形便，争出鋭卒，與之爲無窮，以沮其堅忍之勢。至於决機兩陣之間，則璘有不能言。」玠後謚武安。壬初，富平既失律，蜀口屢危，金人必欲以全取勝，獨賴玠以爲固，由是蜀人至今思之。壬申，簽書樞密院事樓炤至長安，留十餘日。李世輔因遂説夏人南歸。夏人多懷土，獨與願從者二千人來。炤聞之，因與宣諭使周聿皆以書招世輔歸朝。癸酉，澧州軍事推官韓紉除名勒停，送循州編管。坐傾險懷姦，動摇國計也。時紉上書論議和非計，故竄之。乙亥，王倫自京城赴金國議事。初，右副元帥宗弼密言於金主亶曰：「河南之地，本撻懶〔一四〕、宗磐主謀割與南宋〔一五〕，二人必陰結彼國，今使已至汴京，未可令過界。」倫有雲中舊吏，隸宗弼帳下，密來謁倫告以宗弼誅撻懶，倫具言於朝，乞早爲之備。而秦檜但奏趣倫過界。倫將使指北行，時宗磐等謀爲變，遂命中山府拘倫。且會本路簽軍，以復取河南爲名，將作亂。丁丑，夏國主乾順薨。

秋七月己卯朔，金主亶執其領三省事宋國王宗磐、兗國王宗雋、滕王宗英、虞王宗偉。先是，金人吴矢者謀反〔一六〕，下大理獄，事連宗磐等。辛巳，皆坐誅。丁亥，秦檜留身論治道。上曰：「御衆以寬，朕於宫中未嘗輕用鞭朴。往者劉豫苛虐，聞此間仁政，即以爲笑。趙鼎屢勸朕勵威，朕不謂然。今得失之效何如哉。」檜言：「陛下與豫勢異，豫之叛逆，人所不與，非劫以威，不能苟延歲月。陛下承祖宗之德，惟仁政可懷遠邇。」上因歷述古今帝王治迹，專以仁祖爲法。是日，王倫至中山府，爲金人所拘。甲午，詔三省催促刑部，將今赦未檢舉人速具事因〔一七〕，申省取旨。以久旱用言者請也。丁酉，命四川制置使胡世將兼權主管四川宣撫使司職事。世將自成都馳赴河池。己亥，秦檜言：「陛下齋居蔬食，以祈天雨澤，考之典禮，惟當損太官常膳。」上曰：「雖損膳，豈免日殺一羊。天意好生，朕實不忍。」既而雨應。庚子〔一八〕，王倫在中山府始聞金國内變。俄傳都元帥宗弼昨夜抵城外，已還祁州矣。少頃，引接者令倫等赴元帥府。辛丑，臨安府火。

八月己酉，復淮南諸州學官員。簽書樞密院事樓炤自鳳翔東歸。甲寅，新夔州路提點刑獄喻汝礪行駕部員外郎。汝礪始以勾龍如淵薦故得召，及對，首論：「願革近時文章骫骳之習，以還西京典雅鴻奧之風，起中興博大混一之氣。」又論：「蜀中之力何以屈，非兵屈之，官之冗者屈之也。非官之冗者屈之，士大夫之濫賞者屈之也。官之冗、賞之濫，濫與冗偕焉。取人之父兄子弟所以相養活之具，而潰敗磔犁之，吾國幾何而不屈乎。吾國屈矣，於何而可以伐人之國乎。」上甚嘉納，且面諭曰：「不見卿久矣，英論如昔。」遂下所奏之疏付中書。秦檜使人諭以「上將用君，君宜與時高下，毋妄言。」汝礪不答，翌日，遂有是命。戊午，金都元帥宗弼殺魯國王昌於祁州。昌臨刑，謂宗弼曰：「我死之後，禍必及爾，宜早圖之。」辛酉，吏部員外郎徐度言：「新復州縣遺民久罹暴虐，如州之僚屬、縣之令佐，最爲近民，尤當謹擇。」上曰：「度所論極當。新疆百姓久被虐政，若州縣官非其人，朕之德意何以自達。」乙亥，初，金人欲得王威、趙榮，已遣還之。韓世忠遺秦檜書曰：「榮、威不忘本朝，以身歸順，父母妻子悉遭屠滅，相公尚忍遣之，無復中原望耶。」檜慚，乃令榮、威自六合趨淮西而去。丙子，命常州津遣通微處士陳得一赴史館，補修奉元曆。

九月戊寅朔〔一九〕，龍神衛四廂都指揮使李世輔言：「初歸朝日，有父母兄弟之讎，臣曾報復乞待罪。」詔世輔有功鄜延，特放罪。後四日，引對便殿，上諭曰：「卿忠義歸朝，立功顯著。」乃起復故官，賜名忠輔，除樞密院都統制。俄又賜名顯忠。癸未，樓炤言：「川陝既分屯人馬，已將自兵興以來創生科敷悉行蠲免，凡八十餘萬貫石。」上曰：「四川久屯大兵，不無科須，今故地歸復，兵各分遣，得以減罷，遂可愛養民力矣。」上欣然喜見於色。胡世將爲川陝宣撫副使，置司河池，諸路並聽節制。世將精神明悟，閑習吏治，其守成都甚有政績。至是就用之。世將既除宣副，諸將皆賀，世將語之曰：「世將不能騎射，不知虜情〔二〇〕，不諳邊事。朝廷所以遣來者，襲國朝之故事，以文臣爲制將爾。自今以往，軍中事務，皆不改吴宣撫之規摹。世將有所未達，諸公明以指示。或諸公有所未達者，亦當奉聞，各推誠心，勿相疑忌，共濟國事可也。」諸將皆拜謝。初，資政殿大學士張守帥江西，以郡縣供億科擾煩重，上疏請蠲積欠，損和買，罷和糴及裁減軍器物料。上欲行之。時秦檜方損度支爲月進，且日虞四方財用之不至也，覽疏怒謂人曰：「張帥何損國如是。」守聞之，嘆曰：「彼謂損國，乃益國也。」至是，成都闕帥，檜遂擬以守代胡世將。上曰：「張守素弱，豈堪遠道。江西盜賊寧息，人方安之，無庸易也。」檜乃止。庚寅，罷經制司，其諸路常平事令提刑兼領。用曾統奏也。常平法起於西漢，歲豐則斂，歉則散，後世講之尤詳。秋成則斂，春飢則散，可以平物價，抑兼并，人有接食，官無折閱，法至良也。辛卯，樓炤奏以閤門祗候、知同州郝抃知陝州。上問秦檜曰：「陝州合差是何臣寮？」檜曰：「舊繫差文臣〔一〕。」上曰：「武臣作郡，往往不曉民事，又多恣橫。今日所還州郡，久陷夷僞，尤須守臣得人，使之愛養百姓，武臣非所任也。可自今只差文臣，庶能宣布德澤，亦以收還威柄。」

冬十月辛亥，詔侍從各薦士二人。時言者請：「遵祖宗故事，詔中外各舉所知，特加親擢，如此則庶僚無附下之嫌，大臣免招權之謗。」上亦以中原隔絶，遺才必多，故有是命。同簽書樞密院事王倫始見金主亶於御林子。倫致上命，亶悉無所答，令其翰林待制耶律紹文爲宣勘官，問倫：「還知元帥罪否？」倫對：「不知。」又問：「無一言及歲幣，卻要割地，但知有元帥，豈知有上國？」倫曰：「昨者簽宣蕭哲以國書來，許割河南，歸梓宮、太后，天下皆知。上國尋海上舊盟，與民休息，使人奉命通好兩國耳。」癸丑，權吏部尚書兼史館修撰張燾知成都府兼本路安撫使〔二〕，四川制置司限一月結局〔三〕。初，成都謀帥，上諭秦檜曰：「張燾可付以便宜，使治成都。第道遠，恐其憚行。」檜退召燾諭旨，燾曰：「君命也，燾其敢辭。」上大喜，遂有是命。上諭檜曰：「燾雖安撫一路，如四川前日無名横斂、不急冗費，可令蠲減以寬民力。」以成都帥臣而得行四川民事，自燾始。庚午，詔新成都府路安撫使張燾令引對。燾奏：「蜀自軍興以來，困於征繇，民力凋弊。官吏既不加恤，又從而誅剥之。去朝廷遠，無所赴愬。臣俟至部，首宣陛下德意，俾一路之民咸沾惠澤。」上曰：「豈惟一路，應四川寬恤事件悉委卿措置。」燾因奏：「臣入界即行詢訪，民間一利一害先次罷行，官吏有貪冒慘酷爲民之蠹者，臣先次放罷，續行按發，庶幾遠民速霑實惠。」上皆可之。燾又言：「今兹和議甫定，征戰暫息，亦可謂閒暇之時矣。況來年歲在庚申，乃藝祖開基之載，得非陛下中興之時乎。時不可失，願陛下鑒詩人閒暇之語，稽孔、孟發明之意，汲汲專以治政刑爲務。」上曰：「朕當書此語置之座右。」乙亥，簽書樞密院事樓炤乞賜告，省侍於明州。上謂宰執曰：「群臣之有親者，朕未嘗奪其情。昨蕭振以親爲言，亦令奉親而來，庶使不失爲臣、爲子之道。今炤可給假迎侍。」湖北京西宣撫使岳飛來朝。初，乘氏人李寶少無賴，尚節氣，鄉人號爲潑李三。飛入朝，寶願歸軍中，飛以爲馬軍，未之奇也。寶怏怏，與其徒謀北歸，事露，飛盡斬之。寶抗言：「欲歸者寶也，衆皆不預。」飛奇而釋之。寶願歸山東會合忠義人立功。飛許之，寶募得八百人，赴飛軍。飛乃以寶統領軍馬，屯龔城。金主亶復遣耶律紹文至驛，諭奉使王倫言：「卿留雲中無還期，及貸之還，曾無以報，反間貳我君臣。」乃遣副使藍公佐先歸，論歲貢、正朔、誓表、册命等事，而拘倫以俟報。已而遷之河間，遂不復遣。

十一月己丑，故追復左通直郎、直龍圖閣張所特與一子官，仍賜其家銀、絹百匹、兩。先是，湖北京西宣撫使岳飛言所忠義，上命復舊官。飛又言：「好生惡死，人之常情，所以忠許國，義不顧身，雖斧鉞在前，凛然不易其色，乞與旌加褒異，使天下忠義之士皆知所勸。」故有是命。户部侍郎周聿言：「陝西士人學術各荒拙，於爲文若與四川類試，必不能中程。乞别立字號。」上曰：「陝西久陷僞境，朕欲加惠遠方，可令禮部措置。」川陝分類試額，自此始。庚寅，右正言陳淵入對，論：「比年以來，恩惠太泛，賞給太厚，匪頒賜予之費太過，府庫空虚，而發之不已，財賦匱竭，而取之益詳。陵寢未成，郊祀不遠，内有諸將之饋，外有鄰境之好，所用既衆，而所入實寡，此臣所甚懼也。臣願陛下凡有錫賚，法之所無而於例有疑者，三省得以共議，户部得以執奏，有司得以獻其疑，臺諫得以論其失，一有失當，即行改正，則前日之弊庶幾可息矣。」翌日，進呈，上謂宰執曰：「朕未嘗有一毫之妄費。」秦檜曰：「淵初除諫垣，職在規正故耳。」上曰：「淵老成有學，乃楊時之婿，聞嘗講論語中庸，可令其子適進來。」上因論：「『極高明而道中庸』，此不可分作二事。」檜等曰：「陛下之學，深造聖域，非臣下所及。」

十二月辛酉，參知政事李光罷。光與右僕射秦檜議事不合，於上前紛爭，且言檜之短。殿中侍御史何鑄因劾光狂悖失禮。光引疾求去。上命以資政殿學士出守。言者又擊之，後三日，以光提舉臨安府洞霄宮。宗正丞鄭髙乞以常平錢於民輸賦未畢之時，悉數和糴。從之。上謂宰執曰：「常平法，不許他用，惟待賑荒恤飢〔二四〕，取於民者，還以予民也。」己巳，給事中兼侍講劉一止、起居郎周葵並罷。初，一止、葵皆以言事忤秦檜。二人應詔舉左宣教郎呂廣問，廣問嘗爲李光屬官，光欲除館職，檜不許，殿中侍御史何鑄即奏：「二人非知廣問，特迫於光之囑而舉之，是欺陛下也。」詔一止、葵落職與宮祠。新陝西轉運副使李唐孺爲四川轉運副使。女真萬户胡沙虎北攻蒙兀部〔二五〕，糧盡而還。蒙兀追襲之〔二六〕，至上京之西北，大敗其衆於海嶺。金主亶以其叔胡盧馬爲招討使〔二七〕、提點夏國、韃靼兩國市場。韃靼者，在金國之西北，其近漢地謂之熟韃靼，食有粳稻，其遠者謂之生韃靼，止以射獵爲生，性勇悍，然地不産鐵，故矢鏃但以骨爲之。遼人初置市場，與之回易，而鐵禁甚嚴。至金人始弛其禁。又劉豫不用鐵錢，繇是河東、陝西鐵錢率自雲中貨於韃靼，韃靼得之，遂大作軍器焉。

庚申紹興十年春正月辛巳，先是，金人遣奉使官知閤門事藍公佐南歸，議歲貢、誓表、正朔、册命等事，且索河東北士民之在南者。癸未，右正言陳淵入對，言：「自公佐之歸，聞金人盡誅前日主議之人，且悔前約，以此重有要索。臣謂和戰二策不可偏執。」上語淵曰：「今日之和不惟不可偏執，自當以戰爲主。」秦檜奏曰：「臣度近日上封言臣等罪，陛下掩蔽者多矣。」上曰：「凡上書朕無不覽，若言卿等過咎，豈可不令卿等知，卻令積成大過耶。」乙酉，李誼假資政殿學士，充迎護梓宮奉迎兩宮使，京畿都轉運使莫將副之。誼不受命，乃以將充迎護使，知閤門事韓恕副之。戊子，提舉臨安府洞霄宮李綱薨於福州〔二八〕。綱之弟校書經早卒，綱悼恨不已，會上元節，綱臨其喪，哭之慟，暴得疾，即日薨，年五十八。甲午，詔作忠烈廟於仙人關，以祠吴玠。丁酉〔二九〕，提舉江州太平觀尹焞還一官致仕。以焞引年告老故也。［己亥］〔三〇〕右正言陳淵言：「伏見近者所命之使，有所升黜，且趣其行。今急於遣使，而不及其他，則知虜不能無求，然我有不可許者。如取河北之民則失人心，用彼之正朔則亂國政，至於歲幣之數，多未必喜，寡未必怒，與多不若寡之爲愈。蓋和戰兩途，彼之意常欲戰，不得已而後和，我之意常欲和，不得已而後戰。或者必欲多與之幣，以幸其久而不變，則無是理。願訓所遣之使，俾無輕許，以誤大計。」癸卯，上謂大臣曰：「莫將奉使金國，凡所議者可一一録付〔三一〕，恐將妄有許可，他日必不能守。」乙巳，布衣歐陽安永獻祖宗龜鑑。詔户部賜束帛。

二月辛亥，主管侍衞馬軍司公事劉錡爲東京副留守，仍兼節制軍馬。癸丑，詔曰：「永惟三歲興賢之制，肇自治平，爰暨累朝，遵用彝典。頃緣多事，洊展試期，致取士之年，屬當宗祀。宜從革正，用復故常。可除科場於紹興十年仰諸州依條發解外，將省、殿試更展一年，於紹興十二年正月鎖院省試，三月擇日殿試。其向後科場，仍自紹興十二年省試爲準，於紹興十四年令諸州依條發解。」用御史中丞廖剛之言也。丁巳，喻汝礪知遂寧府。汝礪本勾龍如淵所薦，又與李光相知，光罷，因求去，改除潼州府路轉運副使。汝礪至官，以表謝上，略曰：「顧臣何知，立節有素，方延和廷議，既不能割地以賂戎，暨僞楚滔天，又不忍聯名而賣國。」時人稱之。張鼎特改合入官。鼎爲太湖令，以薦者得召見。上諭大臣令改秩，堂除劇縣，且曰：「此因能以任之也。若一縣得良令，則百姓皆受其賜矣。」庚申，御史中丞廖剛試工部尚書。剛每因奏事，論君子小人朋黨之辨，反覆切至。又論：「人君之患，莫大於好人從己。若大臣惟一人之從，群臣惟大臣之從，則天下事可憂。」剛本秦檜所薦，至是滋不悅。他日，因對又請起舊相有人望者，處之近藩重鎮。檜聞之曰：「是欲置我何地耶！」既積忤檜，遂出臺，而剛之名聞天下。[丁卯][三二]西京留守孟庾爲東京留守兼權知開封府。庚午，上與秦檜論川陝財賦。上曰：「將帥、漕臣皆當體國爲一家，士卒固欲拊循，民力亦須愛惜，豈可妄費也。」癸酉，御史中丞王次翁言：「吏部審量濫賞，皆顯然暴揚前日之過舉，蓋害陛下之孝治，望悉罷累降指揮。」從之。先是，新知太平州秦梓、知泰州王喚皆以恩倖得官，及是次翁希檜旨，以爲之地，繇是二人驟進。

三月丙戌，成都府路安撫使張燾始至成都。初，燾自京洛入潼關，已聞金人有敗盟意，逮至長安，所聞益急。燾遽行，見川陝宣撫副使胡世將，爲言和尚原最爲要衝，自原以南則入川路〔三三〕，散失此原，是無蜀也。世將曰：「蜀口舊戍皆精鋭，最號嚴整，自朝旨撤戍之後，關隘撤備。世將雖屢申請，未見行下。公其爲我籌之。」燾遂爲世將草奏，具言事勢危急，乞速徙右護軍之戍陝右者還屯蜀口。又請賜料外錢五百萬緡以備緩急。辛卯，尚書吏部員外郎朱松知饒州。以右諫議何鑄奏其懷異自賢也。丙申，大金賀正旦使蘇符自東京歸。初，洪皓既拘冷山，希尹問以所議十事。皓折之，希尹曰：「汝性直，吾與汝如燕，遣汝歸。」議遂行。會莫將繼來，議不合，囚之涿州，事復變。符至東京，虜人不納乃還。

夏四月丁未，知建康府溧水縣李朝正召赴行在〔三四〕。先是，江東制置大使葉夢得言：「朝正到官二年，招集歸業人户萬餘，磨出隱漏税賦四萬貫石匹兩，委有顯效，乞稍加試用，以風能吏。」上召對。既而謂秦檜曰：「近時縣令以政績被薦，往往別除差遣，不若與之進秩，還任，庶久則民安其政。」乃遷一官，賜五品服遣還。癸丑，右承議郎范振上書，論雇募耆户長等十事。乙卯，上謂輔臣曰：「朕昨夕閱振書，所論皆民間利病，其言多可采。」遂以振知南安軍。振，建陽人也。壬戌，東京副留守劉錡入辭，上命錡以所部騎司之軍往戍，又益以殿前司兵三千人，諸軍家屬皆留順昌就糧，惟精兵分戍陳、汴。乙丑，淮西宣撫使張俊乞免其家歲輸和買絹。三省擬每歲特賜俊絹五千匹，庶免起例。上以示俊，因諭之曰：「諸將皆無此，獨汝欲開例，朕固不惜，但恐公議不可。汝自小官，朕拔擢至此，須當自飭如作小官時，乃能長保富貴，爲子孫之福。」俊皇悚力辭賜絹。俊喜殖産，其罷兵而歸也，歲收租米六十萬斛。庚午，詔復置四川諸州學官員。壬申，簽書樞密院事韓肖胄知紹興府。

五月甲申，詔徽宗皇帝御製閣以「敷文」爲名。丙戌，金都元帥宗弼入東京，留守孟庾以城降。初，左副元帥魯國王昌既廢僞齊，乃言不如因以河南地錫與大宋，宗弼力不能爭。及昌誅，宗弼始得政，以歸地非其本計，决欲敗盟，遂分四道入寇。命聶黎勃堇出山東〔三五〕，撒離曷寇陝西〔三六〕，李成寇河南，而宗弼自將精兵十餘萬人，與孔彦舟、酈瓊、趙榮抵汴。至是，犯東京。遂命使持詔遍抵諸郡。知興仁府李師雄、知淮寧府李正民皆束身歸命。自是河南諸郡望風納款矣。金人陷拱州，守臣王慥死之。撒離曷趨永興軍，陝西州縣僞官所至迎降，遠近震恐。丁亥，東京副留守劉錡至順昌府，金人陷南京，葛王褒以數千騎至宋王臺，留守路允迪朝服出城見之，遂送允迪於汴京。或曰允迪至汴京七日不食死。戊子，四川宣撫副使胡世將在河池，知同州張恂遣人告急。權知永興軍郝遠開長安城門納金人，長安陷，關中震動。知陝府吳琦城守以拒金人，郝遠遣人持金國檄書至宣撫司，語不遜，不可聞，世將焚之，斬其使。己丑，直龍圖閣陳桷守太常少卿。時上將用桷，問其所在。秦檜不樂之，繆以同姓名者爲對，曰：「見從韓世忠軍爲參謀。」上笑曰：「非也，桷佳士，豈肯從軍耶。」遂召用。金人陷西京，權留守李利用弃城遁。庚寅，知順昌府陳規得報，虜騎入東京〔三七〕。時新東京副留守劉錡方送客，規以報示錡，錡曰：「吾軍有萬八千人，而輜重居半，且遠來，力不可支。」乃見規問曰：「事急矣，城中有糧，則能與君共守。」規曰：「有米數萬斛。」錡曰：「可矣。」規亦力留錡共守。錡又見劉豫時所蓄毒藥猶在，足以待敵。其所部選鋒、游奕二軍及老幼輜重夜四鼓纔至城下。旦得報，虜騎入陳，距順昌三百里，闔城惶惑。錡遣官屬與規議斂兵入城，爲捍禦計，人心稍定。辛卯，詔以鎮江府所籍酈瓊水陸田四十三頃賜李顯忠。四川宣撫副使胡世將自河池遣涇原經略使田晟以兵三千人迎敵。始金人之渡河也，惟孫渥、吳璘隨胡世將在河池〔三八〕，世將倉卒召諸帥議出師，楊政及晟先至，渥進曰：「河池地平無險阻，願公去此，治兵仙人原，元戎身處危地，而欲號令將帥使用命赴敵，渥不識也。」吴璘抗聲言曰：「和尚原、殺金平之戰，方璘兄弟出萬死破敵時，承宣在何許，今出此懦語沮軍，可斬。」璘請以百口保破敵。」世將壯之，指所坐帳曰：「世將誓死於此矣。」官屬韓詔等進曰：「渥實失言，不宜居幙下。」遂先遣晟還涇原，渥赴熙河。渥恐懼汗落，單馬趨出。是日，統領軍馬李寶與金人戰於興仁府境上，殺數百人，獲其馬甚衆。寶，岳飛所遣也。壬辰，劉錡召諸將計事，有欲就便舟順流而下者。或曰：「去則虜人邀我歸路，其敗必矣，莫若守城，徐爲之計。」錡曰：「錡本赴官留司，今東京既陷，幸全軍至此，有城池可守，機不可失，當同心力以死報國家。」衆議始定，即鑿舟沉之，示無去意。錡與屬官等登城區處，城外有居民數千家，恐爲賊巢，悉焚之。分命諸統制官許青守東門，賀輝守西門，鍾彦守南門，杜杞守北門，且明斥堠，及募土人作鄉導間探，於是軍人皆奮曰：「早時人欺我八字軍，今日當爲國家立功。」錡親於城上督工設戰具，修壁壘。時守備全缺，錡取僞齊所作蚩車以輪轅埋城上，又撤民家屋扉以代笓籬笆，凡六日粗畢，而金人游騎已渡河至城外矣。丙申，胡世將命右護軍都統制吴璘將二萬人，自河池赴寶雞河南以捍寇，遣楊政、郭浩爲之聲援。先是，世將屢奏乞速徙右護軍之屯陜右者還屯蜀口。不報。丁酉，始詔世將日下抽回。己亥，萬壽觀使雍國公劉光世爲三京招撫處置使以援劉錡，以統制官李貴、步諒之軍隸之。庚子，詔右護軍都統制吴璘同節制陝西諸路軍馬。以金人犯陝西故也。又詔川陝宣撫副使胡世將軍事合行黜陟，許依張浚所得指揮〔三九〕。辛丑，提舉醴泉觀鄭億年乞在外宫觀，改提舉亳州明道宫。初，邊報至行在，從官會於都堂，工部尚書廖剛謂億年曰：「公以百口保金人講和，今已背約，有何面目尚在朝廷。」億年氣塞，秦檜以爲譏己也，乃曰：「尚書曉人不當如是。」億年懼，求去，乃有是命。是日，金人犯鳳翔府之石壁寨，吴璘遣統制官姚仲等拒之，仲自奮身督戰，折合孛堇中傷退屯武功〔四〇〕。時楊政母病方死，亦不顧家，徑至河南，與璘協力捍虜〔四一〕。已而諸軍家屬悉歸内地，人心既定，踴躍自奮，不復懼虜矣。先是，金人之别將又圍耀州，節制陝西軍馬郭浩遣兵救之，虜解去。壬寅，金人圍順昌府。先是，劉錡於城下設伏，虜游騎至，擒其千户阿黑殺等二人〔四二〕，詰之，云韓將軍在白龍渦下寨，距城三十里。錡夜遣千餘兵擊之，頗殺虜衆。既而三路都統葛王褎及龍虎大王軍併城下，凡三萬餘人。錡以神臂弓及强弩射之，稍引去。復以步兵邀擊，溺於河者甚衆，奪其器甲及生獲女真、漢兒，皆謂賊已遣銀牌使馳詣東京〔四三〕，告急於都元帥宗弼矣。

六月甲辰，京東淮東宣撫處置使韓世忠爲太保，封英國公；淮西宣撫使張俊爲少師，封濟國公；湖北京西宣撫使岳飛爲少保，並兼河南北諸路招討使。樞密院降檄書下諸路宣撫司，罪狀兀朮〔四四〕、撒離曷，令頒之河南、陝西：「應南北官員軍民，如能識運乘機奮謀倡義，生擒兀朮或斬首來歸者，大則命以使相，次則授以節鉞，各賜銀絹五萬匹兩、良田百頃、第宅一區。至如撒離曷，資性貪愚，同惡相濟，昨在同州，已爲李世輔擒縛，博頰求哀，僅脱微命，尚敢驅率其衆，復犯關陝，有能併殺擒獻者，推賞一如前約。」丙午，給事中兼侍講馮檝提舉亳州明道宫。金人叛盟，秦檜以其言不讎，甚懼，一日，謂檝曰：「金人背盟，我之去就未可卜，前此大臣皆不足慮，獨君鄉衮，未測上意，君其爲我探之。」明日，檝入見，曰：「金人長驅犯順，勢須興師，如張浚者且須以戎機付之。」上正色曰：「寧至覆國，不用此人。」檜聞之喜。檝云：「適觀天意，檝必被逐。」即引疾求去，乃有是命。戊申，東京副留守劉錡爲樞密院副都承旨、沿淮制置使。時虜衆圍順昌已四日〔四五〕，乃移寨於城東號李村，距城二十里。錡遣驍將閻充以鋭卒五百，募土人前導，夜劫其寨。至軍中，氈帳數重，朱漆奚車有一將遽被甲，呼曰：「留得我即太平。」不聽，竟殺之。是夕，天欲雨，電光所燭，見辮髮者殲之，甚衆。既而報金都元帥宗弼親擁兵至。先是，宗弼得告急之報，即索靴上馬，麾其衆出京，頃刻而集。適淮寧留一宿〔四六〕，治戰具備糗糧，自東京往復千二百里，不七日而至。錡聞宗弼至近境，乃登城會諸將於東門，問策將安出。或謂：「今已屢捷，宜乘此勢，具舟全軍而歸。」錡曰：「朝廷養兵十五年，正欲爲緩急之用。況已挫賊鋒〔四七〕，軍稍振，雖多寡不侔，然有進無退。兼賊營近在三十里，而四太子又來援，吾軍一動，被虜追及，老小先亂，必至狼狽，不惟前功俱廢，致虜遂侵兩淮，震動江浙，則平生報國之志，反爲誤國之罪。不如背城一戰，於死中求生可也。」衆以爲然，求欲效命。己酉，四川宣撫副使胡世將命都統制吴璘、楊政以書遺撒離曷，約日合戰，其略曰：「璘等聞之，師出無名，古之所戒。大金皇帝與本朝和好，復歸河南之地，朝廷戒飭諸路安静，邊界不得生事。諸路遵稟朝廷約束，不敢毫髮有違。今監軍忽舉偏師，侵暴疆埸，人神共憤，莫知其故。璘等身任將帥，義當竭誠報國，保捍生靈，已集大軍，約日與監軍一戰。」撒離曷於是遣鶻眼郎君以三千騎直衝我軍，都統制李師顔以驍騎擊走之，鶻眼入扶風縣城守，撒離曷别遣軍策應，不能勝而退。師顔等攻扶風拔之，生擒金虜一百十七人，首領三人，别遣裨將擊鳳翔西城外虜寨。撒離曷怒，自戰於百通坊，列陣二十餘里。統領姚仲等力戰破之，殺獲尤多。庚戌，工部尚書廖剛與外任。剛以事積忤秦檜，右諫議大夫何鑄等即共劾剛「幸朝廷之有警，復肆譊譊以惑縉紳」，故有是命。尋以剛提舉亳州明道觀〔四八〕。壬子，金都元帥宗弼攻順昌府。先是，宗弼至城外，責諸將用兵之失。衆曰：「今者南兵非昔之比，國王臨城自見。」宗弼見其城陋，謂諸將曰：「彼可以靴尖趯倒耳。」即下令：「來早府治會食。」平明虜併兵攻城，凡十餘萬。府城惟東西兩門受敵，錡所部不滿二萬，而可出戰者僅五千。賊先攻東門，錡出兵應之。賊敗退。兀术自將牙兵三千往來爲援，皆帶重甲，五人爲伍，貫韋索號鐵浮屠，每進一步，即用拒馬子遮其後，示無反顧。復以鐵騎馬左右翼，號拐子馬，悉以女真充之。前此攻所難下之城，並用此軍，故又名「長勝軍」。時虜諸酋各居一部〔四九〕，衆欲擊韓將軍，錡曰：「擊韓雖退，兀术精兵尚不可當也。法當先擊兀术。兀术一動，則餘軍無能爲矣。」時叛將孔彦舟、酈瓊、趙榮輩騎列於陣外，有河北簽軍告官軍曰：「我輩元是左護軍，本無鬬志，惟兩拐子馬可殺。」故官軍皆憤。時方劇暑，我居逸而彼暴露，早凉則不與戰，逮未申時，彼力疲而氣索，錡忽遣數百人出西門。虜方來接戰，俄以數千人出南門，戒令勿喊，但以短兵極力與戰，統制官趙樽、韓直皆被數矢，戰不肯已，錡遣屬扶歸。士殊死鬬，入虜陣中，斫以刃斧，至有奮手捽之與俱墜於濠者。虜大敗，殺其衆五千，横屍盈野。兀术乃移寨於城西，掘塹以自衛，欲爲坐困官軍之計。是夕大雨，平地水深尺餘。錡遣兵劫之，上下皆不寧處。乙卯，順昌圍解。宗弼之未敗也，秦檜奏俾錡擇利班師。錡得詔不動。至是，宗弼不能支，乃作筏繫橋而去。宗弼至泰和縣卧兩日，至陳州，數諸將之罪，自將軍韓常以下皆鞭之。於是復以葛王裦守歸德府，常守許州，翟將軍守陳州，宗弼自擁其衆還汴京，自是不復出矣。丙辰，湖北京西宣撫司統制官牛皋及金人戰于京西，敗之。戊午，右承事郎陳鼎降一官。鼎上書言敵敗盟。秦檜怒言者，因論鼎，故有是命。俄又送吏部，以鼎知德興縣。己未，樞密院都統制郭浩遣統制官鄭建充等集鄜延、環慶之兵，攻金人於醴州，敗之，復醴州。壬戌，簽書樞密院事樓炤以父居明卒，去位。甲子，權主管鄜延經略司公事王彥拒金人於青溪嶺，卻之。初，撒離曷既破鳳翔，與都統制吴璘、楊政夾渭河而陣。璘駐兵大蟲嶺，撒離曷自登西平原覘之曰：「善戰者立於不敗之地，此難與爭。」乃引去，自涇原路欲走邠州。於是，樞密院都統制郭浩在邠州三水縣，涇原經略使田晟遣統制官曲汲、秦弼拒虜於青溪嶺。宣撫副使胡世將謂浩素非臨行陣之人，難以責成，即遣彥及統制官楊從儀、程俊、向起、鄭師正、曹成等分道而出，與虜戰蒿谷、吴頭、麻務屯之間，金人屢敗，留千户五人守鳳翔。撒離曷自將鋭兵攻青溪，汲、弼戰敗，棄青溪走。世將命晟召汲、弼斬於軍前以徇。彥率兵迎金人，戰盤堠兔耳敗之。金人去，復還屯鳳翔。乙丑，荆湖北路提點刑獄公事向子忞罷。先是，江西漕司負月樁錢，詔總領官曾慥劾罪，子忞行部，取漕吏釋之，慥言於朝，故罷。子忞再使湖北，先聲入境，奸吏望風解印綬者數十人。湖北營田，舊以抑配百姓，人不聊生，有破産不能償者，日號訴於馬前。子忞爲詢究其便利可行者，使遵守之，罷一切抑配者，遠近鼓舞。時岳飛兼營田大使，無敢忤其意者。至是飛亦喜，以爲當然。子忞按部所至，立大榜於前云：「久負抑州縣不理者立其下。」於是積年無告之寃，咸得伸雪。平生好論人物，無所忌諱。嘗與胡安國談當世士，安國頗稱秦檜靖康時事。子忞曰：「與檜同時被執軍前，鮮有生者，獨檜數年之後盡室航海以歸，非大姦，能若是乎？」安國子寅初猶以爲過，後乃信服。子忞再以毀去，自是閒居十九年。初，命司農少卿李若虛往湖北京西宣撫使岳飛軍前計事，至是，若虛見飛於德安府，諭以「面得上旨，兵不可輕動，宜且班師」。飛不聽。若虛曰：「事既爾，勢不可還，矯詔之罪，若虛當任之。」飛許諾，遂進兵。丙寅，湖北京西宣撫司統領官孫顯及金人戰於陳、蔡之間，敗之。上謂大臣曰：「朕躬履艱難，久於兵事，至於器械，亦精思熟講。昨造大鏃箭，諸軍皆謂頭太重，不可及遠。又造鋭首小鎗，初亦未以爲然。其後用以破敵，始服其精利。今劉錡軍於順昌城下破敵，正爲此鎗也。」戊辰，川陝宣撫司左統領官曹成自汧陽襲金人於天興縣，敗之。庚午，樞密副都承旨、沿淮制置使劉錡爲武泰軍節度使、侍衛親軍馬軍都虞候。前一日，上諭大臣曰：「用兵之際，賞罰欲明。錡以孤軍挫賊鋒，兀朮遁去，其功卓然，當便除節鉞，即日降制。」既又遣中使撫問。上賜札有曰：「卿之偉績，朕所不忘。」京東淮東宣撫使韓世忠遣統制官王勝，率背嵬將成閔北伐，遇金人於淮陽軍南二十里，水陸轉戰，掩金人於沂河，死者甚衆，奪其舟二百。福建路宣撫大使張浚言：「臣竊念自群下决回鑾之計，國勢不振，事機之會失者再三。向使虜出上策，還梓宫，歸兩殿，供須一無所請，宗族隨而盡南，則我德虜必深，和議不拔，人心懈怠，國勢寖微。異時釁端卒發，何以支持。臣知天下非陛下之有矣。今幸上天警悟，虜懷反復，士氣尚可作，人心尚可回。願因權制變，轉禍爲福，用天下之英才，據天下之要勢，奪敵之心，振我之氣，措置一定，大勳可集。」繼聞淮上有警，連以邊計奏知。又條畫海道舟舡利害。上嘉浚之忠，遣中使獎諭。浚時大治海舟，至千艘，爲直指山東之計，以俟朝命。

閏六月丙子，詔三衙管軍及觀察使以上，各舉智勇猛略、才堪將帥者二人。戊寅，上曰：「狂虜犯境〔五〇〕，諸軍不免調發，盛夏劇暑，朕蔭大廈，御絺綌，猶不能勝其熱。將士乘邊，暴烈日，被甲冑，每念薰灼之苦，如切朕躬。可降詔撫問慰勞之。」辛巳，涇原經略使田晟及金人戰於涇州，敗之。初，撒離曷既爲王彦所卻，遂自鳳翔悉兵攻涇州。晟據山爲陣，乘虜壁壘未定，奮兵掩殺，自巳至申，連戰皆捷，奪其戰馬兵械甚衆，金人敗走。甲申，上曰：「諸將進兵，所在克捷，正恐狃於屢勝，士寖以驕。可下詔飭其嚴整行伍，明遠斥堠，蓄力養威，以俟大舉。勿争尺寸之利，期以殄滅孽酋。」〔五一〕而已上又曰：「夷狄雖異類〔五二〕，苟知效順，何以多殺爲。馬欽等初歸，朕貸而不殺，劉光世屢以爲言。

既而女真、契丹、燕人來歸者益衆，光世方悟朕意。至今諸軍往往收以爲用。今交兵之際，正宜多方撫納，使知内嚮。」是日，田晟及金人再戰於涇州，敗績，金人雖幸勝晟，亦殺傷過當而還。自是歸鳳翔，不復戰。以兵攻陝西諸郡城守未下者，河南糧食垂盡，世將亦離河池，登仙人原山寨，爲防秋之計，保險以自固矣。丙戌，淮西宣撫司都統制王德復宿州，降其守閤門宣贊舍人馬秦。壬辰，湖北京西宣撫司統制官張憲、傅選及金將韓常戰於潁昌府，敗之，復潁昌。丙申，張憲復淮寧府。先是，韓常既敗走，宣撫使岳飛，遣統制官牛皋、徐慶等與憲會，憲等與常戰於淮寧府，又敗之。常引去。飛以勝捷軍統制趙秉淵知府事。丁酉，提舉臨安府洞霄宫趙鼎責授祕書少監、分司西京、興化軍居住。初，鼎罷郡還紹興〔五三〕，上書言時政，秦檜忌鼎復用，乃令御史中丞王次翁劾鼎，右諫議大夫何鑄亦再疏論之，乃有是命。湖北京西宣撫司統制官郝晸、張應、韓清克鄭州。京東淮東宣撫司統制官王勝克海州，生執守將王山。韓世忠每出軍，必戒以秋毫無犯。軍之所過，耕夫皆荷耡而觀。戊戌，淮西宣撫使張俊克亳州。初，三京招撫使劉光世聞酈瓊在亳州，遣使臣趙立、南京進士蔡輔世同往招之。瓊不啓書而焚之，械送獄，既而縱之。至是，光世引軍還太平州，而俊以大軍至城父，都統制王德已下宿州，即乘勝趨亳州與俊會。瓊聞之，謂葛王褒曰：「夜叉公來矣，其鋒未易當，請避之。」遂率衆遁去。時俊軍戍甚盛，而智謀勇敢賴德爲多，德亦先計後戰，故未嘗敗。己亥，知順昌府陳規知廬州，沿淮制置使劉錡兼權知順昌府。時秦檜將班師，故命規易鎮淮右。先是，上賜錡空名告身千五百，命書填將帥之有功者。錡復繳上，謂不若自朝廷給之爲榮。至是，始具功狀以聞。以犒軍銀帛十四萬匹兩均給將士，軍無私焉。於是，錡方進兵乘虜虛，而檜召錡還。徽猷閣待制洪皓時在燕山，密奏：「順昌之役，虜震懼喪魄，燕之珍寶悉取而北，意欲捐燕以南棄之。王師亟還，自失機會可惜也。」

龜鑑曰：虜至宿、亳，王德得以破其營；虜至潁昌，岳飛得以殺其將。或捷於鳳翔，或捷於寶雞，或捷於扶風，又皆吴璘、楊政保蜀守蜀之功。而虜之回軍，直趨濠州，我諸將得以聯兵制之。當是時也，無一人不勇，無一戰不勝，蓋不止有一月三捷之告，非虜至此不善戰也[五四]，直以我師正鋭，所向無前。吾觀虜酋告兀术曰[五五]：今者南兵非昔日比。而虜兵望見王師，且曰：此順昌旗幟也，亟退避之。除凶雪恥，此蓋可乘之機也，撫機不發，何爲也耶。

庚子，趙鼎再責清遠軍節度副使、潮州安置。右諫議大夫何鑄章再上，遂有是命。制略曰：「朋姦罔上，惡殆並於共、兜。專利擅權，罪實侔於楊、李。」

秋七月癸卯，湖北京西宣撫使司將官張應、韓清入西京。初，河南府兵馬鈐轄李興既聚兵，先復伊陽等八縣，又復汝州，僞河南尹李成棄城遁走。河陽宣撫使岳飛遣應、清與之會，遂復永安軍〔五六〕。丙午，御史中丞王次翁爲參知政事。戊午，上曰：「朕常與諸將論兵，諸將皆謂虜人鐵騎馳突〔五七〕，若在平原勢不可當，須據險以扼之。朕謂不然。孟子曰：『天時不如地利，地利不如人和。』兵之勝負，顧人心如何耳。苟人心協和，則彼雖在平原，亦可取勝。諸將皆不以爲然。今諸將奏捷皆在平原，以步兵勝鐵騎，乃信朕前日之語。」己酉，湖北京西宣撫使岳飛自與宗弼戰於郾城縣，敗之，殺其裨將。是役也，統制官楊再興單騎入虜陣，欲擒宗弼，不獲，被數十創，猶殺數百人而退。庚戌，永興軍路經略副使王俊遣統領官辛鎮與金人戰於長安城下，敗之。川陝宣撫副使胡世將遣兵千人，具舟百艘，載柴草膏油自丹州順流而下至河中府，焚毀金人所繫浮橋。及還萬人由斜谷出潼關，皆以絶虜歸路。壬子，進士張本特補右迪功郎。以其獻祐政編可採也。乙卯，湖北京西宣撫司都統制王貴、統制官姚政及金人戰於潁昌府〔五八〕，敗之。壬戌，湖北京西宣撫使岳飛自郾城班師。飛既得京西諸郡，會詔書不許深入，始傳令回軍。軍士應時皆南嚮，旗靡轍亂，飛望之口呿而不能合，良久曰：「豈非天乎！」飛以親兵二千，自順昌渡淮赴行在。於是潁昌、淮寧、蔡、鄭諸州皆復爲金人所取。議者惜之。甲子，復釋奠文宣王爲大祀。用太常博士王普請也。於是，祀前受誓戒，加籩豆十有二，其禮如社稷。

八月壬申，降詔〔五九〕：提舉江州太平觀張九成與知州軍差遣，喻樗、陳剛中令吏部與合入差遣，凌景夏、樊光遠與外任差遣，毛叔度與對移一般差遣。先是，九成等皆言和議非計，及是秦檜將罷兵，而九成家臨安之外邑，故斥遠之。尋以九成知邵州，剛中知安遠縣，景夏知辰州，光遠爲閬州州學教授，叔度爲嘉州司户參軍，剛中尋卒於貶所。乙亥，韓世忠圍淮陽軍，命諸將齊攻之。帳前親隨成閔從統制官許世安奪門而入，大戰於門之外，閔身被三十餘創，世安亦脛中四矢，力戰奪門復出，閔氣絶而復蘇者屢矣，世忠大賞之。別將解元掩擊金人於沂州譚城縣，虜溺死者甚衆。丙子，劉昉爲荆湖南路轉運副使。昉爲秦檜所喜，故旋用之。戊寅，知陝州吴琦遣統制官侯信渡河，劫金人中條山寨，敗之，獲馬二十匹。翊日，又戰於解州境上，敗之，殺其將毛罕。庚辰，金人自滕陽來救淮陽軍，韓世忠逆擊於洳口鎮，敗之。是日，世忠所遣統制官劉寶、郭宗儀、許世安以舟師至千秋湖陵，遇金人所遣酈瓊叛卒數千人，寶等與戰大捷，獲戰船二百。壬午，李成自河陽以五千騎犯西京，知河南府李興命開城門以待之，成疑不進，興遣鋭士自他門出，擊之，成敗走。癸未，上與宰執論戰守之計，上曰：「戰守本是一事，可進則戰，可退則守，非謂戰則爲强，守則爲弱，但當臨機應變而已。」丙戌，祕閣修撰、新知邵州張九成落職。以御史中丞何鑄言其矯僞欺俗，故有是命。九成以家艱不赴。丁亥，淮北宣撫副使楊沂中潰軍於宿州。壬辰，永興軍路經略副使王俊擊金人於盩厔縣東，敗之。甲午，川陜宣撫司同統制邵俊、統領王喜遇金人於隴州汧陽縣牧羊嶺，敗之。

九月壬寅朔，遣起居舍人李易赴韓世忠軍前議事。宰相秦檜主罷兵，召湖北京西宣撫使岳飛赴行在，遂命易見世忠諭旨。時淮西宣撫副使楊沂中還師鎮江府〔六〇〕，三京招撫處置使劉光世還池州，淮北宣撫判官劉錡還太平州，自是不復出師矣。丁未，楊政軍同統領楊從儀劫金人於鳳翔府城南寨〔六一〕，獲戰馬數百。戊申，金人復入西京。先是，李成數爲河南府李興所敗，乞師於宗弼，得蕃漢軍數萬，興度衆寡不敵，棄城去寓治於永寧之白馬山。己酉，上諭大臣曰：「朕昨面諭岳飛，凡爲大將者，當以天下安危自任，不當較功賞。彼以功賞存心者，乃士卒所爲。至於朝廷待大將，亦自有禮，如前日邊報之初，除諸將便加師保，豈必待有功乎。」時飛已至行在，故上訓及之。庚戌，合祀天地於明堂，太祖、太宗並配，赦天下。癸丑，楊政軍統制官楊從儀邵俊、統領王喜敗金人於汧陽。辛酉，臨安府火，延燒省部倉庫。

冬十月丙戌，河北路統制李寶至楚州。時韓世忠在楚州，寶與其徒歸之，世忠大悦。己亥，龍圖閣直學士范沖、徽猷閣待制王居正並落職，依舊提舉江州太平觀。御史中丞何鑄論二人之罪，故有是命。庚子，熙河經略司將領惠逢與虜遇於野龍河，敗之。

十一月戊申，金將合喜自潼關出犯陝州〔六二〕，守臣吴琦擊卻之。合喜，婁宿孫也〔六三〕。鳳翔府同統制楊從儀敗金人於寶雞縣。己酉，上曰：「自古爲天下者，必先得人心，未有專事殺伐殘忍而可爲者。兀术雖强，專以殺伐殘忍爲事，不顧人心之失，朕知其無能爲者。」福建安撫大使張浚等奏乞措置賑濟事。上曰：「賑濟本爲貧民，近世止及城郭，而鄉村之民未嘗及之。須令州縣，雖僻處亦分委官吏，必躬必親，則下户皆沾實惠矣。」乙卯，川陝宣撫副使胡世將奏已遣兵解慶陽之圍。先是，慶陽圍急，帥臣宋萬年乘城拒守。會世將招河東經略使王忠植以所部赴陝西會合，行至延安，叛將趙惟清執忠植使拜詔，忠植曰：「若本朝詔書則受，金國詔書則不拜也。」惟清執之以詣撒離曷〔六四〕。敵使甲士引詣慶陽城下〔六五〕，諭使出降。忠植大呼曰：「我河東步佛山忠義人也，爲虜所執〔六六〕，使來招降，願將士勿負朝廷，堅守城壁可也。」撒離曷怒〔六七〕，忠植遂遇害。戊午，上曰：「用兵惟視謀之臧否，不可問力之强弱。苟謀之不臧，惟知恃力，雖或勝，亦不足以成功。」

十二月乙未，言者請令諸大帥各薦偏裨之可任者。上曰：「諸校智愚勇怯，朕皆熟知之，儻有使令，便可抽摘，何用薦舉耶。」兵部侍郎張宗元乞命有司以續降朝旨便人合理者，裒爲一書以進。許之。後九年乃成，凡四百三十五卷。初，李興既屯白馬山寨，李成以蕃漢數萬衆圍之，時興妻周氏與其子居襄陽，惟幼子在側。虜圍益急，士心頗搖。興聞，謂諸將曰：「興與諸君當以死守，毋有二志，苟或不敵，吾豈爲虜污者，當抱是兒南向投崖以謝天子。」諸將皆感泣，由是守益堅。虜遣使賫黄榜招興以奉國上將軍、河南尹，興得檄不啓，立斬其使，以檄聞於朝。白馬受圍久，方冬泉涸，軍民乏絶，興焚香默禱，一夕大雪，泉源皆溢。成知興不可屈，乃即山下屯兵積糧爲久居之計〔六〕。興潛遣將士夜焚之，成大挫，徑歸西京。

校證

〔一〕虜　「虜」原作「敵」，據再造本、文海本回改。

〔二〕黠虜　原作「金人」，據再造本、文海本回改。下文一「黠虜」同此。

〔三〕虜　此「虜」與下文三「虜」字原均作「敵」，據再造本、文海本回改。

〔四〕王銍　原作「王銓」，再造本、文海本、中興聖政卷二五同，據繫年要録卷一二六、卷一二五、王明清揮麈前録卷一校改。

〔五〕虜　此「虜」與下文二「虜」字原均作「敵」，據再造本、文海本回改。

〔六〕虜　原作「敵」，據再造本、文海本回改。

〔七〕乙亥　李校：原作「已亥」，據（繫年）要録卷一二八（汪按：實在卷一二七）改。汪按：再造本、文海本、中興聖政卷二五均作「已亥」。從干支時序看，作「乙亥」似是，今從李校。

〔八〕詢蕘書　再造本、文海本、中興聖政卷二五、宋史卷四七三姦臣秦檜傳均同，繫年要録卷一二八作「芻蕘書」。

〔九〕落節　原作「落職」，據再造本、文海本、中興聖政卷二五、繫年要録卷一二九、熊克中興小紀卷二六校改。

〔一〇〕電掃風驅　再造本、文海本、繫年要録卷一二九等均同，惟中興聖政卷二五作「電掃風馳」。

〔一一〕子孫之責　「之」字原脱，文海本同，據中興聖政卷二五、繫年要録卷一二九補。

〔一二〕以侈　原作「以修」，據再造本、文海本、中興聖政卷二五、繫年要録卷一二九注引何俌龜鑑校改。

〔一三〕虜　此「虜」與下文五「虜」字，原均作「敵」，並據再造本、文海本回改。

〔一四〕撻懶　原作「達蘭」，據再造本、文海本回改。下一「撻懶」同此。

〔一五〕主謀　原作「王謀」，文海本同，據再造本、中興聖政卷二五、繫年要録卷一二九校改。

〔一六〕金人　再造本、文海本、中興聖政卷二五、繫年要録卷一三〇均作「郎君」。

〔一七〕速具事因　「具」原作「其」，文海本同，據再造本、中興聖政卷二五、繫年要録卷一三〇校改。

〔一八〕庚子 李校：原作「庚午」，據（繫年）要録卷一三〇改。汪按：再造本、文海本、中興聖政卷二五均作「庚午」，然依干支時序，作「庚子」是，今從李校。

〔一九〕戊寅 李校：原作「庚寅」，據（繫年）要録卷一三二改。汪按：再造本、文海本、中興聖政卷二五均作「庚寅」，然依干支時序，作「戊寅」是，今從李校。

〔二〇〕虜 原作「敵」，據再造本、文海本回改。

〔二一〕文臣 原作「文人」，據再造本、文海本、中興聖政卷二五、繫年要録卷一三二校改。

〔二二〕安撫使 原作「宣撫使」，再造本、文海本、中興聖政卷二五同，據下文及繫年要録卷一三二、宋史卷三八二張燾傳校改。

〔二三〕一月 原作「二月」，文海本同，再造本闕文，據中興聖政卷二五、繫年要録卷一三二校改。

〔二四〕惟待 原作「惟時」，再造本、文海本同，據中興聖政卷二五、繫年要録卷一三二、中興小紀卷二七校改。

〔二五〕胡沙虎 原作「呼沙呼」，據再造本、文海本回改。

〔二六〕蒙兀 原作「蒙古」，據再造本、文海本回改。

〔二七〕胡盧馬 原作「呼勒瑪」，據再造本、文海本回改。

〔二八〕李綱薨於福州 李校：（繫年）要録卷一三四此事在本月辛卯日，非戊子日。汪按：再造本、文海本均繫戊子日，中興聖政闕頁，宋史卷二九高宗紀、徐夢莘三朝北盟會編卷一九九均繫於辛卯日。

〔二九〕丁酉　李校：原作「丁丑」，據（繫年）要録卷一三四改。汪按：再造本、文海本、中興聖政卷二六均作「丁丑」，依干支時序，似作「丁酉」是，今從李校。

〔三〇〕己亥　李校：二字原脱，據（繫年）要録卷一三四補。汪按：再造本、文海本無，中興聖政卷二六有「己亥」，今從李補。

〔三一〕所議　再造本、文海本、繫年要録卷一三四均同，惟中興聖政卷二六作「所與」。

〔三二〕丁卯　原脱，再造本、文海本同，據中興聖政卷二六、繫年要録卷一三四補。

〔三三〕入川路　原作「入州路」，文海本同。據再造本、繫年要録卷一三四、中興小紀卷二八、三朝北盟會編卷二〇〇、李幼武宋名臣言行録别集上卷三張肅忠定公校改。

〔三四〕溧水　原作「漂水」，再造本、文海本同，據中興聖政卷二六、繫年要録卷一三五校改。

〔三五〕聶黎勃堇　原作「聶呼貝勒」，據再造本、文海本回改。

〔三六〕撒離曷　原作「薩里罕」，據再造本、文海本回改。本卷下文十三「撒離曷」除一處單獨出校者外，其餘均同此。

〔三七〕虜　此「虜」與下文「虜騎入陳」、「虜人邀我歸路」之「虜」，原均作「敵」，據再造本、文海本回改。

〔三八〕隨　原作「墮」，據再造本、文海本、中興聖政卷二六、繫年要録卷一三五、宋史卷三六六吳璘傳、中興小紀卷二八校改。

〔三九〕張浚　原作「張俊」，再造本、文海本同，據中興聖政卷二六、繫年要録卷一三五校改。

〔四〇〕折合孛堇　原作「舍赫貝勒」，據再造本、文海本回改。

〔四一〕虜　此「虜」與下文四「虜」字，原均作「敵」，並據再造本、文海本回改。

〔四二〕阿黑殺　原作「阿哈薩」，據再造本、文海本回改。

〔四三〕賊　原作「敵」，據再造本、文海本回改。

〔四四〕兀术　原作「烏珠」，據再造本、文海本回改。本卷下文九「兀术」同此。

〔四五〕虜　此「虜」及本月下文計十三「虜」字，原均作「敵」，並據再造本、文海本回改。

〔四六〕適　文海本同，中興聖政闕頁，繫年要録卷一三六、宋史卷三六六劉錡傳、宋名臣言行録別集下卷一〇劉錡均作「過」。

〔四七〕賊　此「賊」與下一「賊」字，原均作「敵」，據再造本、文海本回改。

〔四八〕明道觀　再造本、文海本、中興聖政卷二六均同，繫年要録卷一三六、中興小曆卷二八、宋史卷三七四廖剛傳則作「明道宫」，宋代「宫」、「觀」混稱，但作官銜時，似以「明道宫」爲正。

〔四九〕酋　原作「將」，據再造本、文海本回改。

〔五〇〕虜　此「虜」及本月下文八「虜」字，原均作「敵」，並據再造本、文海本回改。

〔五一〕孽酋　原作「金帥」，據再造本、文海本回改。

〔五二〕夷狄雖異類　原作「金人雖讎敵」，據再造本、文海本回改。

〔五三〕紹興　李校：原作「邵興」，據（繫年）要録卷一三六改。汪按：再造本、文海本作「邵興」，中興聖政卷二六作「紹興」。

〔五四〕至此　原作「前此」，據再造本、文海本、中興聖政卷二六、繫年要録卷一三六注引龜鑑校改。

〔五五〕虜酋　原作「金將」，據再造本、文海本回改。

〔五六〕永安軍　再造本、文海本、中興聖政卷二六、宋史卷二九高宗紀等均同，惟繫年要録卷一三七作「永興軍」，作「永興軍」似誤。

〔五七〕虜　此「虜」與本月下文二「虜」字，原均作「敵」，據再造本、文海本回改。

〔五八〕潁昌府　原作「潁川府」，中興聖政卷二六同，據繫年要録卷一三七、岳珂金佗續編卷二八百氏昭忠録、三朝北盟會編卷二〇七、佚名群書會元截江網卷二一將帥校改。

〔五九〕八月壬申降詔　再造本、文海本、中興聖政卷二六同，繫年要録卷一三七、宋史卷二九高宗紀均作「八月壬申朔詔」，疑「降」爲「朔」之訛。

〔六〇〕淮西宣撫副使　諸本及上引中興聖政、繫年要録均同，然前月丁亥載楊沂中官銜爲「淮北宣撫副使」，與此異，疑有誤，待考。

〔六一〕同統領楊從儀劫金人於鳳翔府城南寨　「同統領」，再造本、文海本、中興聖政卷二六同，繫年要録卷一三七作「同統制」，宋史卷二九高宗紀卷三六七楊政傳均作「統制」。下文亦作「統制官」。「楊從儀」，李校：（繫年）要録卷一三七作「楊從義」。汪按：再造本、文海本、中興聖政卷二六等均作「楊從儀」，此人在繫年要録出現多次，大多數作「楊從儀」，作「楊從儀」是。又繫年要録卷一三七無「於」字，其他諸本、諸書則有。

〔六二〕合喜　原作「哈希」，據再造本、文海本回改。下一「合喜」同此。

〔六三〕婁宿　原作「羅索」，據再造本、文海本回改。

〔六四〕撒離曷　原作「敵營」，據再造本、文海本回改。

〔六五〕敵　再造本、文海本、中興聖政卷二六、繫年要録卷一三八均無「敵」字。

〔六六〕虜　此「虜」與下文「虜圍益急」之「虜」，原均作「敵」，據再造本、文海本回改。

〔六七〕撒離曷怒　此四字原脱，據再造本、文海本、中興聖政卷二六、繫年要録卷一三八補。四庫本繫年要録「撒離曷」作「薩里罕」。

〔六八〕即山下　「即」原作「積」，文海本同，再造本闕文，據中興聖政卷二六、繫年要録卷一三八校改。

宋史全文卷二十一上

宋高宗十三

辛酉紹興十一年春正月壬寅，提舉江州太平觀趙開卒。自金人犯陝、蜀，開職饋餉者十年，軍用得以毋乏。開既黜，主計之臣率三四易，於開條畫毫髮無敢變更者。然議者咎開竭澤而漁，使後來者無所施其智巧。凡茶、鹽、榷酤、激賞、零畸絹布之征，遂爲四蜀常賦。故雖累經減放，而害終不去焉。癸卯，鳳翔府同統制軍馬楊從儀敗金人於渭南。庚戌，淮南宣撫使張俊入見。上問：「曾讀郭子儀傳否？」俊對以未曉。上諭云：「子儀時方多虞，雖總重兵處外，而心尊朝廷。或有詔至，即日就道，無纖介顧望，故身享厚福，子孫慶流無窮。今卿所管兵乃朝廷兵也，若知尊朝廷如子儀，則非特身享福，子孫昌盛亦如之。」先是，宗弼自順昌戰敗而歸〔一〕，遂保汴京，留屯宋、亳，出入許、鄭之間。復簽兩河軍與蕃部凡十餘萬，以謀再舉。上亦逆知虜情必不一挫便已〔二〕，乃詔大合兵於淮西以待之。俊自建康來朝，故有是諭也。辛亥，上諭大臣曰：「李左車言：『千里饋糧，士有飢色。』虜若犯淮，其勢糧必在後，但戒諸將持重以待之，至糧盡欲歸，因其怠而擊，則無不勝矣。」又曰：「聽言必考其實。近有言劉錡之過，朕徐考之，皆無實迹，讒者遂息。」孫近曰：「錡當何以報聖恩也。」己未，淮北宣撫判官劉錡自太平州渡江以援淮西。金人陷壽春，殺守兵千餘人，繫橋淮岸以渡其衆。甲子，上曰：「木瓜美齊威公，而載之衛國風何也？」秦檜等方思所以爲對，上曰：「自衛觀之，威公繼絶，誠可美。自齊觀之，威公專封，亦可罪。仲尼成人之美而掩其罪，故不載之齊國風，而載之衛國風也。」檜等對曰：「仰見聖學高明，深得仲尼删詩之意，非諸儒之所能及。」

臣留正等曰：孔子遏惡揚善之意，見於六經者多矣。人主政治本原，出於經術。是以見臣下過失，不幸而出於不得已者，則以孔子之心恕之，此之謂帝學。

乙丑，劉錡至廬州，駐兵城外。時知廬州陳規病卒，城中無守臣，備禦之具皆缺。錡巡其城一匝，曰城不足守也。乃冒雨與關師古率衆而南。丙寅，金人大軍入廬州，遣輕騎追錡，相及於西山口。錡自以精兵爲殿，復戈西向，列陣以待。追騎望見錡旌旗，逡巡不敢逼，日莫各解去。丁卯，錡結陣徐行，號令諸軍占擇地利，共趨東關，依水據山以遏金人之衝。錡既得東關之險，稍休士卒，兵力復振。金人大兵據廬州，雖時遣兵入無爲軍、和州境内剽掠，而不敢舉兵逼江者，蓋懼錡之乘其後也。江南由是少安。戊辰，金人陷商州，守臣邵隆焚倉庫毀廬舍而遁，虜乃入城據之〔三〕。

二月癸酉，淮西宣撫司都統制王德渡江屯和州。虜退屯昭關〔四〕，知商州邵隆復入商州。初，隆既遁去，乃屯兵山嶺間，道出州西芍藥口，謂避地者曰：「汝皆王民，毋忘本朝。」衆感泣攜老幼來歸。隆遣其子繼春出商州之北以張其勢，而移軍洪門。金人以精騎來攻，隆設三伏以待，鏖戰兩時許，大破之，擒其將。繼春亦破之於洛南縣，金人乃去。丙子，上謂大臣曰：「中外議論紛然，以虜逼江爲憂，殊不知今日之勢與建炎不同。建炎之間，我兵皆退保東南，杜充書生，遣偏將輕與虜戰，故虜得以乘間猖獗〔五〕。今韓世忠屯淮東，劉錡屯淮西，岳飛屯上流，張俊方自建康進兵前渡。虜窺江則我兵乘其後，今雖虛鎮江一路，以檄呼虜渡江，亦不敢來。」其後卒如上所料。都統制王德遇金人韓常於含山縣東，敗之。丁丑，上謂大臣曰：「朕於諸帥聽其言，則知其用心，觀其所爲，則知其才。人皆言劉錡善戰，朕謂順昌之勝，所謂置之死地然後生，未爲善戰也。錡之所長在於循分守節，危疑之中能自立不變，此爲可取。」己卯，淮西宣撫司統制官關師古、李横復取巢縣。壬午，淮西宣撫司將官張守忠遇金人於全椒縣，敗之。癸未，淮西宣撫使張俊言已復巢縣。又言：「俊已在和州，竭力措置，決與虜戰，必須取勝，可保無虞。」上大喜。劉錡自東關引兵出清溪，邀擊金人。張俊、楊沂中亦遣統制官王德、張子蓋等會兵取含山縣〔六〕，復奪昭關。甲申，三京招撫處置使司統制官崔皋遇金人於舒城縣，敗之。丁亥，淮北宣撫副使楊沂中、判官劉錡、淮西宣撫司都統制王德、統制官田師中張子蓋，及金人戰於柘皋鎮，敗之。前一日，錡行至柘皋，與金人遇，夾河而軍。初，金人之退兵也，日行甚緩，至尉子橋，天大雨，次石梁河，河流湍暴，乃斷橋以自固，列營柘皋。柘皋地平，金人以爲騎兵之利，且見錡兵少，意甚易之。河東巢湖闊二丈餘，錡命軍士曳薪疊橋，須臾而成，遣甲軍數隊過橋皆臥鎗而坐。會沂中、德、師中、子蓋之軍俱至，翌日，虜將邢王與韓常等以鐵騎十餘萬分爲兩隅〔七〕，夾道而陣。沂中自上流涉淺徑進，官軍不利。德曰：「賊右隅皆勁騎，吾將先破之。」乃與師中麾兵渡橋，薄其右隅。虜陣動〔八〕，有一酋被甲躍馬指畫陣隊〔九〕，德引弓一發，酋應弦墜馬，德乘勢大呼馳擊，諸軍皆鼓譟。金人以拐子馬兩翼而進，德率兵鏖戰，沂中令萬兵各持長斧堵而前，奮鋭擊之，金人大敗，退屯紫金山。德等尾擊之，捕虜數百人〔一〇〕、馬馱數百。錡謂德曰：「昔聞公威略如神，今果見之，請以兄禮事公。」張俊之愛妾章氏，即杭妓張穠也，頗知書。柘皋之役，俊貽書囑以家事，章答書引霍去病、趙雲不問家事爲言，令勉思報國。俊以其書進。上大喜，親書奬諭賜之。庚寅，上謂宰執曰：「自虜犯邊，報至人言非一，朕惟静坐一室中，思所以應敵之方，自然利害皆見。蓋人情方擾，惟當鎮之以靜。若隨物所轉，胸中不定，則何以應變也。」乙未，賜劉光世、韓世忠、張俊、岳飛、楊沂中、劉錡詔書：「以捷書累至，軍聲大張。蓋自軍興以來，未有今日之盛。仍戒以尚思困獸之鬪，務保全功。」丙申，江東制置大使葉夢得上奏稱賀。詔嘉奬。初，建康屯重兵，歲費錢八百萬緡、米八十萬斛，榷貨務所入不足以贍。至是，禁旅與諸道之師皆至，夢得被命兼總四路漕計，以給饋餉，軍用不乏，故諸將得悉力以戰，由是朝廷益嘉之。己亥，上曰：「虜退，便當措置淮南。如移隸州縣，併省官吏，修築城壁，要當事事有備，常爲寇至之防也。」

三月庚子朔，福建路安撫大使知福州張浚言：「朝廷調撥大軍，用度至廣。臣本州措置出賣官田，及勸誘寺院變易度牒，共得六十三萬緡，節次起發，少助國用。」詔：「浚一意體國，識大臣體，令學士院降詔奬諭。」癸卯，張浚復特進。金人圍濠州。初，金人自柘皋退軍於紫金山也，濠州守臣王進發書告急。甲辰，淮西宣撫使張俊、淮北宣撫副使楊沂中、判官劉錡會議班師。俊與沂中爲腹心，而與錡有隙，故柘皋之戰奏賞諸軍，錡獨不預。時朝廷雖命三帥合軍，不相節制，然諸軍進退多出於俊。而錡以順昌之功驟貴，諸將亦頗嫉之。乙巳，知邵武軍王洋乞：「鄉村之人，無問貧富，凡孕婦五月，即經保申縣，專委縣丞注籍，其夫免雜色差役一年。候生子日，無問男女，第三等已下給義倉米一斛。縣丞月給食錢十千。」上覽奏曰：「愚民無知，迫於貧困，不能育，故生子而殺之。官給錢物，使之有以育，則不忍殺矣。朕爲父母，但欲民蕃衍，豈惜小費也。」乃詔户部措置。丙午，京東淮東宣撫處置使韓世忠舟師至招信縣。夜，世忠以騎兵遇金人於聞賢驛，敗之。丁未，金人陷濠州，知州事王進爲所執，兵馬鈐轄邵青巷戰死之。戊申，張俊、楊沂中、劉錡至黄連埠，去濠州六十里，而聞城陷。俊乃召錡、沂中謀之。沂中曰：「厮殺耳。」錡曰：「有制之兵，無能之將可御，有利害之兵，有能之將不可御也。今我軍雖鋭，未爲有制，不若據險下寨，然後出兵襲之。」諸將皆曰善。於是鼎足以爲營。俊遣斥堠數輩還，俱言濠州無金人。俊遣將官王某謂錡曰：「已不須太尉入去。」錡乃不行。惟沂中與王德領二千餘騎而往，以兩軍所選精鋭策應之。四更起黄連，午時騎兵先至濠州城西嶺上，列陣未定，有金人伏甲騎萬餘於城兩邊，須臾煙舉於城上，伏騎分兩翼而出。沂中皇遽以策麾其軍曰：「那回。」〔一〕諸軍聞之，以爲令其走爾，散亂南奔，無復紀律。其步人見騎軍走，謂其已敗，皆散。金人追及，步人多不得脱，殺傷甚衆。庚戌，秦檜奏：「近報韓世忠、張俊等至濠州，岳飛已渡江去會師矣。」上曰：「首禍者惟兀术〔二〕，戒諸將無務多殺，惟取兀术可也。澶淵之役撻攬既死〔三〕，真宗詔諸將按兵，縱契丹勿邀其歸路。此朕家法也。朕兼愛南北之民，豈忍以多殺爲意乎。」初，虜之入寇也，上命飛以兵來援。飛念前此每勝復被詔還，乃以乏糧爲詞。最後，上御劄付飛云：「社稷存亡，在卿此舉。」飛奉詔移兵三十里而止。及濠州已破，飛始以兵至舒、蘄境上。故張俊與秦檜皆恨之。辛亥，楊沂中渡江歸行在。壬子，金人自渦口渡淮北歸。癸丑，張俊渡江歸建康府。丁巳，劉錡自和州引兵渡江歸太平州。楊沂中之敗於濠梁也，張俊自黄連拔寨徑去。錡乃按部伍整旌旗，最後徐行，金人亦不復追。錡至歷陽駐軍，具奏聽旨，然後班師。由是俊與沂中皆恨之。

夏四月丙子，詔諸州縣量收免行錢。自宣和間，始復熙寧舊法，罷行户而令輸錢。至靖康初又罷。紹興初，雖令見任官市買方物，悉如民間之價，而污吏猶虧其直。議者以爲不便。會軍興用乏，遂復令免行。仍詔公私和買物色並依市直，違者以自盜論。

己卯，參知政事兼權同知樞密院事孫近提舉臨安府洞霄宫。金人之犯淮西也，近請召張浚都督諸軍，秦檜大惡之。及兵退，御史中丞何鑄乃論近本無體國之忠，但有謀身之計，乞行罷黜。殿中侍御史羅汝檝因交章論近，乃有是命。庚寅，復置將作、軍器監長貳各一員。罷樞密院計議官。辛卯，詔給事中范同令入對。初，張浚在相位，以諸大將久握重兵難制，欲漸取其兵屬督府，而以儒臣將之。會淮西軍叛，浚坐謫去。趙鼎繼相，王庶在樞府，復議用偏裨以分其勢。張俊覺之[一四]，然亦終不能得其柄。至是，同獻計於秦檜，請皆除樞府而罷其兵權。檜納之，乃密奏於上，以柘皋之捷召韓世忠、張俊、岳飛並赴行在，論功行賞。壬辰，太保、京東淮東宣撫處置使、英國公韓世忠、少師、淮南西路宣撫使、濟國公張俊並爲樞密使，少保、湖北京西路宣撫使岳飛爲樞密副使，並宣押赴本院治事。世忠既拜，乃製一字巾，入都堂則裹之，出則以親兵自衛，檜頗不喜。飛披襟作雍容狀，檜亦忌之。

龜鑑曰：謬哉，范同之爲檜畫計也。同之議曰：諸將俱握重兵，必甚難制，莫若皆除樞密而罷其兵權。此范同但求以助和議而然也。檜乃用之，詔罷宣撫兵隸樞院，附和則保富貴，是故張俊先至則除美官，韓世忠、劉錡不言和則傷讒〔一五〕，岳飛最後至，被禍最慘矣。

乙未，樞密使張俊言：「臣已到院治事，見管軍馬伏望撥入御前使喚。」時俊與秦檜意合，故力贊議和，且覺朝廷欲罷兵權，即首納所統兵。上從其請，復詔范同入對，命林待聘草詔書奬諭。上謂韓世忠、張俊、岳飛曰：「朕昔付卿等以一路宣撫之權尚小，今付卿等以樞府本兵之權甚大。卿等宜各爲一心，勿分彼此，則兵力全而莫之能禦，顧如兀术，何足掃除乎。」禮部侍郎鄭剛中言於秦檜曰：「前日所共憂者，一旦變爲安平之道。」因爲檜陳善後之策，凡七事。

五月辛丑，淮東轉運副使胡紡總領淮東軍馬錢糧，置司楚州。尚書度支員外郎吳彥璋總領淮西江東軍馬錢糧，置司建康府。太府少卿曾慥總領京湖軍馬錢糧，置司鄂州。蓋使之與聞軍事，不獨職餽餉云。總領官正名自此始。丁未，詔韓世忠聽候御前委用，張俊、岳飛帶本職前去按閱御前軍馬，專一措置戰守。時秦檜將議和，故遣俊、飛往楚州，總淮東一全軍還駐鎮江府。壬子，上謂宰執曰：「士大夫言恢復者皆虛辭，非實用也。用兵自有次第，朕比遣二樞使按閱軍馬，措置戰守，蓋按閱於先，則兵皆可戰，兵既可戰，則能守矣。待彼有釁，然後可進討以圖恢復，此用兵之序也。」辛酉，布衣虞宰獻樂曲詩，上謂大臣曰：「士大夫所進文字，朕詳覽熟思，蓋欲知民之利病、政之臧否、朕躬之失耳。若溢美之言，實不欲聞，可令還之。」乃詔檢鼓院，自今獻無益之言不干政體者，勿受。癸亥，饒州童子江安國九歲，其弟定國七歲，皆能誦經子書。詔免文解一次。

六月戊辰朔，責授單州團練副使劉子羽復右朝請大夫、知鎮江府兼沿江安撫使。初，樞密使張俊嘗爲子羽之父韐部曲，韐器之，俊薦其才，故復用。俊晚年主和議，與秦檜意合，上眷之厚，凡所言朝廷無不從。薦人爲監司、郡守、帶職名者甚衆。辛未，上謂大臣曰：「夷狄不可責以中國之禮〔一六〕。朕觀三代以後，惟漢文帝待匈奴最爲得體。彼書辭倨傲，則受而弗較。彼軍旅侵犯，則禦而弗逐。謹守吾中國之禮，而不以責夷狄，此最爲得體也。」壬申，户部奏贖刑文字。上曰：「朕謂凡爲政之本，必抑强扶弱，民乃能立。今使富者犯死法得以金自贖，則貧者無金豈能獨立乎。贖刑既非祖宗法，似未可用也。」總領曾慥提舉洪州玉隆觀。以疾自請也。左朝請郎林大聲總領湖北京西軍馬錢糧。大聲初爲永嘉丞，秦檜寓居永嘉，與之厚，遂驟用之。癸酉，分行在省倉爲三界，界百五十萬斛〔一七〕，凡民户白苗米南倉受之，以廩宗室百官，爲上界。次苗米北倉受之，以給衛士及五軍，爲中界。糙米東倉受之，以備諸軍月糧，爲下界。甲戌，上謂宰執曰：「中興自有天命，光武以數千破尋邑百萬，豈人力所能乎。朕在宫中，聲色之奉未嘗經心，只是静坐内省，求所以答天意也。」乙亥，守尚書右僕射、同中書門下平章事兼樞密使秦檜爲特進、尚書左僕射，封慶國公。詔有司造尅敵弓，韓世忠所獻也。上謂宰執曰：「世忠宣撫淮東日，與虜戰〔一八〕，常以此弓勝之。今朕取觀之，誠工巧，然猶未盡善。朕籌累日乃少更之，遂增二石之力，而減數斤之重，今方盡善。後雖有作者，無以加矣。」辛巳，趙慶孫等六人並停官。或曰慶孫嘗爲趙鼎所薦，故秦檜斥之。壬午，布衣吴曾特補右迪功郎。曾獻所著左氏發揮，而有是命。癸未，張俊、岳飛至楚州。飛視兵籍，始知韓世忠止有衆三萬，而在楚州十餘年，金人不敢犯，猶有餘力以侵山東，可謂奇特之士也。俊以海州在淮北，恐爲金人所得，因命毁其城，遷其民於鎮江府。俊遂總世忠之軍還鎮江府，惟背嵬一軍赴行在。甲申，知河南府李興以所部至鄂州。興據白馬山與李成相扼凡數月，朝廷命班師，以興爲左軍同統制。壬辰，太保、三京等路招撫處置使劉光世罷爲萬壽觀使。三大將既罷，光世入朝，因引疾丐祠。上謂大臣曰：「光世勳臣，朕未嘗忘，聞其疾中無聊，昨日以玩好物數種賜之。光世大喜，秉燭夜觀，幾至四更。朕於宮中凡玩好之物未嘗經目，止須賜勳舊賢勞耳。」光世既罷，遂寓居永嘉焉。

秋七月庚子，上以臨安旱，蔬食請禱，決滯獄，出繫囚。後二十四日大雨。翰林學士范同爲參知政事。辛丑，司農少卿高穎罷。自此諸大將之客稍稍被罪矣。壬寅，侍衛親軍馬軍都虞候劉錡乞宫觀。詔錡疾速赴行在奏事。甲辰，提舉川陝茶馬馮康國奏：「近聞虜在長安〔一九〕，三月二十三日晝晦，油酒變色皆白，兵刃有光焰，涇州雨沙，旱災相仍，赤地千里。」上曰：「景象異甚，天變示人，殆不虚也。自古無文德而有武功，往往非國家之福。而虜好兵嗜殺，肆爲無道，不畏天，不恤人，其能久乎。朕當修人事以待之耳。」丁未，秦檜以進書恩遷少保，封冀國公。壬子，右諫議大夫万俟卨言：「伏見樞密副使岳飛爵高禄厚，志滿意得，平昔功名之念日以頽墮。今春虜寇大入，疆埸騷然，陛下趣飛出師，以爲犄角，璽書絡繹，使者相繼於道，而乃稽違詔旨，不以時發。久之一至舒蘄，匆卒復還〔二〇〕。比與同列按兵淮上，公對將佐謂山陽爲不可守，沮喪士氣，動搖民心。伏望免飛副樞職事，出之於外，以伸邦憲。」先是，飛數言和議非計，秦檜大惡之。及是，飛自楚州歸，乃令禼論其罪，始有殺飛意矣。甲寅，侍衛親軍馬軍都虞候劉錡知荆南府，罷其兵。張俊深忌錡與岳飛〔三〕，每言飛赴援遲，而錡戰不力也。飛請留錡掌兵，不許。時有處士孫元濟者，聞除錡荆南，竊謂比之奕棋，此最高着也。人問其故，元濟曰：「陝蜀諸軍但知吴氏，襄漢諸軍尚思岳家，江陵在蜀、漢之間，而錡有威名，爲諸將所服，且聞有詔，或遇緩急，旁郡之兵許之調發，銷患未形，此廟算也。非吾君大聖，其孰能與此。」己未，樞密使張俊爲太傅，進封廣國公，賜玉帶。以俊首抗封章請歸部曲也。俊請離軍將佐並與添差差遣。從之。其後大爲州郡之患。庚申，詔文武官陳乞致仕，身亡雖在給敕之前，並聽蔭補。用考功員外郎游損請也。上謂大臣曰：「士風陵夷，以一官之故，父死匿喪以俟命，蓋立法有未盡也。朕謂濫與人官雖害法，其體猶輕，若風教不立，使人飾詐苟得，棄滅天理，其害甚大。況在法所當得乎。」損，酢子也。癸亥，大雨。翌日，輔臣稱賀。上曰：「朕日來卧不安席，夜半猶未交睫，懼德不類，或政有闕失，每事循省殆遍，恐旱災必有致之由。若乃祈禱之禮，但具文耳。」是月，樞密使張俊復往鎮江措置事務，副使岳飛留行在。以二人議事不協故也。俊因奏事，乞促淮西之賞。上曰：「功賞後時，在將帥不在朝廷。」俊問所以然，上曰：「軍士有出戰者〔三〕，有輜重及守營者，凡所謂戰功，皆戰士也，今更不分，全軍皆要推賞，動數萬人，朝廷何以行之？」俊曰：「臣今蒙專任，當戒諸統制官只保明實出戰者，庶可漸革前弊。」

八月辛未，尚書吏部郎中李㮚試將作監，吏部員外郎劉才邵守軍器監。始除也，上覽除目，曰：「凡事必謹始。館職、寺監丞乃郎官、卿監之選也。郎官、卿監乃侍從之選也。凡除館職、寺監丞，必擇他日可補郎官、卿監之闕者。凡除卿監、郎官，必擇他日可補侍從之闕者。如此則士安分守，而奔競之風息矣。若不謹始，用非其才，久而不遷，則士有留滯之嘆。以序遷之，又有不稱職之誚。不可不謹。」甲戌，樞密副使岳飛充萬壽觀使。右諫議大夫万俟卨既劾飛罪，未報，御史中丞何鑄、殿中侍御史羅汝檝復交疏論之。卨章四上，又録其副示飛，乃丐免，故有是命。甲申，上曰：「水旱有數，雖堯湯不能免。艱難以來，十餘年間，未嘗無歲，此天祐也。然不可恃此，不爲之備。祖宗置義倉以備水旱，最爲良法。而州縣奉行不虔，妄有支用，寖失本意。或遇水旱，何以賑之？可令監司視其實數，或有侵失，嚴責補還。義倉充實，則雖遇水旱，民無飢病矣。」癸巳，上謂宰執曰：「監司、郡守，朝廷委任之意未嘗有異，而近來妄分彼此，莫相協和。州郡或有闕乏，監司不肯移那，監司或有措置，州郡不肯應副。如此何以濟國乎？可令御史臺察其尤者，措置行遣，庶幾協和，共濟國事也。」川陝宣撫副使胡世將特起復。世將方與諸將議出師進討，而其母秦國太夫人康氏卒於晉陵。上聞之，詔軍旅事重，不拘常制，日下供職〔二三〕，不許辭避。甲午，上曰：「省刑罰，薄稅斂，王道之本。國步艱難，未能弭兵，斯民稅斂無術可以薄之，朕心實不足。至於刑罰，豈可不省，而獄繫淹延或至踰歲，何也？可令提刑司覺察州縣。提刑失職，令御史臺彈奏。務要訟平刑清，以副朕意。」

九月癸卯，命軍器少監鮑琚往鄂州根括宣撫司錢物。先是，湖北轉運使官汪叔詹以書白秦檜，言：「岳飛頃於鄂渚置酒庫，日售數百緡。襄陽置通貨場，利復不貲。自飛罷，未有所付，乞令副都統制張憲主之，庶杜欺弊。」前二日，詔都統制王貴與憲同掌。上謂檜曰：「聞飛軍中有錢二千萬緡，昨遣人問之，飛對所有之數，蓋十之九，人言固不妄也。今遣琚往，縱不能盡，若得其半，亦不少矣。又歲計所入，供軍之餘，小約亦數百萬緡，比之頭會箕斂，不知幾户民力可以辦此。」鄂州前軍副統制王俊詣都統制王貴，告副都統制張憲謀據襄陽爲變〔二四〕。先是，朝廷命諸將更朝行在，憲懼不得還，乃妄申金人侵犯上流，冀朝廷還岳飛復掌兵，而己爲之副。會憲詣樞密行府白事，俊具所謀告之，以統制官傅選爲證。貴即日以聞。張俊在行府，聞之，遂收憲屬吏。戊申，泗州言：「奉使官莫將、韓恕歸至本州。」上諭大臣曰：「此殆上天悔禍，虜有休兵之意爾〔二五〕。朕每欲與講和，非憚之也，重念祖宗有天下二百年，愛養生靈，惟恐傷之，而日尋干戈，使南北之民肝腦塗地，所願天心矜惻，消弭用兵之禍耳。」先是，將、恕至涿州，爲金人所執。至是，宗弼將與本朝議和，故縱之歸報焉。既而宗弼引兵犯泗州，破之，淮南大震。

甲寅，建康府火。乙卯，詔忠州團練使劉光遠赴行在奏事。時金國宗弼以書來，朝議遣光遠往聘，而光遠方以贓罪爲監司所按，故趣召之。翌日，光遠至行在，上面諭以前罪一切不問，遂以爲利州觀察使，而吉州刺史曹勛亦遷忠州防禦使，令與光遠偕行。丙辰，右護軍都統制吳璘及金國統軍胡盞戰於剡家灣，敗之。初，胡盞與習不祝合軍劉家圈，胡盞善戰，習不祝善謀，且據險自固，前臨峻嶺，後控臘家城，謂我軍必不敢輕犯。璘揣知其情，先一日，召諸將問：「何以必勝？」統制官姚仲曰：「戰於原下則敗，原上則勝。」璘以爲然。既相視其地，乃遣人告虜曰〔二六〕：「明日請戰。」虜聞之皆笑，愈益不疑。夜半，璘遣仲與鄜延經略使王彥率所部銜枚直進，渡河陟峻嶺截坡上，出其不意，約與虜對柵〔二七〕，然後發火。又遣將張士廉等取間道以兵控臘家城，戒曰：「虜根本在此，若敗，必趨入城，汝等截門勿縱一騎入。」二將所部軍行寂無人聲，又天大陰霧，既上嶺，列柵乃發火，虜大駭，倉猝備戰。我軍已畢列游騎，有聞虜酋以馬撾敲鐙者〔二八〕，曰：「吾事敗矣。」我軍氣益振。璘猶策習不祝有謀，必謂我趣戰欲速，不肯徑出，胡盞恃其百戰百勝，與習不祝異議，宜可挑取。已而遣輕兵嘗虜〔二九〕，果胡盞勒兵已出與我軍合，鏖擊數十，璘輕裘駐馬陣前，麾軍亟戰。我師皆殊死鬭，金人大敗遁去，騎兵襲後，斬首六百三十，生擒七百人。驍將馬廣者，所部號八字軍，察虜將潰，越陣挑逐，既而大靡，俘馘人馬數千，僞軍降者萬餘人。璘悉釋之，聽其自便。虜殘兵果趨城走，張士廉違節制後期，二酋僅以身入城〔三〇〕，率餘兵拒守。璘圍之。戊午，劉光遠、曹勛辭於内殿，遂命持虜帥報書以行。癸亥，言者乞令有官人銓試並兼習兩場。故事，銓試有官人分五場，曰經義，曰詩賦，曰時義，曰斷案，曰律義。願試一場者聽。議者謂試之以經義、詩賦、時義者，欲使之通古今，試之以刑統義、斷案者，欲使之明法令。二者各兼一場，庶使人人通古今、明法令，而無一偏之失。事下吏部，乃命任子如所請。右護軍都統制吳璘自臘家城班師。初，金統軍胡盞在城中，璘急攻之，城且破，朝廷以驛書命璘撤戍，璘遂歸。宣撫副使胡世將聞之，歎曰：「何不降金字牌，且來世將處耶。」世將以金人之俘三千人獻於行在。命利路轉運判官郭游卿就俘獲中，以聲音形貌驗得真女真四百五十人，同日斬於嘉陵江上，斂其尸以爲京觀，餘皆涅其面於界上放還。虜氣大沮。

冬十月丙寅朔，上謂大臣曰：「人主之權在乎獨斷。金國之主幼而無斷，權歸臣下。往年之和，出於撻辣〔三一〕，今年之戰出於兀朮，或和或戰，國之大事而皆不出於人主，無斷如此，何以立國，知不足畏矣。」戊辰，川陝宣撫司都統制楊政及金國萬户通檢戰於寶雞縣，敗之。是日黎明，通檢將精兵萬衆出戰。政賈勇士鏖戰縣旁。至日晡，政遣裨將將騎突出陣後。山上執旗以招，虜望見〔三二〕，大呼曰：「伏兵發矣。」乃驚而潰。政乘勝掩殺，通檢至城門而橋已絶，乃擒之。己巳，劉光遠等至虜軍。庚午，秦檜奏上流守備。上曰：「艱難以來，將士分隸主帥歲久，未嘗遷動，使植根深固，豈是長策。當今互易，如臂指可以運掉，纔過防秋，便當爲此，則人人可以指蹤號令矣。」乙亥，金國都元帥宗弼遣劉光遠等還，大略言：「當遣尊官右職、名望夙著者，持節而來。」蓋虜欲亟和故也。少保、醴泉觀使岳飛下大理寺。先是，樞密使張俊言〔三三〕：「張憲供通爲收岳飛處文字後謀反，行府已有供到文狀。」秦檜乘此欲誅飛，乃送飛父子於大理獄，命御史中丞何鑄、大理卿周三畏鞫之〔三四〕。己卯，上曰：「凡事必謹於微，若事已成則難改。故書言：『制治於未亂，保邦於未危。』荆襄守臣辟差者，勿令久任，以漸易之。非特謹微，亦所以保全之也。」壬午，權尚書吏部侍郎魏良臣落權字，充大金軍前通問使，知閤門事王公亮爲福州觀察使副之〔三五〕。國書但使之斂兵，徐議餘事。癸巳，樞密使韓世忠罷充醴泉觀使，進封福國公。世忠既不以和議爲然，由是爲秦檜所抑。至是，魏良臣等復行，世忠乃諫，以爲：「中原士民迫不得已淪於腥羶〔三六〕，其間豪傑莫不延頸以俟弔伐，若自此與和，日月侵尋，人情銷弱，國勢委靡，誰復振之。」又再上章力陳秦檜誤國，詞意剴切。檜由是深怨世忠，言者因奏其罪，上留章不出。世忠又懼檜陰謀，乃力求閑退，遂有是命。世忠自此杜門謝客，絕口不言兵。時跨驢攜酒，從一二童奴，游西湖以自樂。平時將佐亦罕見其面云。金人陷濠州〔三七〕。商州安撫使邵隆及金知陝州鄭賦戰〔三八〕，克之，復陝州。起復川陝宣撫副使胡世將圖上吴璘剡灣克捷之狀，且言：「臣詢客衆論，皆謂璘之此戰，比和尚原、殺金平，論以主客之勢、險易之形，功力數倍。據捉到蕃人供通，虜中稱璘有『勇似其兄』之語〔三九〕。璘等爲國宣力，川陝用兵以來未有如此之勝。伏望聖慈察璘智勇冠軍，優與遷擢，以爲盡忠許國之勸。」又奏：「本司都統制楊政、樞密院都統制郭浩並乞優異推恩，乃賜璘等詔書奬諭。」密賜世將黄金二百兩，茶藥有差。初，三將之並出也，璘復捷剡灣，政下隴州、破岐下諸屯，浩取華、虢二州，入陝府，有破竹之勢。世將亦遣要約陝西、河東忠義首領數十願爲内應，而金虜約和於朝廷，秦、晉之人殊惜之。

十一月丙申，提舉江州太平觀李迨知洪州。上覽除目曰：「迨能吏，肯以身任怨，不恤人毁譽，朕深知之。但此州寄居多有造謗者，不可不察也。治道無他，但不以毁譽爲賢否，常核實以行賞罰，則治道成矣。齊威王封即墨而烹阿，齊國大治。蓋知核實以爲政，而不徇毁譽空言也。」丁酉，上曰：「唐太宗除亂比湯武，致治幾成康，可謂賢君矣。然誇大而好名，雖聽言納諫，然不若漢文帝之至誠也。人君至誠臨下，何患治道之不成哉。」戊戌，言者請補試州縣小吏，仍許告吏罪，使補其闕，以懲吏强官弱之弊。上謂宰執曰：「此説若用，則相告訐，而州縣擾矣。治天下當以清静鎮之，若妄作生事，乃亂天下，非治天下也。昔人有言省官不如省事，省事不如清心。朕常躬行此語。」新通判利州程敦厚召試館職〔四〇〕。以其上書言事故也。敦厚又遺秦檜書，言檜「見幾似顔子，任重似伊尹」。檜大善之，令赴都堂審察，遂召試，以爲祕書省校書郎。己亥，參知政事范同罷。同始贊和議，爲秦檜所引。及在政府，或自奏事，檜忌之。右諫議大夫万俟卨因論：「近朝廷收天下兵柄，歸之宥密，而同輒於稠人之中，貪天之功以爲己有。望罷其機務。」詔同以本官提舉西京嵩山崇福宫。提舉臨安府洞霄宫李光責授建寧軍節度副使、藤州安置。言者論：「迺者二使之還，虜示欲和之意〔四一〕，於國體無損，而光乃陰懷怨望，鼓唱萬端，乘時誹訕，罪不可赦。」秦檜進呈，上曰：「司馬光言，政之大本在於刑賞。朕於光輩聞其虛名而用之，見其不才而罷之，逮其有罪而責之，皆彼自取，朕未嘗有心也。若用虛名而不治其罪，則有賞無刑，政何以成。譬之四時，有陽無陰，豈能成歲乎。」金國都元帥宗弼遣魏良臣等還，許以淮水爲界，歲幣銀帛各二十五萬匹兩，又欲割唐、鄧二州。因遣其行臺部侍郎蕭毅、翰林待制邢具瞻審定可否。乙巳，詔吏部侍郎魏良臣就充接伴使，以中書言金使蕭毅已過界也。毅等過江，揭旗於舟，大書「江南撫諭」。知鎮江府劉子羽見之怒，夜以他旗易之。翌日，良臣見旗有異，大懼，力索之，且以語脅子羽。子羽曰：「吾爲守臣，朝論無所預，然欲揭此於吾之境，則吾有死而已。出境乃還之。」丁未，判大宗正事士㒟提舉西京嵩山崇福宮。士㒟數言事，秦檜患之。岳飛之下吏也，士㒟草奏欲救之，語泄，檜乃使言者論之，故有是命。壬子，金國審議使蕭毅、邢具瞻等入見。乙卯，御史中丞何鑄簽書樞密院事，充大金報謝使。戊午，蕭毅等辭行。時朝廷許割唐、鄧二州，餘以淮水中流爲界。毅辭，上諭曰：「若今歲太后果還，自當謹守誓約。如今歲未也，則誓文爲虛設。」辛酉，福建安撫大使兼知福州張浚爲檢校少傅、崇信軍節度使充萬壽觀使。秦檜將議和，遣工部員外郎蓋諒因事至閩中，風浚使附其議，當引爲樞密使。浚答書言：「虜不可縱，和不可成。」檜不悅，會浚以母老乞祠，乃有是命。先是，責授清遠軍節度副使趙鼎在會稽，嘗語其客方疇曰：「張德遠建炎復辟之功豈可忘也。上待臣下有恩，想必講求矣。」疇曰：「今日擔子極重，秦相欲獨負之，恐難也。不知故相中誰可辦者？」時李綱、朱勝非皆在。鼎曰：「伯紀、藏一皆不濟事，惟德遠可爾，第恐不容復來。」至是卒如所料。

十二月乙丑朔，上謂秦檜曰：「和議已成，軍備尤不可弛，宜於沿江築堡駐兵，令軍中自爲營田，則斂不及民而軍食常足，可以久也。仍修建康，爲定都之計，先宗廟，次太學而後宮室。」丙寅，上謂大臣曰：「三代之世，士大夫盡心禮法，鮮有異端之惑。自漢明帝金人之夢，佛法流入中國，士大夫靡然從之。其上者惑於清静之説，而下者惑於禍福之報。殊不知六經廣大，靡不周盡，如易無思無爲，寂然不動，感而遂通天下之故，與禮正心誠意者，佛氏清静之説果有以勝之乎！至若『積善之家必有餘慶，積不善之家必有餘殃』，與夫『作善降之百祥，作不善降之百殃』者，即佛氏禍福之報也。士大夫不師六經，而盡心佛法〔四二〕，殊爲可笑。」壬申，上謂宰執曰：「晉平吴之後，天下混一，武帝又勤於政事，宜若可見太平，而旋致禍亂，天下分裂，何也？」秦檜等方思所以對，上曰：「禮可以立國，君臣上下如天地定位，不可少亂。武帝字呼群臣，又以珊瑚株助臣下以侈靡相勝，廢禮如此，其能國乎。」癸酉，秦檜言：「考之經傳，人君莫難於聽納。」上曰：「朕觀自古人君不肯聽納者，皆因有心，或好大喜功，或窮奢極欲，一實其衷，則凡拂心之言皆不能入矣。若清心寡欲，豈有不聽納乎。朕於宫中觀書寫字之外，並無嗜好，凡事無心，故群臣之言是則從，非則否，未嘗惑也。」己亥，何鑄等至軍前，宗弼以書來索北人之在南者，因趣割陝西餘地。癸巳，岳飛賜死於大理寺。飛既屬吏，何鑄以中執法與大理卿周三畏同鞫之。飛久不伏，因不食求死。至是，万俟卨入臺月餘，獄遂上。於是，飛以衆證，坐嘗自言己與太祖俱以三十歲除節度使，爲指斥乘輿，情理切害。及金犯淮西，前後受親札十三次，不即策應，爲擁兵逗遛，當斬。御前前軍統制張憲坐收飛子雲書，謀以襄陽叛，當絞。飛長子雲坐與憲書，稱可與得心腹兵官商議，爲傳報朝廷機密事，當追一官罰金。詔飛賜死，命楊沂中莅其刑。誅憲、雲於都市。參議官于鵬除名，送萬安軍，孫革送潯州〔四三〕，並編管，仍籍其貲，流家屬於嶺南。天下冤之。飛死年三十九。初，獄之成也，太傅、醴泉觀使韓世忠不能平，以問秦檜。檜曰：「飛子雲與張憲書雖不明，其事體莫須有。」世忠怫然曰：「相公『莫須有』三字何以服天下乎。」飛知書而待士〔四四〕，且濟人之貧，用兵秋毫無犯，民皆安堵，不知有軍，至今號爲賢將。

龜鑑曰：岳飛之將略，亦嘗聞其大略乎。飛起於效用者也。平居憂國，無所不爲，征討出師，慷慨勇往。隆冬按邊，上有「非我忠臣，莫雪大恥」之諭〔四五〕。盛夏出師，上有「暑行勞勤，朕念之不忘」之語。東下赴援，而上有「委身徇國，竭節事君」之嘆。力疾先馳，而上有「國爾忘身〔四六〕，誰如卿者」之褒。帥襄陽而克復襄陽，鎮湖北而坐制湖湘，焚蔡州之積，奪虢州之糧。而又倡率三軍，指示方略〔四七〕，自李寶曹州之戰，以至張憲臨潁之戰，凡十五戰，每戰必捷。虜酋相告〔四八〕，謂「撼山易，撼岳飛兵難」。吁！當時有如飛者數十輩，布置邊面，是真所謂萬里長城者。而檜乃屏棄之，曾不甚惜，何耶！綸音趣覲，彼之所以逗遛不進者，蓋亦以事機垂成爲可惜也〔四九〕。「莫須有」三字，强以傅會，欲加之罪，其無辭乎！千載而下，每念岳武穆之冤，直欲籲天而無從也。鷙鳥盡，良弓藏，狡兔死，走狗烹，此爲不能保全功臣者説也。況鷙鳥猶未盡，而狡兔猶未死者也。

大事記曰：飛之死尤不厭衆心。飛忠孝出於天性，自結髮從戎，凡歷數百戰，内平劇盜，外抗强胡。其用兵也，尤善以寡勝衆。其從杜充也，以八百人，破群盜五十萬衆於南薰門外。其破曹成也，以八千人，破其十萬衆於桂嶺。其戰兀术也，於潁昌則以背嵬八百、於朱仙鎮則以背嵬五百，皆破其衆十餘萬。虜人所畏服〔五〇〕，不敢以名稱，至以父呼之。自兀术有必殺飛而後可和之言，檜之心與虜合，而張俊之心又與檜合，媒孽横生，不置之死地不止。万俟卨以願備鍛鍊自諫議而得中丞，王俊以希旨誣告自遥防而得廉車〔五一〕，姚政、龐榮〔五二〕、傅選之徒，亦以阿附並沐累遷之寵，附會其事，無所不至。而「莫須有」三字，世忠終以爲無以服天下。飛死，世忠罷，中外大權盡歸於檜，於是盡逐君子，盡用小人矣。

徽猷閣待制洪皓在燕山，是冬，密奏：「虜已厭兵，勢不能久，異時以婦隨軍，今不敢擕矣。朝廷不知虚實，卑詞厚幣，未有成約，不若乘勝進擊，再造猶反掌耳。所取投附人，只欲守江南，歸之可也，獨不監侯景之禍乎。若欲復故疆、報世讎則不宜與。胡銓封事此或有之，彼知中國有人，益生懼心。張浚名動殊方，可惜置之散地。」並問李綱、趙鼎安否。廣西買馬增數。

壬戌紹興十二年春正月壬寅，詔建國公出外第，可依親賢宅，差提點官並都監。癸卯，上謂大臣曰：「朕於宮中無嗜好，惟好觀書，考古人行事，以施於政。凡學必自得乃可用，第與古人點姓名，何所益也。」

史臣曰：稽經以出治，猶按醫以治病也。造之不深，則醫或至於殺人，而治或至於害天下。帝王之學，貴於自得，深造之，則默然而識矣，左右逢原，則神明生焉。

戊申，御史中丞万俟卨、大理卿周三畏同班入對，以鞫岳飛獄畢故也。尚書省乞以飛獄案令刑部鏤板遍牒諸路〔五三〕。有進士知浹者好直言〔五四〕，飛以賓客待之。飛初下吏，浹上書訟其冤。秦檜怒，併送大理，獄成，浹坐決杖，送袁州編管云。先是，提舉洪州玉隆觀薛弼爲飛參謀官，與飛厚。秦檜之閑居永嘉也，弼舊遊其門，万俟卨又善之，繇是無一辭累及。飛之在鄂也，有王輔者，嘗知彭山縣，以贓敗，遂依飛軍中，飛亦厚待之。至是，輔遣其子孝忠上書，指飛爲姦凶，陰合檜意，檜喜，由是脱罪籍，尋擢知普州。辛亥，增福建鹽鈔錢十萬緡，以鬻鹽增羨故也。

二月己巳，上謂大臣曰：「征戰之事，各有地利，北狄騎兵，雖中國所不能及，若要馳騁於江淮，恐未易得志。孫權偏霸一方，而曹魏竭天下之力終不能渡江。晉室微弱，而苻堅百萬之衆敗於淝水〔五五〕。拓跋魏雄據中原，而歷六朝衰亂，終不能奄有江表。自非大無道如孫皓者，豈能致北兵之得志乎。今但修政事，嚴武備，北兵雖强，不足畏也。」辛未，上謂大臣曰：「詩書所載，二帝三王之治皆有其意，而不見其施設之詳。太祖以英武定天下，仁宗以兼愛結天下，此朕家法，其施設之詳可見於世者也。朕嘗守家法，而求二帝三王之意，則治道成矣。」丁丑，保慶軍節度使、建國公瑗爲檢校少保，進封普安郡王，時年十六。王天性忠孝，自幼育宫闈，起居飲食未嘗離膝下，上尤所鍾愛。制下，日者尤若訥私謂祕書省正字張闡曰：「普乃並日二字，有合乎易所謂『明兩作離』之象，殆天授也。」己卯，殿前都指揮使楊沂中賜名存中。壬午，輔臣進呈殿中侍御史胡汝明論監司不按吏。上曰：「朝廷分道置使，正欲譏察州縣。可申嚴行下，若州縣贓污不法，而監司不能按，致臺諫論列者，當併絀之。」丙戌，上曰：「學校，風化之原，不可緩也。」上又曰：「福建所買牛第二綱可發來臨安，借與人户。朕聞民間乏牛，皆以人耕田，其勞可憫。朕嘗畫以人耕田之象置於左右，庶不忘稼穡之艱難。漢文帝每下詔，必曰農者天下之本。若文帝，可謂知民事之本矣。」丁亥，言者請自今鞫獄，必差經任人。上曰：「文學、政事，在孔門中自是兩科。今士方離科舉，未親民事，遽使之鞫獄，安能盡善也。其從之。」戊子，金主亶大赦。自來亡命投在江南人見行理索，候到，並行釋罪。其職官、百姓、軍人並許復故。先是，何鑄、曹勛至金國，見亶於春水開先殿，具陳上意。金主命早來使人上殿，所請宜允。仍出回書示之，許還梓宮、太后。且遣鑄等還。辛卯，給事中、知貢舉程克俊等言：「博學宏詞右承務郎洪遵、敕賜進士出身沈介、右從政郎洪适並合格。」遵，适弟也，秦檜以所試制辭進讀，上曰：「是洪皓子耶，父在遠能自立，此忠義報也，可與陞擢差遣。」上又言：「遵之文於三人中最勝，既遂以遵爲祕書省正字，介、适並爲敕令所删定官。」自中興以來，詞科入選即入館，自遵始。是日，鎮江府城外火，延入城中，遂及大軍倉，燔米麥四萬斛、芻六萬束，公私室廬被焚者甚衆。守臣劉子明坐貶秩〔五六〕。時太平州、池州蕪湖縣亦皆大火，市井一空。

三月壬寅，普安郡王出閤就外第，命行在宗室正任已上悉送之。辛亥，上謂大臣曰：「朕兼愛南北之民，屈己講和。今通好休兵，其利博矣〔五七〕。士大夫狃於偏見，以講和爲弱，以用兵爲强，非通論也。」乙卯，上御射殿，引南省舉人何溥已下。是舉，兩浙轉運司秋試舉人，凡解二百八人，而温州所得四十有二，宰執子姪皆預焉。溥，永嘉人也。

朱勝非閒居録曰：秦檜居永嘉，引用州人以爲黨助。吴表臣、林待聘號黨魁，召爲從官，實操國柄。凡鄉士具耳目口鼻者皆登要途，更相攀援，其勢炎炎，日遷月擢，無復程度。是年，有司觀望，所解鄉士四十二名，檜與參政王次翁子姪與選者數人，前輩詩云：「惟有糊名公道在，孤寒宜向此中求。」今不然矣。

丙辰，起復川陜宣撫副使胡世將薨於仙人關。辛酉，秦檜等賀上以皇太后有來期。先是，洪皓在燕，先報太后歸耗[五八]。上謂檜曰[五九]：「皓身陷異區，乃心王室，忠孝之節，久而不渝，誠可嘉尚。皓之二子並中詞科，亦其忠義之報也。士大夫苟能崇尚節義，天必祐之。」

夏四月庚午，上御射殿，引正奏名進士唱名。主管台州崇道觀秦熺對策言[六〇]：「天子建國，右社稷，左宗廟，是故社稷不可無所依。今神州未歸，職方氏則考卜相攸莫如建康，謂宜申飭有司，早立宗社，權爲定都之制。」舉人陳誠之策言：「聖人以一身之微，臨天下之大，惟度量廓然，舉天下之大，納之胸中，而成敗得喪不能爲之芥蔕，斯綽綽有餘裕矣。成湯不愛犧牲粢盛，以事葛伯。文王不愛皮幣犬馬，以事昆夷。漢高祖解平城而歸，飭女子以配單于，終其身而無報復之心。故韓安國稱之曰：聖人以天下爲度。光武卑辭厚幣以禮匈奴之使，故馬援稱之曰恢廓大度，同符高祖。蓋帝王之度量，兼愛夷夏之民，不忍争尋常，以斃吾之赤子也。」楊邦弼策言：「陛下躬信順以待天下，又得賢相相與圖治，中興之功，日月可冀。」又論吴、越之事以爲：「使越王與大夫種、范蠡不量力度時，輕死而直犯之，是特匹夫之勇，而非賢君相所宜爲也。」有司定熺第一，誠之次之，邦弼又次之。檜引故事辭，而降爲第二人，特遷左朝奉郎、通判臨安府，賜五品服。自誠之已下賜第者二百五十三人。新科明法得黄子淳一人而已。辛未，上御射殿，放合格特奏名進士胡鼎才等二百四十八人〔六二〕，武舉正奏名陳鶚等五人，特奏潘璋等二人。是歲，始依在京舊制，分兩日唱名，自是以爲例。辛巳，江南東路轉運副使王喚等獻本司錢十萬緡〔六三〕、銀五萬兩以助奉迎兩宫之費。詔令户部樁收，專充迎奉支用。上曰：「若常賦之外，不取於民，庶幾副朕愛民之意。朕在宫中，服食器用惟務節儉，不敢分毫妄費。常戒左右曰：此中視錢物不知艱難，民雖一錢亦不易出。周公作無逸戒成王，惟在知小民之艱難，朕不敢忘也。」自是四方率皆獻助矣。丙戌，通判湖州秦棣直祕閣〔六四〕。棣，檜弟，以其姪熺遜所得職名爲之請也。

五月甲午，川陜宣諭使鄭剛中爲川陜宣撫副使。甲辰，詔諸州軍無教官處，令尚書省選差。既而禮部立到試教官法。上謂宰相曰：「士大夫不可不學，惟學故能考前世興衰治亂，以爲龜鑑，則事無過舉，而政皆適當矣。朕在宫中未嘗一日廢也。」乙巳，軍器監主簿沈該知盱眙軍，措置榷場。凡榷場之法，商人貲百千以下者，十人爲保，留其貨之半在場，以其半赴泗州榷場博易。俟得北貨，復易其半以往。大商悉拘之，以待北賈之來。兩邊商人各處一廊，以貨呈主管官牙人往來評議，毋得相見。每交易千錢，各收五鼇息錢入官。其後，又置場於光州、棗陽、安豐軍花靨鎮，而金人亦於諸州置場。辛亥，漢州布衣陳靖特補右迪功郎〔六四〕。靖獻中興統論於朝，給事中程克俊等五人共薦之，乃有是命。乙卯，詔禮部依舊制試教官，仍先納所業經義、詩賦各三首。會刑部無過，下國子監看詳，禮部覆考，然後許試。附省試院，分兩場。非取士之歲附吏部銓試院。不限人數，以文理優長爲合格。

六月乙丑，上謂大臣曰：「近日雨澤霑足，歲事有望，誠可喜者。」秦檜曰：「此乃聖德感召和氣所致。」上曰：「天人相因，朕於人事雖不敢怠，至歲事，則當歸功於天也。」鎮西軍節度使吳璘來朝，召之也。既對，命坐賜茶，上問璘前此所以勝敵之方。璘曰：「先令弱者出戰，强者繼之。」他日，上以語輔臣，且曰：「璘善用兵，此正孫臏三駟之説，一敗而二勝者也。」己巳，提舉亳州明道宮鄭億年提舉醴泉觀兼侍讀。時朝廷答金人書，許以所索陝西、河南人，次第而遣，惟億年得留焉。辛未，提舉臨安府洞霄宮王庶責授嚮德軍節度副使〔六五〕，道州安置。乙亥，言者乞禁止父母在、別籍異財之事。上曰：「此固當禁，然恐行法有弊，州縣之吏科率不均，民畏户口大而科率重，不得已而爲，誠可憐者。宜併申嚴科率之條，乃善。」己卯，尚書省言〔六六〕：「金人使明威將軍高居安扈從皇太后一行前來。」詔知閤門事曹勛充接伴使。壬午，言者乞稍寬私鹽之律，以謂州縣之間慘酷冤濫不知幾何，欲望少加裁損。輔臣進呈，上曰：「古今異事。今國用仰給煮鹽者十之八九〔六七〕，其可捐以與人？散利雖王者之政，然使人專利，亦非政之善也。吴王濞之亂，漢實使之。使濞不專煮海之利，雖欲爲亂，得乎？」癸未，有舉子上書乞用王安石三經新義，爲言者所論。上曰：「六經所以經世務者，以其言皆天下之公也。若以私意妄説，豈能經世乎。王安石學雖博，而多穿鑿以私意，不可用。」

秋七月癸丑〔六八〕，右諫議大夫羅汝楫言：「簽書威武軍節度判官廳公事胡銓文過飾非，益唱狂妄之説，横議紛紛，流布遐邇。若不懲艾，殆有甚焉者矣。伏望陛下重行竄逐，以伸邦憲。」詔銓除名，新州編管。戊午〔六九〕，詔忠訓郎吴援令川陝宣撫司召試策一道，保明取旨，與换文資。援，璘子也。璘以初除團練、承宣使恩例爲之請，上許之。起居郎、權中書舍人張廣（擴）持不可〔七〇〕。上覽奏，謂大臣曰：「武臣换文資，恐將帥之才後難得矣。」樞密使張俊曰：「試而後换可也。」上大以爲然。戊午，新潼川府路提點刑獄公事宇文剛言：「湖外米平乞行收糴。」上諭大臣曰：「水旱，堯、湯所不能免，惟有以備之，則民免流亡之患，其即行之。」

八月辛酉朔，金國都元帥宗弼以書來，求商州及和尚、方山原地。於是，川陝宣撫副使鄭剛中亦言：「和尚原自紹興四年後便係劉豫管守，不係吴玠地分，合割還大金。」

從之。丙寅，皇太后渡淮。時上遣后弟韋淵往迓，遂扈從以歸。簽書樞密院事何鑄提舉江州太平觀。御史中丞万俟卨、右諫議大夫羅汝檝交章論鑄之罪，故有是命。丁卯，上謂宰執論經術〔七一〕，因曰：「朕每讀書，未嘗苟，必思聖人所以立言之意。」秦檜曰：「孟子云：『文王我師也，周公豈欺我哉。』」上曰：「聖人以所自得者垂法後世，又焉用欺。」秦檜曰：「陛下以通經得五帝三王心傳之妙，人臣何幸，自古不遇治世之主，則爲人臣誠有難處。今陛下以經術出治人，臣因以託日月之光，傳諸不朽，豈非幸會。」上曰：「讀書不適用，則不若愚人。愚人猶無過，讀書不適用，爲患更甚。」檜曰：「陛下持此心揆天下之事，無不灼見底蘊矣。」庚午，責授嚮德軍節度副使王庶卒於道州，許歸葬。其子之荀、之奇撫柩而哭曰：「秦檜，秦檜，此讎必報！」親舊皆掩其口曰：「禍未已也。」甲戌，御史中丞万俟卨爲參知政事，充大金報謝使。上顧卨曰：「勉爲朕行。」卨頓首謝。上諭大臣曰：「和議既定，内治可興。」秦檜對曰：「以陛下聖德，漢文帝之治不難致。」上曰：「朕素有此志，但寡昧不敢望前王。」檜曰：「漢文帝文不勝質，唐太宗質不勝文，陛下兼有之。」上曰：「唐太宗不敢望文帝，其從諫多出矯僞。」檜曰：「文帝能容申屠嘉，而太宗終恨魏證（徵）〔七二〕，其爲真僞可見。」上曰：「朕謂專以至誠爲上。太宗英明有餘，誠有所未至也。」檜曰：「太宗之用智，誠不及文帝之性仁也。」上曰：「然。」丙子，上諭大臣曰：「聞大金内侍有用事者。今内侍中寄資有犯雖降官，然俸物不減，何以勸懲。今小者有犯，可恕即恕，不可恕即撻之，庶使知懼。」且云：「唐末内侍如田令孜輩群唱爲亂者，良由天子縱之所致。朕今在宫中，都知、押班、御藥素號最親密者，非時未嘗見，見未嘗不正色。」己卯，上謂大臣曰：「比聞大金中宫頗恣，權不歸其主。今所須者無非真珠鞁韉之類〔七三〕，此朕所不顧，而彼皆欲之，則侈靡之意可見矣。宜令有司悉與，以廣其欲，彼侈心一開，則吾事濟矣。」時金人又須白面猢孫及鸚鵡、孔雀、獅子猫兒，上亦令搜訪與之。上曰：「敵使萬里遠來，其所須如此，朕何憂哉。」辛巳，上奉迎皇太后於臨平鎮。初，后既渡淮，上命秦魯國大長公主〔七四〕、吴國長公主逆於道。至是，自至臨平奉迎，用黄麾半仗二千四百八十三人。普安郡王從。上初見后，喜極而泣，軍衛懽呼，聲振天地。壬午，皇太后還慈寧宫。后聰明有遠慮，上因夜侍慈寧語久，冀以順后意，后令上卧，且曰：「聽朝宜早起，不然恐妨萬幾。」上不欲遽離左右，后遂示以倦意，上不得已，恭揖而退。太后復坐凝然不語，雖解衣登榻，交足而坐，至三四鼓而後就枕。嘗謂上：「給使者不必分，宜通用之。蓋分則自爲彼我，其間佞人希旨，必肆間言，自古兩宫失懽，未有不由此者。」

龜鑑曰：太后之未歸也，則諭以至誠。太后之將歸也，則示以喜色。臨平奉迎，瞻慈容而感泣〔七五〕。慈寧居養，侍乙夜而忘疲。壽慶啓燕，稱觴舉儀，雍雍乎其和也。意有所向，竭力供應，肅肅乎其敬也。當時父老童稚且嘆曰：「不圖今日聖神母子重懽如此，是其孝於事親，何如也。」

庚子，上服黃袍，乘輦詣臨平奉迎梓宮。登舟易緦服，百官皆如之。辛丑，徽宗皇帝、顯肅皇后及懿節皇后梓宮皆至行在〔七六〕。是月，朝廷答金國都元帥宗弼書，許以陝西地界，金人遣知彰化軍節度使事賀景仁來分畫，乃割商、秦之半，存上津、豐陽、天水三邑及隴西成紀餘地，棄和尚、方山原，以大散爲界，於關內得興趙原爲控扼之所。

大事記曰：紹興十年，金人渝盟，軍民皆歸咎於秦檜，而檜傲然不動。順昌既捷之後，先竄趙鼎，而人無敢言矣。柘皋既捷之後，盡罷諸將而兵隸御前矣。向者戰敗而求和，今則戰勝而求和矣。向者戰敗而棄地，今則戰勝而棄地矣。向者使命之費猶有限，今歲幣銀、帛各三十五萬匹兩〔七七〕，而賀禮又有金器千兩、銀器萬兩、錦綺千匹矣。岳飛復唐、鄧，張俊、吴璘復商、秦，吴玠復方山、和尚原，皆間關百戰而後得。今吾不能有其地，反盡割入於虜〔七八〕，聽其分畫矣。世忠田金陵，岳飛田鄂，王之奇田兩淮，吴玠田梁、洋，樊賓、宗綱田荊州，皆累年經理而後成〔七九〕，今吾不能屯田，反使虜創屯田軍於河南矣。吾國之民不肯入虜，殺之猶不從，而朝廷必以與虜，使遺黎飲泣內恨，而中原之人心失矣。李世輔不顧其親來歸，兀朮畏避其忠勇，乃置之謫籍，而中原豪傑之心失矣。士大夫陷没虜中，家屬有在中國者，徇虜人之情而悉還之〔八〇〕。方其去時，如赴井所〔六一〕，而吾國衣冠之氣沮矣。張俊深忌劉錡、岳飛，每言飛赴援遲而錡戰不力，遂與檜謀斥錡而殺飛，而天下忠憤之氣皆沮矣。

九月乙未，信安郡王孟忠厚爲樞密使。壬寅，大赦天下。乙巳，尚書左僕射、同中書門下平章事兼樞密使秦檜爲太師，封魏國公。是日，檜入朝，至殿門外，上遣幹辦御藥院江諮賜以玉帶，使服之而入。檜辭，上曰：「梓宮歸葬，慈寧就養，皆卿之功也。此未報百分之一，不必辭。」

冬十月乙亥，翰林學士兼侍講、翊善程克俊簽書樞密院事。秦檜之除太師也，克俊草其制，詞有曰：「廟算無遺，固衆人之所不識，征車遠狩，惟君子以爲必歸。」檜大喜之。丁丑，太師、尚書左僕射魏國公秦檜進封秦魏國公。用蔡京故事也。檜辭不拜。太傅、樞密使、廣國公張俊進封益國公。壬午，太傅、醴泉觀使、福國公韓世忠進封潭國公。太保、萬壽觀使、雍國公劉光世改封楊國公。丁亥，詔福建專置提舉茶事官一員，置司建州。先是，建州歲貢片茶二十餘萬斤，葉濃之亂，園丁亡散，遂罷之，以市舶官兼茶事。上祀明堂於臨安，始命市五萬斤，爲大禮賞。已而都督府請如舊額發赴建康，召商人持往淮北。既而官給長引，許商販渡淮，及興榷場，遂取臘茶爲榷茶本。尋禁私販，官盡榷之，上京之餘，許通商，官收息三倍。及是，將鬻建茶於臨安，始別置提舉官，專一發賣。

十一月壬辰，左朝散郎黃達如言：「太后回鑾，梓宮還闕，兹爲盛事，望宣付史館，然後褒功罰罪，大明黜陟。將前日異論沮謀者明正典刑，其力主和議者重加旌賞，庶上慰徽宗、二后在天之靈，少紓太母留滯抑鬱不平之氣。」詔禮部侍郎兼實録修撰王賞編修付史館。達如，建陽人，嘗知南雄州〔六二〕，以贓罪爲提點坑冶官韓球所按，代還奏事，乃上此奏焉。癸巳，樞密使張俊爲鎮洮寧武奉寧軍節度使，充醴泉觀使，奉朝請，封清河郡王。初，太師秦檜與俊同主和議，約盡罷諸將，獨以兵權歸俊，故俊力助其謀。及諸將已罷，而俊居位歲餘，無請去之意，檜乃令殿中侍御史江邈論其罪。邈言：「俊據清河坊，以應讖兆，占承天寺以爲宅基。大男楊存中握兵於行在，小男田師中擁兵於上流，他日變生，禍不可測。」上曰：「俊有復辟功，無謀反之事，皆不可言。」會樞密使孟忠厚竣事還朝，而邈又言俊之過，俊乃求去位，遂有是命。左司員外郎李椿年言經界不正十害：一侵耕失税，二推割不行，三衙前及坊場户虚供抵當，四鄉司走弄税名，五詭名寄産，六兵火後税籍不信，爭訟日起，七倚閣不實，八州縣隱賦多，公私俱困，九豪猾户自陳税籍不實，十逃田税偏重，故税不行。且言：「臣聞平江歲入昔七十萬斛有奇，今按其籍雖三十九萬餘，然實入才二十萬耳。詢之土人，其餘皆欺隱也。望考按覈實，自平江始，然後之天下，則經界正而仁政行矣。」上謂宰執曰：「椿年之論頗有條理。」乃詔專委椿年措置。椿年請先往平江諸縣，俟其就緒，即往諸州，要在均平，爲民除害，更不增稅額。從之。乙未，檢校少保兼領殿前都指揮使職事楊存中爲少保。國朝故事，未有以保、傅爲管軍者，論者惜之。己亥，詔太學養士，權於臨安府學措置增展。先是，言者屢請復太學以養人才。上以戎事未暇。至是，謂宰執曰：「太學教化之原，宜復祖宗舊法。」程克俊曰：「東晉設學於鼎沸之中，今兵息矣，興學正其時也。」秦檜曰：「久有此議，今當舉行之。」乃命禮部討論取旨。辛丑，言者論：「陛下斥遠姦邪，與腹心之臣一德以定大計，大功巍巍，超冠古昔。臣愚慮前日不得志之徒，未即丕變，作爲不靖，有害治功。伏望屏置遠方，終身不齒。」詔榜朝堂。知鎮江府劉子羽提舉江州太平觀。以右諫議大夫羅汝檝論其專任私意，變亂是非也。先是，子羽言：「和好本非久遠計，宜及閒暇時，修城壘，厲器械，備舟檝，以俟時變。」秦檜始以復職非己出，已不悦，至是益怒，諷汝檝論其罪，遂罷歸。和衆輔國功臣、太保、護國鎮安保静軍節度使、充萬壽觀使、楊國公劉光世薨於行在，年五十四。詔贈太師。光世蚤貴，其爲大將，御軍姑息，無克復志，論者以此咎之。丙午，詔責授清遠軍節度副使趙鼎、責授嚮德軍節度副使王庶，今赦更不檢舉。寶文閣待制曾開、徽猷閣直學士李彌遜並落職，權中書舍人程敦厚草制，曰：「方同惡而相濟，肯信君子以爲必歸。逮寧親而解憂，是宜國人皆曰可殺。」時庶已死，而秦檜未知也。徽猷閣待制致仕尹焞卒於紹興府，年七十二。上知其貧，特賜錢三百緡。庚戌，樞密使、信安郡王孟忠厚罷判福州，左承事郎張戒特勒停。

十二月辛酉，童子張岩叟九歲，其弟岩卿七歲，能誦書。詔並免文解一次，仍以束帛賜之。庚午，禮部乞太學養士權以三百人爲額。上曰：「太學師儒之官，雖選經術，當先德行，要使士子化之，以厚風俗。」又曰：「朕以天下財賦養天下士大夫，以天下公器處天下士大夫，要使人人盡心職業，朕何愛爵祿哉。」丙子，主管台州崇道觀熊彥詩知永州。彥詩坐趙鼎客閒廢累年，及是，秦檜除太師，彥詩以啓賀之，有曰：「大風動地，不移存趙之心。白刃在前，獨奮安劉之略。」檜喜，繇是稍復錄用。庚辰，高閌守國子司業，關注爲太學正。始除學官也。上覽除目，曰：「朕無一所好，惟閱書作字，自然無倦。尚書史記孟子俱寫畢，尚書寫兩過，左傳亦節一本。」癸未，以太師秦檜生辰，錫宴於其第。自是歲爲例。初，陝西連歲不雨。至是，涇、渭、灞、滻皆竭，五穀焦槁，秦民無以食，爭西入蜀。川陝宣撫使鄭剛中以誓書所禁不敢納，皆散去餓死，其壯者北人多買爲奴婢，郡邑蕩然矣。

校證

〔一〕自順昌戰敗而歸　「自」，原作「白」，據再造本、文海本、繫年要録卷一三九校改。

〔二〕虜　此「虜」與下文「虜若犯淮」、「虜退屯昭關」之「虜」，原均作「敵」，並據再造本、文海本回改。

〔三〕虜　「虜」字原脱，中興聖政卷二七、繫年要録卷一三九均作「敵」，據再造本、文海本並參二書補。

〔四〕虜　此「虜」與下文「虜逼江」、「輕與虜戰」、「決與虜戰」、「自虜犯邊」之「虜」，原均作「敵」，並據再造本、文海本回改。

〔五〕虜　此「虜」與下文「虜窺江」、「虜渡江」之「虜」，原均作「彼」，並據再造本、文海本回改。

〔六〕張子蓋　原作「張子益」，據再造本、文海本、中興聖政卷二七、繫年要録卷一三九校改。

〔七〕虜將邢王　「虜」原作「金」，據再造本、文海本回改。「邢王」原作「那王」，文海本同，據再造本、中興聖政卷二七、繫年要録卷一三九校改。

〔八〕虜　原作「見」，據再造本、文海本回改。

〔九〕酋　此「酋」與下文「酋應弦墜馬」之「酋」，原均作「將」，並據再造本、文海本回改。

〔一〇〕捕虜　原作「捕獲」，據再造本、文海本回改。

〔一一〕那回　再造本、文海本、中興聖政卷二七、繫年要録卷一三九均同，惟徐夢莘三朝北盟會編卷二〇四作「那」無「回」字。

〔一二〕兀术　此「兀术」與下文四「兀术」，原均作「烏珠」，並據再造本、文海本回改。

〔一三〕撻攬　原作「達蘭」，據再造本、文海本回改。

〔一四〕張俊　原作「張浚」，據再造本、文海本、中興聖政卷二七、繫年要録卷一四〇校改。

〔一五〕不言和則傷讒　「言和」原作「言宣」，文海本同，據再造本、中興聖政卷二七、繫年要録卷一四〇注引中興聖政何俌龜鑑校改。「則傷讒」，中興聖政卷二七作「則傷於讒」，再造本、文海本無「於」字。

〔一六〕夷狄　原作「外域」，據再造本、文海本回改。下文一「夷狄」同此。

〔一七〕界　「界」字原脱，再造本、文海本、中興聖政卷二七同，據繫年要録卷一四〇、朝野雜記甲集卷一五財賦東南軍儲數、王應麟玉海卷一八四食貨倉庾補。

〔一八〕虜　原作「金」，據再造本、文海本回改。

〔一九〕虜　此「虜」與下文「虜好兵嗜殺」、「虜寇大入」之「虜」，原均作「敵」，並據再造本、文海本回改。

〔二〇〕怱卒　原作「忽卒」，據再造本、文海本校正。繫年要録卷一四一作「匆」，「匆」、「怱」音同義近。

〔一一〕張俊　原作「張浚」，據再造本、文海本、中興聖政卷一二七、繫年要録卷一四一校改。

〔一二〕出戰　「戰」字原脱，再造本、文海本、中興聖政卷一二七同，據繫年要録卷一四一、熊克中興小紀卷二九、李幼武宋名臣言行録别集下卷七張俊補。

〔一三〕日下供職　原作「目下供給」，再造本、文海本均作「日下供給」，中興聖政卷一二七、繫年要録卷一四一作「日下供職」，作「日下供職」合文義，今從校改。

〔一四〕變　「變」字原爲空闕，據繫年要録卷一四一、宋史卷二九高宗紀補。再造本、文海本、中興聖政卷二七均作「亥」，同「害」。

〔一五〕虜　原作「彼」，據再造本、文海本回改。

〔一六〕虜　此「虜」與下文「虜聞之」、「虜殘兵」之「虜」，原均作「金」，並據再造本、文海本回改。

〔一七〕虜　此「虜」與下文「虜根本」、「虜大駭」、「察虜將潰」、「持虜帥報書」、「虜氣大沮」之「虜」，原均作「敵」，並據再造本、文海本回改。

〔一八〕虜酋　原作「渠帥」，據再造本、文海本回改。

〔一九〕虜　原作「之」，據再造本、文海本回改。

〔二〇〕二酋　原作「二將」，據再造本、文海本回改。

〔二一〕撻辣　原作「達蘭」，據再造本、文海本回改。然此「撻辣」與前文「撻攬」應指同一人，待考。

〔二二〕此「虜」與下文「虜欲亟和」之「虜」，原均作「敵」，並據再造本、文海本回改。

〔三三〕張俊　原作「張浚」，據再造本、文海本、中興聖政卷二七、繫年要録卷一四二校改。

〔三四〕鞫之　「鞫」原作「鞠」，再造本、文海本同，據中興聖政卷二七、繫年要録卷一四二、宋史卷二九高宗紀、中興小紀卷二九、徐自明宋宰輔編年録卷一六校改。「鞠」可通「鞫」，但此處作「鞫」較佳。下文「同鞫之」、「鞫岳飛獄」之「鞫」同此。

〔三五〕王公亮　原作「士公亮」，文海本同，據再造本、中興聖政卷二七、繫年要録卷一四二、熊克中興小紀卷二九校改。

〔三六〕腥羶　原作「敵國」，據再造本、文海本回改。

〔三七〕濠州　再造本、文海本、繫年要録卷一四二均同，惟中興聖政卷二七作「陝州」，似涉下文而誤。

〔三八〕陝州　原作「陝川」，文海本同，據再造本、中興聖政卷二七、繫年要録卷一四二、三朝北盟會編卷二〇六校改。下文「陝州」原亦作「陝川」，文海本則作「陝州」，據再造本、文海本及上引諸書校改。

〔三九〕虜中　原作「金人」，據再造本、文海本回改。

〔四〇〕程敦厚　李校：原作「陳敦厚」，據（繫年）要録卷一四二改。汪按：再造本、文海本均誤作「陳敦厚」，然中興聖政卷二七作「程敦厚」，應作校改依據。

〔四一〕虜　原作「敵」，據再造本、文海本回改。

〔四二〕佛法　再造本、文海本、中興聖政卷二七均同，惟繫年要録卷一四三作「佛説」。

〔四三〕孫革　原作「孫堇」，文海本字模糊，據再造本、中興聖政卷二七、繫年要録卷一四三、岳珂金佗稡編卷八、卷九、卷一〇、卷二四等校改。

〔四四〕待士　再造本、文海本、中興聖政卷二七均同，繫年要録卷一四三作「善待士」。

〔四五〕莫雪大恥　原作「莫翊大趾」，據再造本、文海本、中興聖政卷二七、繫年要録卷一四三引龜鑑回改。

〔四六〕國爾忘身　原作「國爾亡身」，文海本「忘」字不清，據再造本、中興聖政卷二七、繫年要録卷一四三引龜鑑校改。

〔四七〕指示方略　原作「指授方略」，文海本作「指元方略」，據再造本、中興聖政卷二七、繫年要録卷一四三引龜鑑校改。

〔四八〕虜酋　原作「金帥」，據再造本、文海本回改。

〔四九〕以事機垂成爲可惜　「垂成」，原作「乘成」，據再造本、文海本、中興聖政卷二七、繫年要録卷一四三引龜鑑均作「垂成」。「可惜」，原作「可閔」，據同上書校改。

〔五〇〕虜　此「虜」與下文「心與虜合」、「虜已厭兵」之「虜」，原均作「金」，並據再造本、文海本回改。

〔五一〕自遥防而得廉車　「遥防」原作「御防」，「御防」不文，文海本字模糊，據再造本、中興聖政卷

二七、繫年要録卷一四三引吕中大事記、岳珂金佗稡編卷八經進鄂王行實編年校改。「廉車」原作「輔車」，據再造本、文海本、中興聖政卷二七、繫年要録卷一四三引大事記、金佗稡編卷八經進鄂王行實編年校改。

〔五二〕龐榮　原作「龐朮」，文海本字模糊，據再造本、中興聖政卷二七、繫年要録卷一四三引大事記校改。

〔五三〕鏤版　原作「鐫版」，據再造本、文海本、中興聖政卷二八、繫年要録卷一四四校改。

〔五四〕知浹　再造本、文海本、中興聖政卷二八同，繫年要録卷一四四、宋史卷二〇〇刑法志、金佗稡編卷二四籲天辨誣、建炎以來朝野雜記乙集卷一四雜事岳少保誣證斷案均作「智浹」。

〔五五〕苻堅　原作「符堅」，再造本、文海本、中興聖政卷二八均同，據繫年要録卷一四四、晉書卷一一三苻堅載記校改。

〔五六〕劉子明　再造本、文海本均同，中興聖政卷二八、繫年要録卷一四四、均作「劉子羽」。

〔五七〕其利博　再造本、文海本同，中興聖政卷二八、繫年要録卷一四四作「其利溥」。

〔五八〕歸耗　「耗」字原脱，據再造本、文海本、中興聖政卷二八、繫年要録卷一四四補。

〔五九〕上謂檜　再造本、文海本均同，中興聖政卷二八、繫年要録卷一四四作「上諭檜」。

〔六〇〕台州　李校：原作「合州」，據（繫年）要録卷一四五改。汪按：文海本作「合州」，再造本、中興聖政卷二八均作「台州」，後二書應作校改依據。

〔六一〕胡鼎才　原作「朝鼎才」，文海本字難辨，據再造本、中興聖政卷二八、繫年要録卷一四五校改。

〔六二〕喚　原爲空闕，文海本字難辨，據再造本、中興聖政卷二八、繫年要録卷一四四補。

〔六三〕通判湖州秦棣直祕閣　「秦棣」，再造本、文海本、中興聖政卷二八均同，惟繫年要録卷一四五作作「秦杕」。「杕」、「棣」同音，「秦棣」文獻多見，「秦杕」別處不見。「直祕閣」，李校：原作「自祕閣」，據（繫年）要録卷一四五改。汪按：文海本作「自祕閣」，再造本、中興聖政卷二八均作「直祕閣」，後二書應作校改依據。

〔六四〕漢州　原作「潢州」，文海本字難辨，據再造本、中興聖政卷二八、繫年要録卷一四五校改。

〔六五〕嚮德軍　原作「高德軍」，再造本、文海本均同，據下文及中興聖政卷二八、繫年要録卷一四五、宋史卷三〇高宗紀、卷三七二王庶傳、三朝北盟會編卷二〇八、宋名臣言行録別集上卷三王庶、宋宰輔編年録卷一五校改。

〔六六〕尚書省　原作「上書省」，文海本同，據再造本、中興聖政卷二八、繫年要録卷一四五校改。

〔六七〕煮鹽　再造本、文海本同，中興聖政卷二八、四庫本繫年要録卷一四五作「煮海」，國學叢書本繫年要録作「煎海」。

〔六八〕癸丑　再造本、文海本、中興聖政卷二八均同，繫年要録卷一四六、中興小曆卷三〇作「癸巳」。宋史卷三〇高宗紀繫胡銓被貶事於「壬辰朔」，即「癸巳」的前一日，疑作「癸巳」是。

〔六九〕戊午　再造本、文海本、中興聖政卷二八均同，繫年要録卷一四六作「戊申」，中興小曆卷三〇作「癸卯」，即「戊申」前五日。查中興聖政本月内「戊申」兩出，中插「乙卯」，本書本月「戊午」兩出，且相連，可知中興聖政及本書必有誤。此處似作「戊申」是。

〔七〇〕張廣　諸本同，應即「張擴」，宋人避寧宗諱，改「擴」爲「廣」。

〔七一〕上謂宰執　「謂」，再造本、文海本均同，中興聖政卷二八、繫年要録卷一四六作「與」，作「與」句子較通順。

〔七二〕魏證　李校改「魏證」爲「魏徵」，謂：原作「魏證」，據（繫年）要録卷一四六改。汪按：再造本、文海本、中興聖政卷二八均作「魏證」，當是撰者避宋諱用字，故似不應改。

〔七三〕真珠靸鞻　「真珠」，原作「買珠」，文海本同，據再造本、中興聖政卷二八、繫年要録卷一四六校改。「靸鞻」，再造本、文海本、中興聖政均同，惟繫年要録作「靸靸」。

〔七四〕秦魯國大長公主　原作「奉魯國大長公主」，再造本、文海本同，據中興聖政卷二八、繫年要録卷一四六、宋史卷二四三后妃傳校改。

〔七五〕瞻慈容　「瞻」原誤「贍」，文海本同，據再造本、中興聖政卷二八、繫年要録卷一四六注引龜鑑校正。

〔七六〕懿節皇后　原作「烈節皇后」，文海本作「然節皇后」，據再造本、中興聖政卷二八、繫年要録卷一四六、宋史卷二四三后妃傳校改。

〔七七〕三十五萬匹兩　再造本、文海本、中興聖政卷二八、繫年要録卷一四六注引吕中大事記均同，類編皇朝中興大事記講義卷一〇作「二十五萬匹兩」。今按本書卷二一正文、繫年要録卷一四二、宋史卷二九高宗紀等均載紹興和議規定宋朝每年向金朝輸送銀帛各二十五萬匹兩。

〔七八〕虜　此「虜」與下文五「虜」字，原均作「金」，並據再造本、文海本回改。

〔七九〕累年　原作「累田」，再造本、文海本同，據中興聖政卷二八、繫年要録卷一四六引大事記校改。

〔八〇〕徇虜人之情　「徇」原作「洵」，據再造本、文海本、中興聖政卷二八、繫年要録卷一四六引大事記校改。

〔八一〕赴井所　「井」原作「并」，據再造本、文海本、中興聖政卷二八、繫年要録卷一四六引大事記校改。

〔八二〕南雄州　原作「南雍州」，據再造本、文海本、中興聖政卷二八、繫年要録卷一四七校改。